U0063528

手相玄機

事業篇

李英才

圓方立極

「天圓地方」是傳統中國的宇宙觀，象徵天地萬物，及其背後任運自然、生生不息、無窮無盡之大道。早在魏晉南北朝時代，何晏、王弼等名士更開創了清談玄學之先河，主旨在於透過思辨及辯論以探求天地萬物之道，當時是以《老子》、《莊子》、《易經》這三部著作為主，號稱「三玄」。東晉以後因為佛學的流行，佛法便也融匯在玄學中。故知，古代玄學實在是探索人生智慧及天地萬物之道的大學問。

可惜，近代之所謂玄學，卻被誤認為只局限於「山醫卜命相」五術、及民間對鬼神的迷信，故坊間便泛濫各式各樣導人迷信之玄學書籍，而原來玄學作為探索人生智慧及天地萬物之道的本質便完全被遺忘了。

有見及此，我們成立了「圓方出版社」（簡稱「圓方」）。《孟子》曰：「不以規矩、不成方圓」。所以，「圓方」的宗旨，是以「破除迷信、重人生智慧」為規，藉以撥亂反正，回復玄學作為智慧之學的光芒；以「重理性、重科學精神」為矩，希望能帶領玄學進入一個新紀元。「破除迷信、重人生智慧」即「圓而神」，「重理性、重科學精神」即「方以智」，既圓且方，故名「圓方」。

出版方面，「圓方」擬定四個系列如下：

一・「智慧經典系列」：讓經典因智慧而傳世；讓智慧因經典而普傳。

二・「生活智慧系列」：藉生活智慧，破除迷信；藉破除迷信，活出生活智慧。

三・「五術研究系列」：用理性及科學精神研究玄學；以研究玄學體驗理性、科學精神。

四・「流年運程系列」：「不離日夜尋常用，方為無上妙法門。」不帶迷信的流年運程書，能導人向善、積極樂觀、得失隨順，即是以智慧趨吉避凶之大道理。

在未來，「圓方」將會成立「正玄會」，藉以集結一群熱愛「破除迷信、重人生智慧」及「重理性、重科學精神」這種新玄學的有識之士，並效法古人「清談玄學」之風，藉以把玄學帶進理性及科學化的研究態度，更可廣納新的玄學研究家，集思廣益，使玄學有另一突破。

李英才，廣東電白縣人，沉醉術數，雅好琴箏，自稱「相琴兩癡」。八四年開始在社區設班公開教授掌相風水，學生人數為全港之冠。所設課程，相理、心理、哲理、情理共治一爐，課堂上生動活潑，為全港唯一一位最專業而細緻、實例最多的術數老師，並為傳媒爭相報道。

代序——緣分、命運與感恩

我相信「緣分」，所謂「人夾人緣」，又有所謂「物以類聚」。《易經．乾文言》有云：「水流濕，火就燥；雲從龍，風從虎……各從其類」，總之，人與人之間的聚散離合有時好像是有規律可尋，但有時卻往往是很微妙，不能以常理解釋的。

我對「命運」亦相當感興趣，在研讀古希臘歷史時，發覺命運在古希臘神話中扮演着極關鍵的角色：無論是斬妖除魔的英雄，抑或是管治萬民的帝王，又甚至是擁有超自然力量的眾神，都不能抗拒命運，這可能是神話的劇情需要，但我認為更可能是反映古代人類對大自然的無奈，對本身未來的迷惘。其實，人生無常，所謂「禍福倚伏，幽微難明」，時至二十一世紀的今天，很多人對客觀環境仍然是充滿着無奈，對自己的未來仍然是徬徨迷惘的。

也許就是緣分吧！在一位很有學問、非常受人尊敬的神父之介紹下，我認識了對掌相學很有研究的李英才師父，多次參加他主持的掌相講座，令我大開眼界，得到許多啟發。

李師父除了對掌相命理很有心得，對觀人於微十分有經驗之外，最令我佩服的是，他總是導人向善，所謂「相由心生」，他的教誨都是指導大家要多包容身邊的人和事，所謂「有容乃大」；他又常常鼓

勵大家以和善態度待人，盡量減低戾氣，從而改變厄運，化解客觀及主觀的困難，可以說他是宅心仁厚地教人以祥和之氣積極面對人生。

我很榮幸蒙李師傅的賞識，邀我為他這本專書寫序。我已年過半百，驀然回首，實在無限唏噓，感慨萬千。回顧過去，最令我難忘的是那些在我遭遇困難、險阻時，扶持我、幫助我的恩人。我知道幸福不是必然的，因此，我深信我們要珍惜所擁有的，更要感恩！

總而言之，我希望藉着寫這篇序的機會，報答李師父的啟發，以及向各位恩人、親人及良師益友再一次表達衷心的感謝。

我更希望大家在閱讀李英才師父這本書之後，也可以得到很多啟發，並且能夠珍惜緣分、掌握命運、多包容、多反省、多感恩，積極面對人生。

美國加州大學哲學（歷史）博士

張學明

二零零二年九月

自序

二零零一年初，筆者應邀在九龍某名校主講掌相學。這是一間天主教學校，筆者在神聖的十字架下講演東方的玄學，可算是稀奇古怪的事情。

事件的來由可追溯至一九九三年末，一位徐先生來到我的課室報讀我的課程。大概是從那些興趣班開始的吧，接着他就依照我的編制，進修手相、面相、相學總匯，修畢筆者制訂的相學全課程。然後，徐先生還報讀了不少的專題的短期訓練班，他用了七年的業餘時間投入筆者的課程中。

在課室裏，我堅守尊重學員私隱的原則，學員不願意講出他的身分、背景的話，我絕不強人所難。所以七年來，我只知道他是一位教書先生，加上他的衣著樸素，言談舉止彬彬有禮，跟他自稱的職業身分並無二致。直到他邀請我到他的學校講演，我才知道他是一位神父，也是該校的校監，更是一位著名心理學家。

徐神父跟筆者說，這七年來他仔細地聽課，通過課堂上所進行的反覆驗證，他相信手相學確實與腦袋裏的神經有着很密切的關係。

通過徐神父的推薦，我在該校主講了不止一次的講座，後來還在學校開設短期相學班，參加者以家長為主。藉此機會，我認識了好幾位心理學家，互相交流心理學與相學的關係。

如果把相學擺放在學術範疇的話，這些交流決不會引起傳媒的注目。可是有些人卻是用世俗眼光來看待相學：為什麼神父也學相？難道人類真的是宿命難違？於是筆者與徐神父成為了記者們的採訪對象。

「手相不是神仙學問！」這是筆者答覆記者的第一句說話。筆者告訴他們，相學的結晶是基於統計學，沒有先賢的統計分析就不能錘煉出今天廣為流行的結論，以致被人盲目地譽之為「未卜先知」。除此之外，真正的相學家應該是心理醫生。所謂「指點迷津」，其實是相學家從顧客的掌面相中看出其人的優點和缺點，既然了解到其人的「前因」，就要指導其人如何揚長避短，使到顧客們或則乘勝前進、或則把損失盡量減輕，這就是「果」。

筆者向記者們強調，世界上沒有人能預測未來，因為世事紛雜，變數太多。不過有一個可能性是很準確的：「未來」是跟「現在」掛鈎的，當一個人愈是了解自己，他對將來所走的路將會是愈為明確清晰。環顧香港許許多多的成功人士，他們在奮鬥期間，心目中都是有一個發展藍圖，絕少有人「見步行步」而邁上巔峰的。

「事業」並非局限於工作的範圍，「事業」亦可解釋為處世待人的能力。本書是筆者研究事業線專著，透過對事業線的分析，從各個事例中引出不同人物的遭遇來闡明一個道理：「境由心造，事在人為」。由於事業線受生命線、頭腦線和感情線三大主紋的影響甚大，當中以頭腦線尤甚，所以在這本書裏，筆者特別着意闡釋線紋相互影響的關係，給讀者們在邁進手相學這個並不算神秘的門檻時導向一條明確的階梯。筆者希望通過教者與學者的共同努力，在拭去相學的神秘面紗後一起擁抱歡呼！

李英才

壬午年深秋

目錄

第三章：直線系列

第四章：斷口系列

第一章

手相基本篇

手相重要掌紋圖

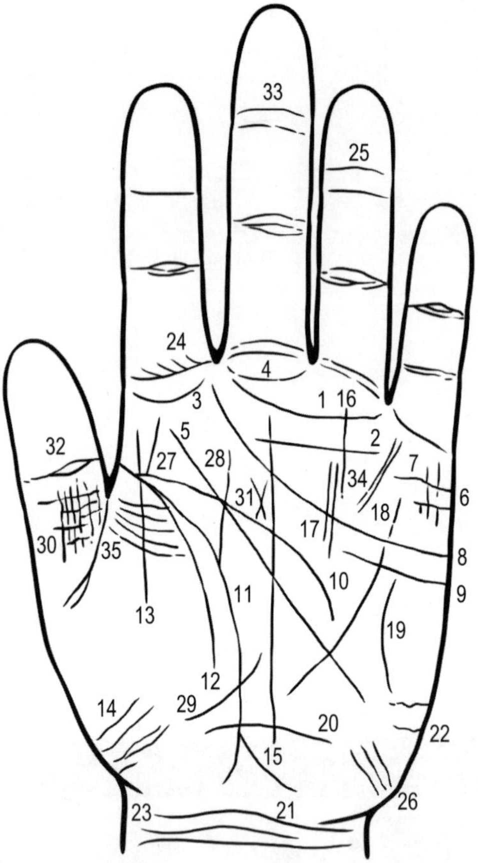

1 金星帶
2 理財線
3 木星環
4 土星環
5 財經線
6 婚姻線
7 子息線
8 感情線
9 消極火星線
10 智慧線
11 生命線
12 內生命線
13 環遊遠行線
14 陰騭線
15 命運線
16 橫財線
17 成功線
18 健康線
19 直覺線
20 縱慾線
21 移民線
22 旅遊線
23 手頸線
24 小人線
25 外力協助線
26 出國線
27 希望線
28 自我奮鬥線
29 戀父情結線
30 遺產線
31 神秘十字線
32 鳳眼線
33 才能保留線
34 著作線
35 煩惱線

掌中八卦方位

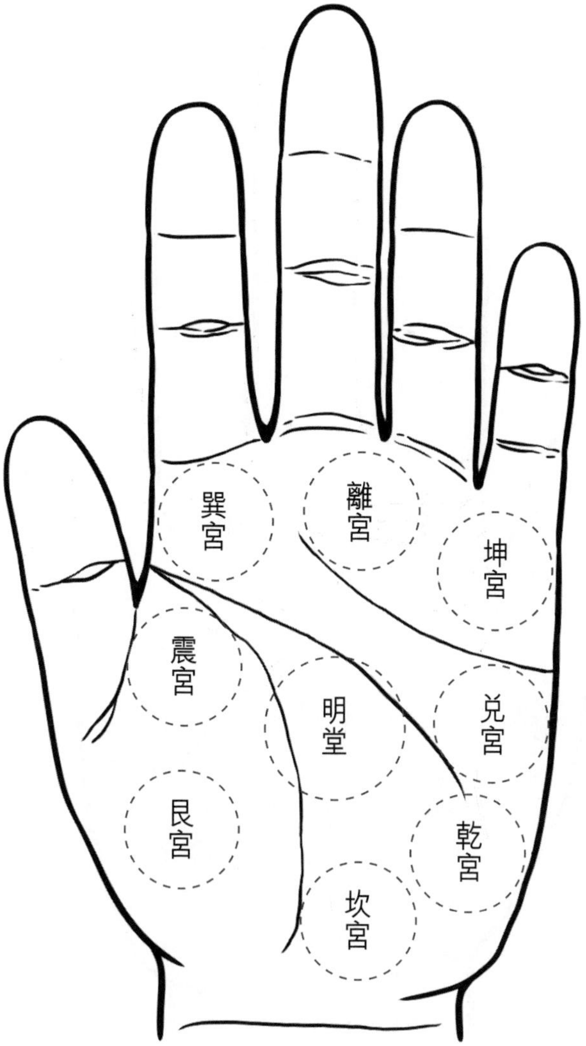

掌丘圖

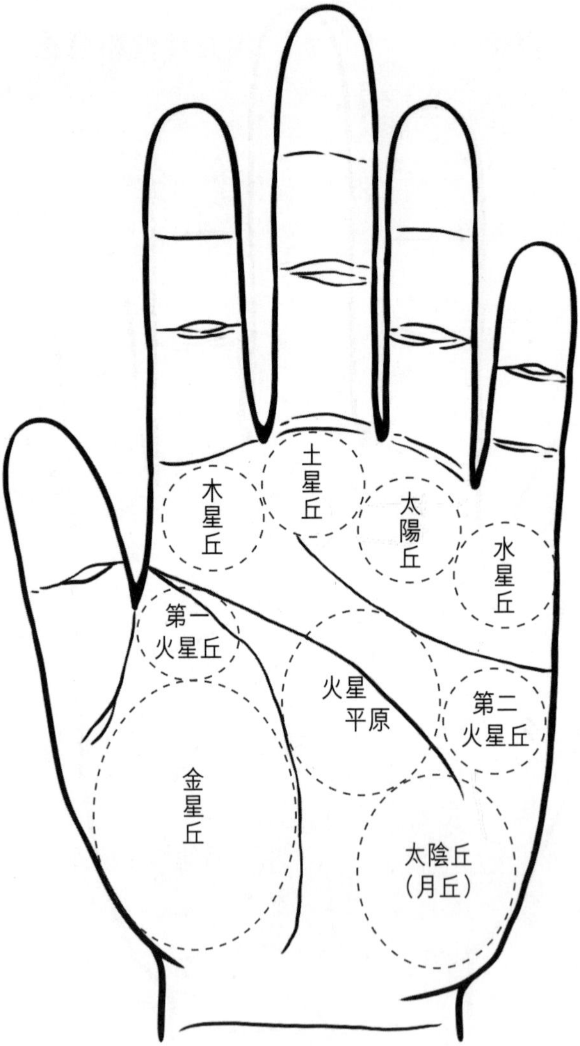

手相學之符號注解

符號		代表性質和意義
鎖鏈	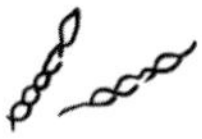	主：駁雜性．缺乏實力
流蘇		主：削弱性．虛弱破壞
分支		主：強弱性．上吉下凶
環紋		主：莫測性．月丘忌見
格子		主：保護性．填補缺斷
三角		主：完整性．大細之分
十字		主：預兆性．吉凶難定
斑點		主：遺傳性．病理健康
島狀		主：破壞性．障礙阻力
花星		主：突發性．時凶時吉

事業線流年測算法

一、食指蘊含其人精神毅力之意義，一個人的事業運大抵有賴精神毅力及生命精力之配合，所以取食指的長度AB，作為求取事業線流年測算的標準長度。

二、在AB垂直延伸線上取B'點，使BB'相等於AB，B'點即為事業線流年測算之基準點。

三、劃分小指根之掌緣點S至乾位點為四等份，得S、R、Q、P、O五點，將各點與基準點B'連結，各直線與事業線相交之點即為其流年，逆數分別為：35歲，28歲，21歲，14歲，7歲。

四、又將各指根、指縫點作如同感情線測算之劃分，各點分別司掌五年，S點為35歲起，分別為：40歲、45歲、50歲、55歲、60歲、65歲……等。

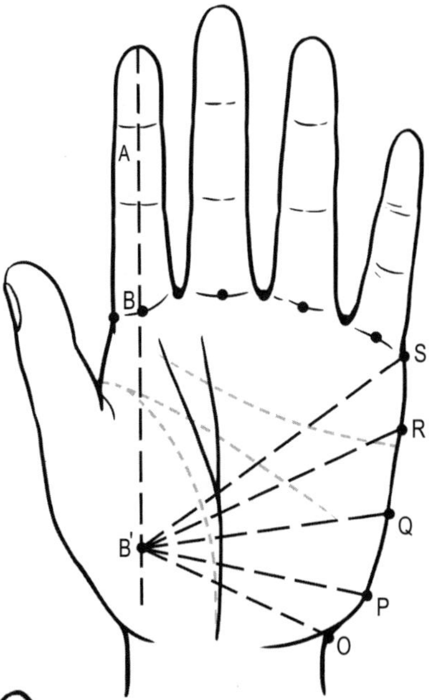
A
B
S
R
Q
B′
P
O

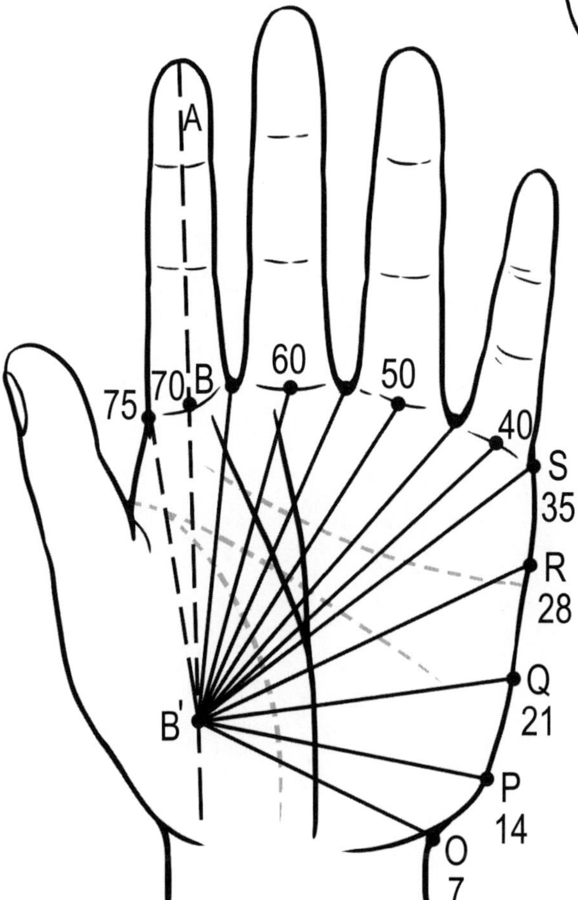
A
75
70
B
60
50
40
S
35
R
28
Q
21
B′
P
14
O
7

第二章

事業線總論

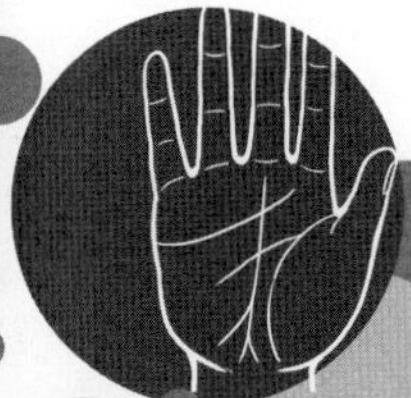

事業線系列圖

直線系列

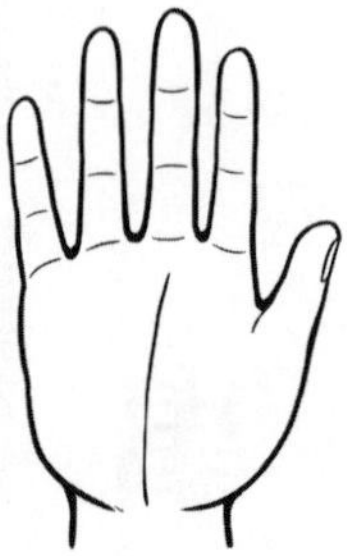
圖一

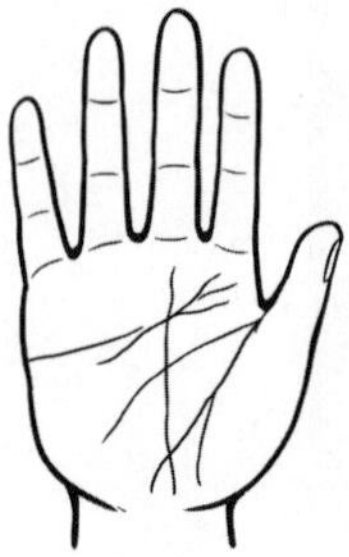
圖二

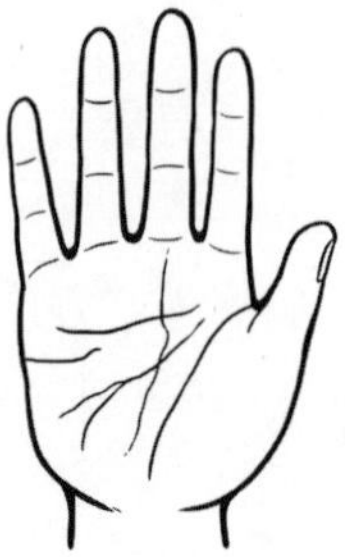
圖三

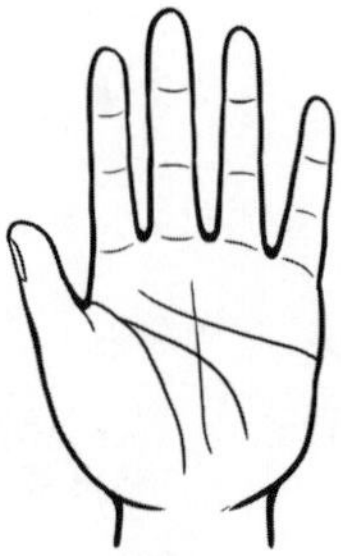
圖四

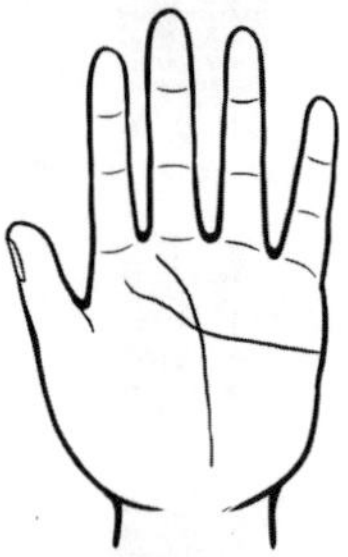
圖五

圖六

圖七

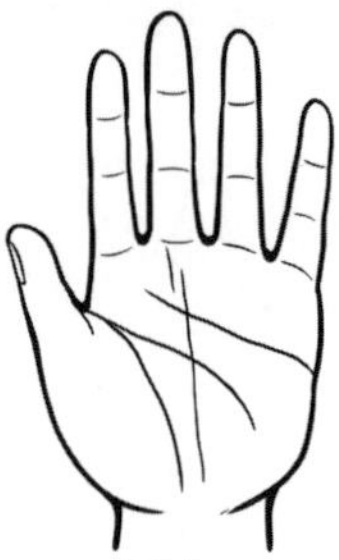
圖八

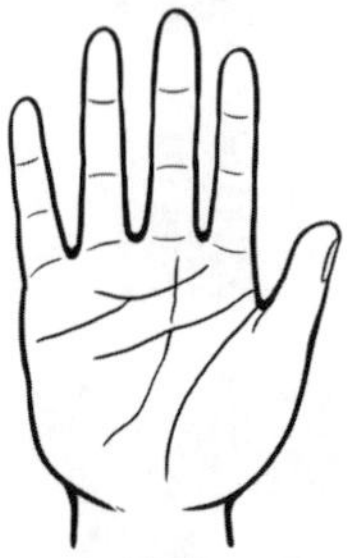
圖九

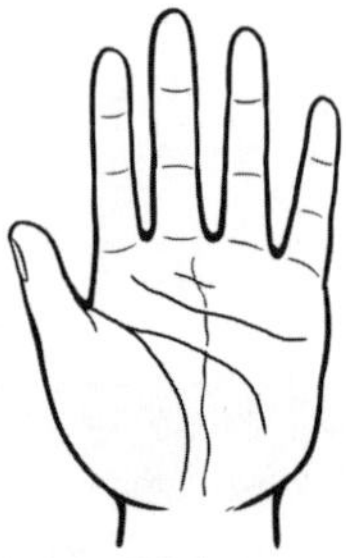
圖十

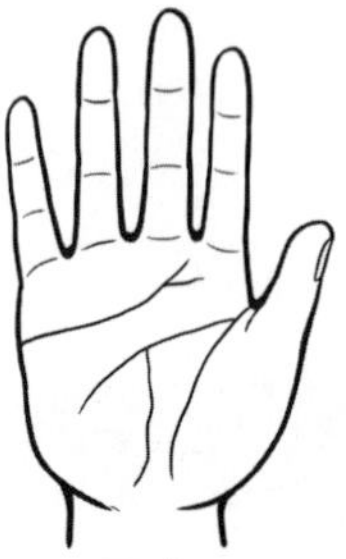
圖十一

圖十二

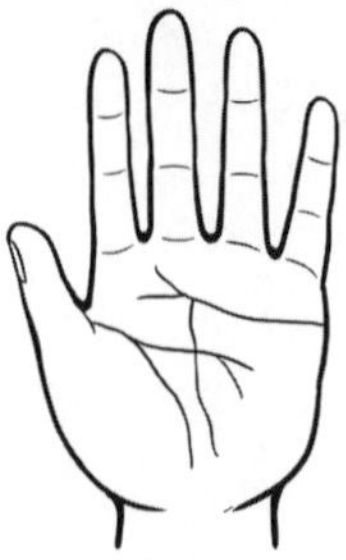
圖十三

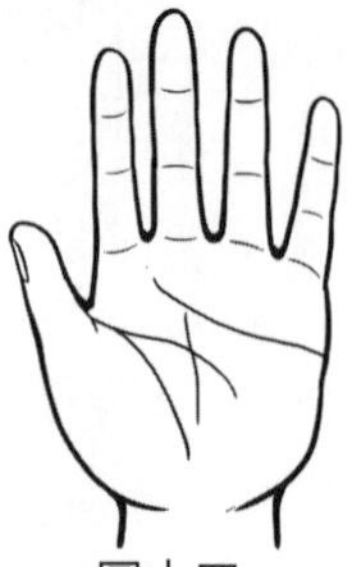
圖十四

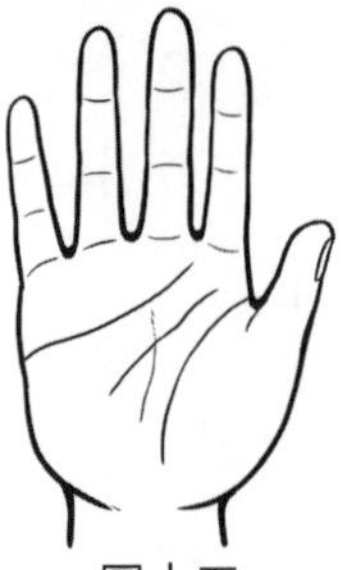
圖十五

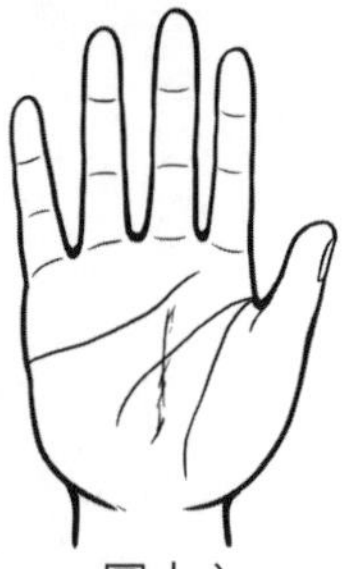
圖十六

斷口系列

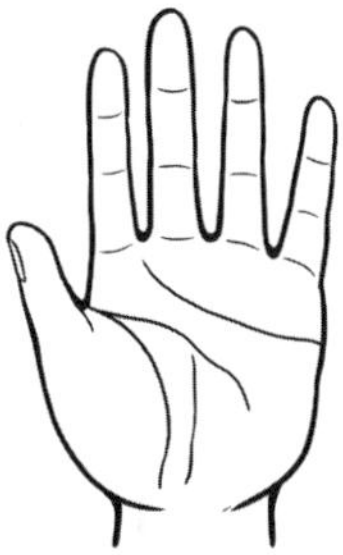
圖十七

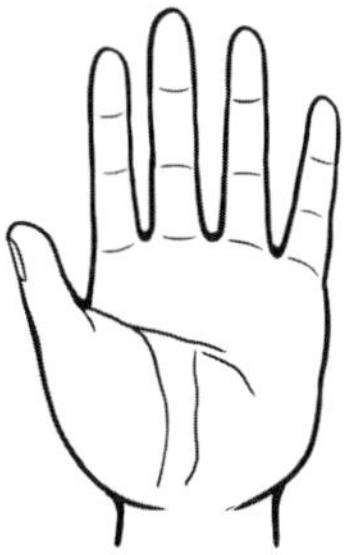
圖十八

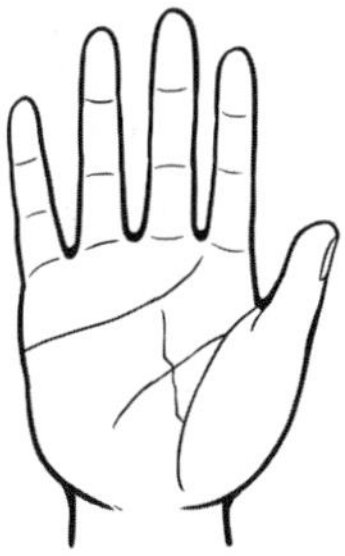
圖十九

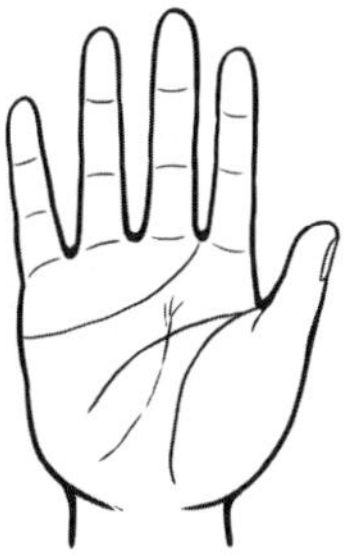
圖二十

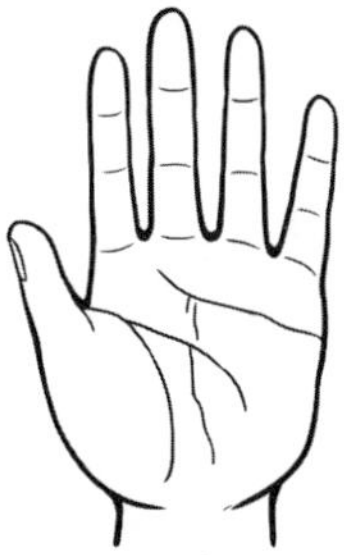
圖二十一

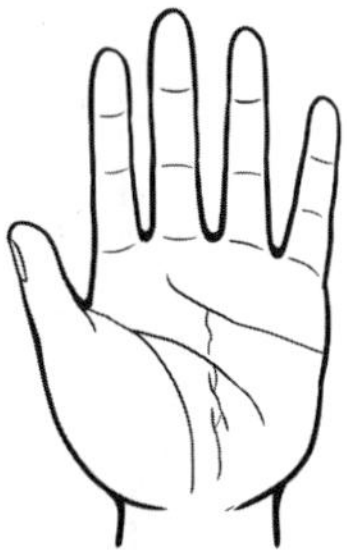
圖二十二

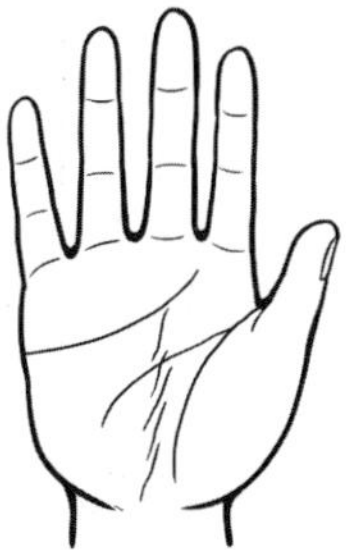
圖二十三

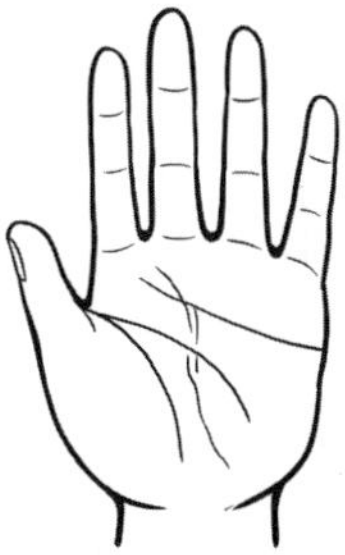
圖二十四

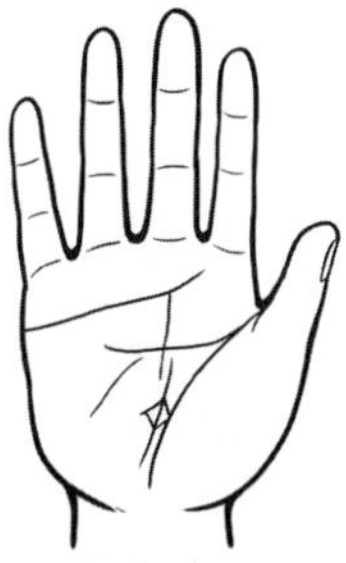
圖二十五

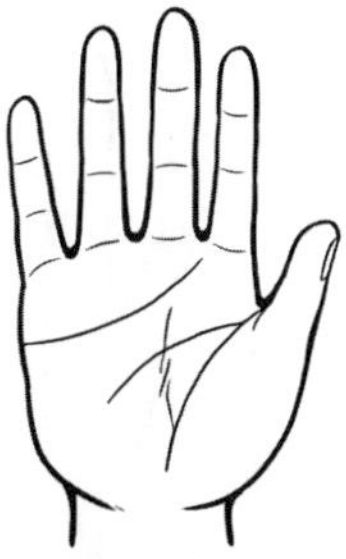
圖二十六

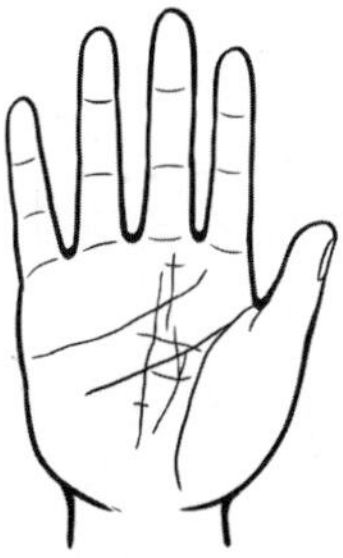
圖二十七

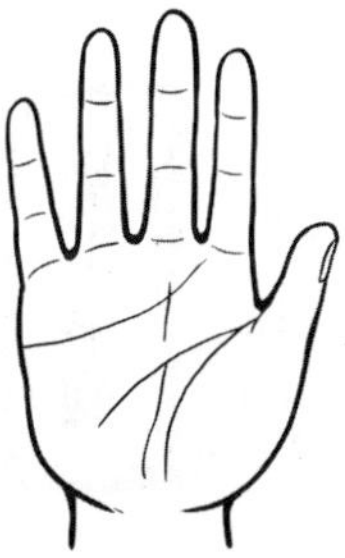
圖二十八

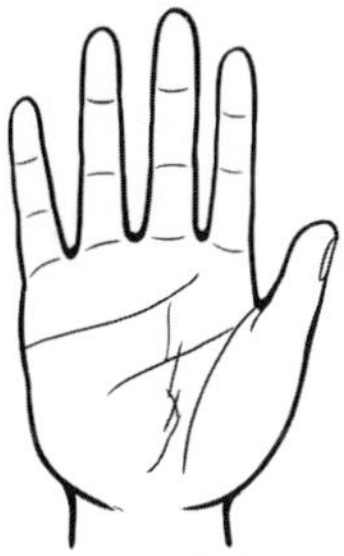
圖二十九

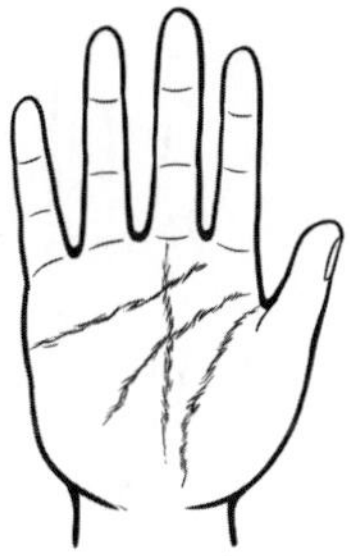
圖三十

曲折系列

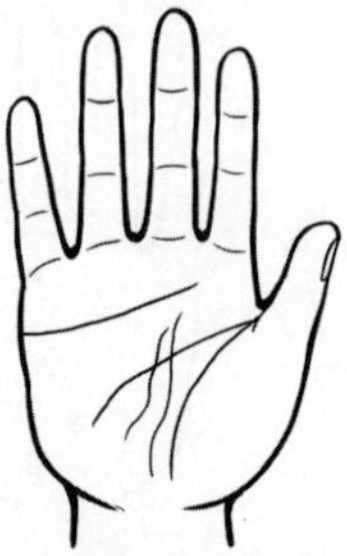
圖三十一

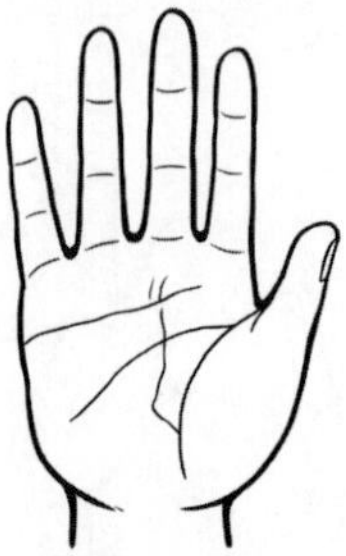
圖三十二

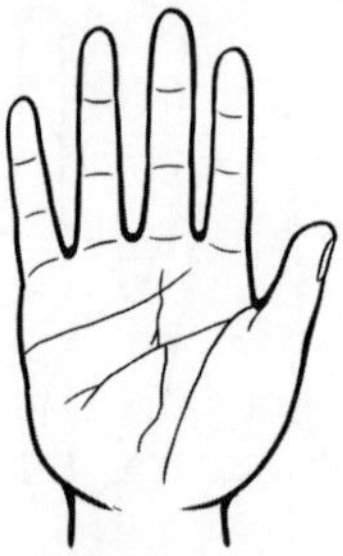
圖三十三

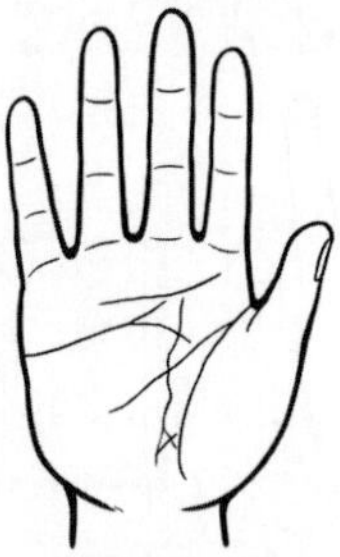
圖三十四

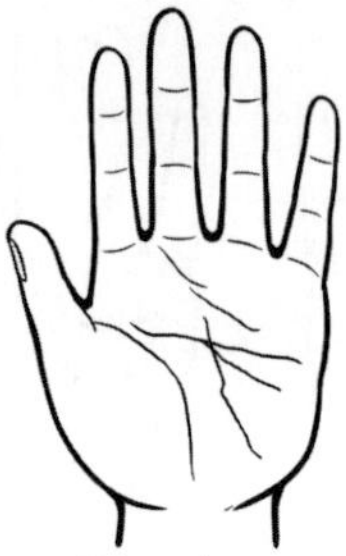
圖三十五

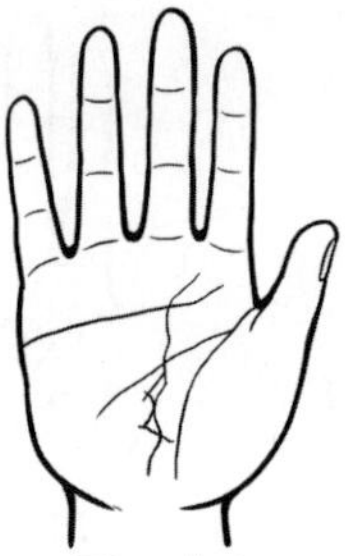
圖三十六

格子系列

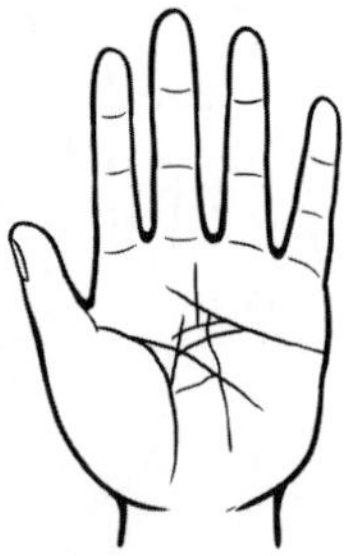
圖三十七

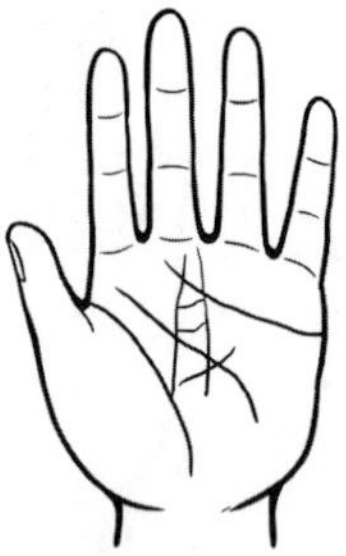
圖三十八

叉狀系列

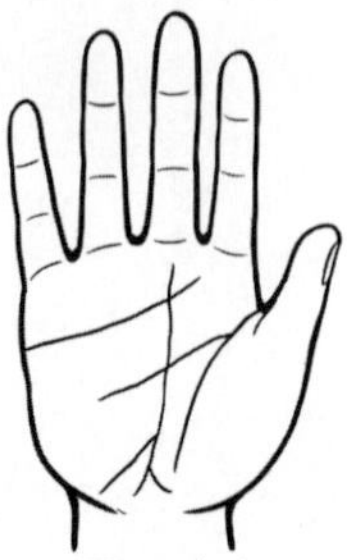
圖三十九

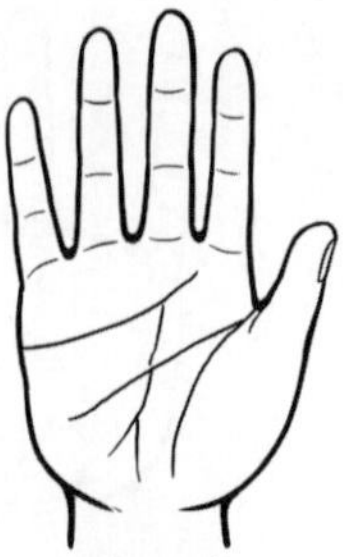
圖四十

島狀系列

圖四十一

圖四十二

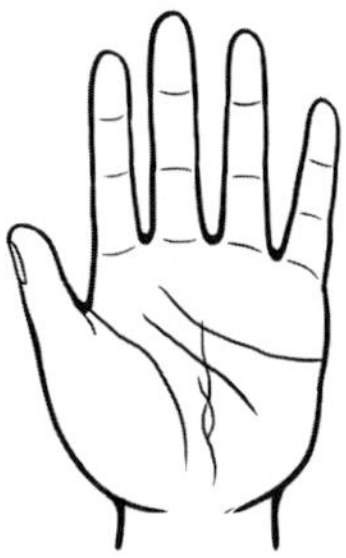
圖四十三

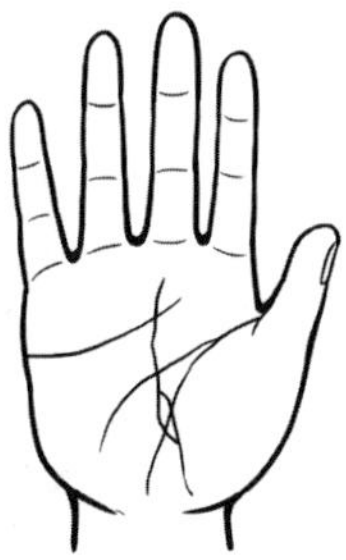
圖四十四

圖四十五

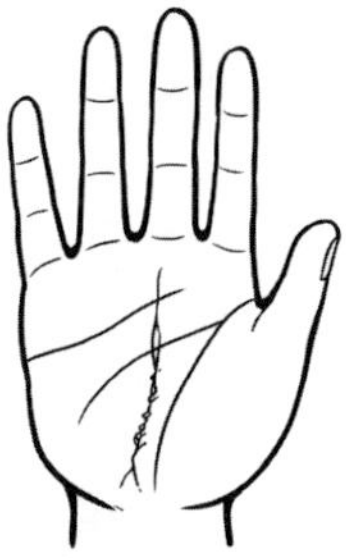
圖四十六

事業線總論

事業線反映一個人在事業上的成功與失敗，亦反映其人生命歷程的平順和坎坷，所以事業線亦被稱為命運線。

不過，事業上的成敗利鈍，不能悉數委之於運程。事實上，不少成功人士都是因捕捉到時機而發迹致富的，但是能否抓住機會，卻不在於運氣而在於頭腦，是取決於當事人的智慧，所以事業的進退順逆，是以當事人的才、智、精力為主要依歸。因此，在研究事業線的時候，一定要兼看頭腦線，以參考其人的處事手法始能作出正確的判斷。

同樣地，事業線與財富線有着密切的關係，有學者甚至認為，財富線是隸屬於事業線的副線。讀過拙作《看手掌添財富》的讀者，如果認為依書所說，在判斷上仍有誤差的話，不妨一併參考這本事業線專書。

除此之外，我還要補充幾句，對手相的判斷不能單看線紋，還要同時考慮以下各點：

一、掌形對工作上之選擇。
二、手指對環境的敏感性。
三、掌形厚薄對福祿之關係。
四、氣色對當前吉凶之判斷。

五、星丘對本身能力之影響。

六、骨質對命格之輔助。

偶然疏忽了上述其中一項特性，就會使判斷出現誤差而影響了準確性。

此外，五大主線包括生命線、頭腦線、感情線、財富線，與事業線互為作用，影響至巨，不可忽視。

在本書後節的例子中，筆者將會指出此種影響和變化。

事業線——有不如無

人們對事業線一直有一個美麗的誤會，以為掌上有事業線就代表其人具有事業基礎，有的人甚至忽發奇想：用利器在掌上刻出線紋豈非可以飛黃騰達？

在筆者多年的教學生涯中，經常有學員提出相同的怪論，筆者只好不厭其煩，一而再地向學員灌輸正確的觀念——相由心生，掌上的線紋是一個人的心念或價值觀的外在顯示，一個人是否能夠在事業上得到成功，關鍵在於其人的工作態度，就是所謂敬業樂業的問題。

假若某人欠缺正確的工作態度，得過且過，在他遇上好運氣的時候，順暢的處境會掩蓋其不足之處，但當運氣下降時，他的事業就會隨之下降，甚至降得更快。掌上的事業線所要表達的，正是其人對工作的態度及要求。

究竟掌中有事業線好還是沒有好？筆者給予一個簡明的答案：「以沒有事業線為佳！」

從事業線看工作態度

事業線可反映出其人的處事態度，具有明朗深刻的事業線，代表其人對待工作是十分投入而且盡心，但是亦反映其人具有程度不同的執着。不過，人世間的事物往往瞬息萬變，如果是抱持過於執着的心態，如何能適應環境的變遷？

我們可以看到有不少工作勤奮、處事守舊之人，他們在一個行業中苦撐數十載，期間有機會擴充營業、增加品種、開設分店，但是他們都不為所動，以致錯失了許多機會。相反，一些沒有事業線的人，只要他擁有優良的頭腦線，在同一機遇下，不單可脫穎而出，或則在事業上青雲直上，甚至成為「XX大王」而名成利就，原因就是這些人都懂得變通。

事業線「有不如無」這個論斷，對於誤解事業線的人士來說應是一記當頭棒喝。不過筆者還得補充一句，沒有事業線之人切勿沾沾自喜，以為自己懂得變通，因為還需審視頭腦線的形態始能作出正確的結論。

掌上有了事業線就要求其線紋切勿疲弱、折斷、模糊或附有不良之符號，否則代表其人會遭遇挫折或失敗。事業線是反映其人之工作態度及一生之運程的，但並不是每一個人都有事業線。在西洋手相學之七種掌型之中，具有原始型、方型、複雜型的人大多沒有事業線。

事業線的好與壞

優良的事業線應該由手頸對上之位置升起，筆直而深刻地直達中指對下之土星丘，此線應較頭腦線略淺，線上不應附有破壞符號，如果色澤明潤，就是一條優良的事業線。若是這條線比頭腦線深刻的話，並非表示其人的事業一日千里；相反，這個人一生過着平淡而單調的生活，只能算是工作安穩，不能視作事業有成。

在手相學中，應該摒棄「一加一等於二」這個概念，好的不是一切都好，不是上好、中好、下好。上好的線紋稍有差異就變成平平無奇。所以雖然具有優良的事業線，如果欠缺與之相配的骨骼、掌形、指形和頭腦線，也只能視作只是一個命運之紀錄而已。

事業線可以有多條，凡是指向中指的，都屬於事業線。掌中出現多條事業線，可以根據其出現的位置而推斷其人運程的變化；若是兩線並行的話，則宜細心分出其主次。

男女有別之概念

觀察事業線需否衡量男女有別？毫無疑問，現代女性已經離開廚房，走向社會，並且成為家庭經濟支柱之一。不過，一些從未踏足社會的女性，掌上亦可能會長出一條不錯的事業線。因此，判斷女性的事業線時，應從多方面作考慮。

有一個基本的因素應放在首位，即是「男主外、女主內」，這個傳統觀念仍然普遍存在，就算夫妻二人同時出外工作，家務的擔子仍是以妻子為主。出於母性本性使然，女性會較多關注家務瑣事、子女教育等問題。若女士的掌中出現優良的事業線及與之配合的其他線紋，則一方面她是事業成功的女中豪傑，另一方面可以引申到她放鬆了對家庭的照顧和關心，忽略了女性應負擔的責任，有可能影響到家庭幸福，甚至導致婚姻亮起紅燈（須結合感情線、婚姻線的狀況方可作最準確判斷）。

倘若全職家庭主婦有一條優良之事業線，可以判斷她把優秀的工作才能和責任感擺放在相夫教子方面，從而引申出她的丈夫在無後顧之憂的情況下，全情投入工作，有機會創造一番事業。就算丈夫只是一名普通文員，他的工作態度也會得到上司和同事的稱許，也可算是事業有成。所以，事業線出現在女性掌中，可以間接反映其丈夫成就高低。

古語有云：「妻賢夫禍少，子孝父心寬」。這句話反映出家庭成員互相依附的影響力。而相學家之所以能一語中的，除了他能熟悉線紋的奧秘之外，更重要的是，他還充分參考社會關係，掌握到舉一反三的道理，於是撥開迷霧，選擇出正確的答案。有心學習玄學的人士，宜在這種觸類旁通方面狠下功夫。

左掌右掌之分別

一向以來人們都認為，看手相是「男左女右」，這個概念現在應該修正了，詳細的論述已見於筆者《手相全科寶鑑》，現在只是簡單交代幾句：左掌叫先天掌，反映三十歲以前的際遇；右掌叫後天掌，反映三十歲以後的際遇，男女相同。

左掌出現事業線是顯示其人三十歲前的奮鬥心態，不過青年是增長知識、累積經驗的時期，所以左掌的事業線只能作參考，要判斷其人的奮鬥心態仍以後天掌——即右掌的事業線為準。

左掌與右掌的掌紋大多是有差異的，正因為兩者的不同，才會編奏出人生譜曲之起伏。不過，偶爾亦有兩掌相同者，倘若左右掌的事業線相同的話，表示此人一生之運程起伏甚少；相反，若是兩掌的事業線截然不同者，表示此人一生運程如白雲蒼狗，起落不定、變化無常；不過主要還是以後天掌的事業線為主要依據。

若是兩掌都沒有事業線，又欠缺優秀的掌形與深刻的頭腦線，則代表此人一生庸碌無能，難有成就，因為此類人不會為自己定下奮鬥目標，只求隨遇而安。宿命論者宣揚「福祿自有天數」，在這裏可以把「天數」解釋為一個人與生俱來的性格。沒有事業線、掌形不佳、頭腦線淺弱的人，正因為先天有了這種性格——搖擺不定、隨遇而安，而後天又不肯去改正，於是此人的福祿只能達到某一程度而已。

沒有事業線

依照筆者多年經驗累積所得，雙掌皆無事業線之人大多是趨向兩個極端，要不是成為業中翹楚，就是一事無成。對於後者，亦可以解釋為其人淡泊名利，對物質要求很低，或則成為山林隱士，或則是「做一天和尚敲一天鐘」，平平淡淡地度過一生。

總的來說，要判斷事業線的好壞，關鍵在於其人有沒有良好的掌形、骨骼及完美之頭腦線的配合。其次是要把左掌與右掌相互參考，因為事業線是反映其人才智之高低，把兩隻手掌比較，可以推斷出他是從好變壞抑或是從壞變好，加上其他線紋的配合，就可以對其發出忠告，希望他能夠接受勸告，摒棄缺點，發揮優點，這樣就達到我們作為「心理醫生」的作用了。

文筆紋與命運線

掌上五大主紋都有別稱，中國古代把事業線稱之為：文筆紋、玉柱紋和立身紋。

中國古代社會將人民分為四個階級：士、農、工、商，是為國之四民。這個階級次序反映了接近二千年的封建社會是瞧不起促進物資交流的商人的，所以「商」排在最後。至於在晚清才開始發展的工業，而且工匠出現的時間也不短，其排列的地位亦僅比「商」高一級而已。那麼排在首位的，當然就是「萬般皆下品，唯有讀書高」的士人學者了。

說老實話，在封建社會裏要想出人頭地只有一條路：讀書。十年寒窗苦讀為的是要考取功名，一旦金榜題名，富貴榮華就一齊來了。所以在掌相中，中指對下、現代稱之為事業線的線紋，在古代被稱為文筆紋，一旦「文筆」暢順，沿着秀才、舉人這條道路努力，便前途無限，從今天來看也就是事業暢順了。

上文提到，這條線紋也反映其人對名利、物質慾望的大小，實際上是反映其人的價值觀，當配合頭腦線形態所反映思維邏輯時，則當他遇到某種機遇時，他的價值觀和思維邏輯就會為他作出決定——是進攻抑或是退守，實際上就是決定了其人的命運歷程，所以西洋相學稱之為命運線。

這條線紋還有一個特點，就是顯現不定、變化無常。無疑，有些人與生俱來就有深刻明顯的事業線，但部分人卻是若隱若現的。

筆者醉心手相學，經過多年追踪檢查——每隔若干年追查同一人的掌紋變化，發覺這條線紋會隨着人生的經歷而有不同的轉變——變深變淺；原本沒有線紋者卻會出現線紋，甚至會日漸深刻。這些變化恰恰證明筆者的論斷：事業線反映其人的奮鬥心態、價值觀和思維邏輯。

日本手相學將此線紋稱為宿命線，這個說法只是反映其人與生俱來的性格，但解釋不了其人後天的自我改造。所以，現在我們稱之為事業線或命運線，則是相當恰當的了。

事業線的各種形態

手掌上方寸之間出現的掌紋，細微的差異含義迥然不同，所以我們絕對不可忽視這些微細的變化。

為方便後學者的辨識，筆者將其犖犖大者臚列於後以供參考，希望能夠達到由淺入深、由此及彼、由表及裏的效果。

長短

事業線意味着志氣、才幹和要求，線紋長當然是優於線紋短。不過，若是線紋非常淺薄的話，長短就失去了意義，因為線紋淺薄則不管多長都沒有太大作用。

事業線的長度要求起自手頸部位上升至中指對下，代表其人之信心及奮鬥心的強弱程度。線紋太短的話，縱使有強力的財富線（無名指對下之直線），也是無補於事；簡單來說，縱使其人有財運，無奈其奮鬥心不足，機緣來到亦會輕易溜走。因此，事業線對財富線之影響，實不容忽視也。

粗幼

線紋之粗幼，乃反映其人胸襟之闊窄及處事態度之粗細，有些人雖然熱心於工作，但處事粗枝大葉，除非有良好的監督，否則工作難以做到盡善盡美。

線紋粗本來是代表此人胸襟廣闊，但是過猶不及，太粗則表示此人囿於信心不足，欠缺高瞻遠矚的氣魄，難成大業。線紋幼小，雖有處事細膩的優點，卻又有胸襟狹窄的缺點。如果線紋太幼的話，此人難免因心眼狹窄而愛佔小便宜，不懂得向大處着眼，以致容易因小失大。事業線最適當的闊度是與頭腦線相若，不會過粗或過幼，彼此相輔相成，表示其人處事精明，是個具有真知灼見的人材。

清濁

線紋清濁的分辨，有些人認為只可以意會，難以言傳，這種說法把這個問題看得太玄了。其實只要細心辨認、勤加實習是不難掌握的。所謂「清」，是指線紋清晰流暢；如果線紋爆裂或者邊緣毛粗（狗牙狀），就叫做「濁」。

任何線紋都要求清晰而有力、深刻而明朗。若是事業線太濁，其人一生命運坎坷反覆，縱然多加努力亦是徒勞無功；在女性而言，更反映出其人之家運及夫運不濟。若是事業線清淨無瑕、明朗深刻，配合良好的掌形和頭腦線，不管男女皆屬得天獨厚，有着非普通人的際遇。

曲直

部分人的事業線出現曲浪或反屈，這是反映其耐力及堅持的程度。一個人對工作的耐力取決於事業線的曲浪程度，線紋愈彎曲，代表其人處事愈欠缺耐性，難以將心中之目標逐步實踐。須知線紋過於彎曲，其人作事只有三分鐘熱度，如此性格如何得到成功？如果曲浪形態出現在後天掌上更為應驗，所以筆直的線紋是基本的要求。

缺破

任何線紋均不應有缺破，否則麻煩多多。事業線出現缺破比線紋濁更具破壞力，儘管事業線整體優秀，但在出現缺破的流年就會出現麻煩。這個解釋並非宣揚宿命論，按照本門派的觀點，此人具有某種才幹及奮鬥力，隨着時日的推移，此人到了某一個年份時，其缺點因為累積過久而爆發，左右了他的決策力或工作方法，以致頭頭碰着黑，所謂命運作弄人的說法，就是由此而來的。

氣色

氣色是指線紋呈現的色澤，這種氣色是隨着運程的好壞而變化的，靈驗無比。氣色是中國手相學的瑰寶，皮膚下的氣色有四層，每層有三種以上的色澤，有預示性、發生存在性、陰影傷害性及疾病老化性的分別，這是需要在導師的指導下始能逐步掌握的。

在筆者的教學生涯中，有一屆的手相學員為了追尋掌中某一種氣色的變化，在他們的一再要求下，這個探索足足花了六節課程，結業時他們這一班的成績是歷屆最好的，可見真正的學問是需要時間浸淫的。

事業線的五個秘密

有些人把事業線單純闡釋為命運作弄人，這種講法是把這條線紋的作用簡單化了。究其實質，事業線的作用遠遠超越事業與命運的範疇，英才不吝所得，現將近三十年之研究臚列如下：

一、事業線代表一生命運之好壞，如果擁有一條強而有力之事業線紋，即使遇上很大之困難和挫折，亦能一一化解。

二、事業線亦代表一個人精力之強弱。若是線紋中段變窄，表示在該段期間（按流年推算），其人之精力或鬥志衰退。

三、事業線確實能反映出其人一生之順逆起伏，可據此判斷出在什麼時候或哪一個關鍵問題會出事。此紋確實具有預兆功能，為手相學家為客人推斷進退得失之重要依據。

四、此紋反映其人鬥志之強弱，可以判斷其人在遭遇困難挫折時，能否依賴一己之力安然過渡。

五、事業線可以看出其人一生之家庭生活是否安定。本來這個問題主要是審視婚姻線與感情線的，但是家庭生活會因際遇而發生變化，所以也可從事業線推斷其運程，進而引申出家庭是否會有問題。

上面的分析有些是被人們疏忽的，大部分的手相書籍只會作粗略介紹，罕有作出如此全面的闡述。

事業線的綜合分析

一、手相學的十四骨法具有相當的重要性，在拙著《看手掌情牽一線》中曾約略提及，因為在感情生活中，骨骼對其人的貧富貴賤的影響並不大。但在論斷事業方面就大大的不同了，因為骨分貴賤，同一條事業線配合不同之骨骼會有天淵之別。請讀者留意本書後部對十四骨法之闡釋。

二、要留意相關線紋的組合，包括：頭腦線、感情線、生命線和財富線，因為每一個人的成功失敗涉及許多因素，包括：感情干擾、處世哲學及健康狀況等。對事業線的判斷更加需要參考其他線紋。

三、掌形與事業線的配合。以筆者經驗所得，手形較長（狹長形）者較容易有事業線，而手形長者多為哲學掌，在這種掌上出現事業線的話，其人的成就多在學問研究、藝術發展方面，不過，其人若是把興趣轉移到商業方面卻不一定會成功。至於手形短闊者多為實際掌型，較少出現事業線。這類人即使沒有事業線亦無礙其事業之發展，因為此類人的理智、切實與恆毅的秉性，可以令其人向多元化發展，並不拘泥於某一方面。當然，一條優良的頭腦線的支撐是必不可少的。

下面將舉出具有不同形態的事業線作實例，並且指出綜合分析的方法，希望能夠引起讀者諸君去探索手相的奧秘。

第三章

直線系列

一、標準的事業線

一條優良的事業線應該是起自腕頸，筆挺伸延，直指向中指對下之土星丘，全線清晰明朗，並無斷裂及破壞符號，這就是標準事業線。圖一（44頁）和圖二（47頁）都屬於這一類。讀者可能會懷疑，圖中兩條事業線並不算很直挺，其實筆者在這裏用上「筆挺」這個形容詞，只是相對而言，因為沒有一條事業線是絕對筆直的，輕微的彎曲乃十分自然。

圖中兩條都是標準的事業線，兩者有沒有分別呢？

筆者在前面講過，觀察事業線要與掌形及頭腦線配合判斷。圖一和圖二都屬於方形掌。方形掌的特點是：實事求是，勤儉刻苦，個性剛強，為理智與現實並重。這兩幅掌印的主人都具有這些特性，若要比較兩幅掌形的優劣，則以圖一的形態較為優美，換言之，圖一華先生的性格優於圖二的呂先生。

其次就要看看他們的頭腦線。圖一華先生的頭腦線清晰有力，比事業線略粗，正正符合了基本要求。

反觀圖二呂先生的頭腦線彎曲下垂，特別在到達中指之後，下垂的角度很大，反映其人幻想多多，且有偏聽偏信的毛病，加上頭腦線軟弱乏力，呂先生的理智性遠遜於華先生。兩圖互相比較，優劣立判。

再把兩圖的線紋作比較，圖一華先生掌中四條主線都深刻有力，雜紋甚少，這種紋狀我們稱之為清掌。清掌之人的個性是悠然自得、樂觀愉快。

再來看看圖二的呂先生，其掌紋斑駁雜亂，而且許多雜紋的深刻度與主線不相伯仲，這種紋狀我們稱之為濁掌。濁掌之人的個性是悲天憫人，雜念叢生。就算不懂得掌相，把這兩幅圖作個比較亦會覺得後者的紋狀不那麼好看，兩者的分別恰好道出兩個不同的故事，儘管呂先生也有一條標準的事業線，他的遭遇卻遠遜於華先生。

還是讓我們從華先生的掌紋（圖一）分析中看看他有什麼特點。

(圖一)華先生：

圖一的掌印屬於華先生，三十五歲，攝影沖曬連鎖店東主。

華先生擁有一條標準之事業線，更得到優良的頭腦線的支持，打從創業之日開始，他的生意就蒸蒸日上，最高峰時曾擴至八間分店。這是掌形、頭腦線與事業線的良好組合在人生旅程上的一個成就。

值得注意的是，華先生有一條完整的感情線，這條線起自掌邊，伸延至中指對下，然後斜斜上彎，止於食指與中指之指縫，整條感情線的線紋完整，沒有缺口及破壞符號，這代表華先生的婚姻生活美滿，這樣就產生兩個可能性：

一、男主外，女主內，華先生的妻子把家庭打理得妥妥貼貼，華先生無後顧之憂，可以集

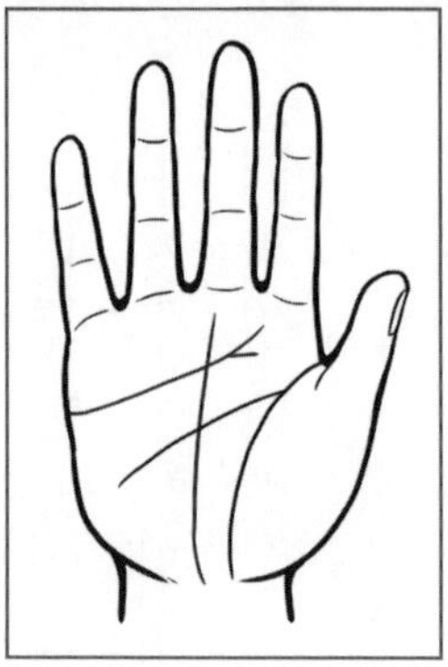

圖一

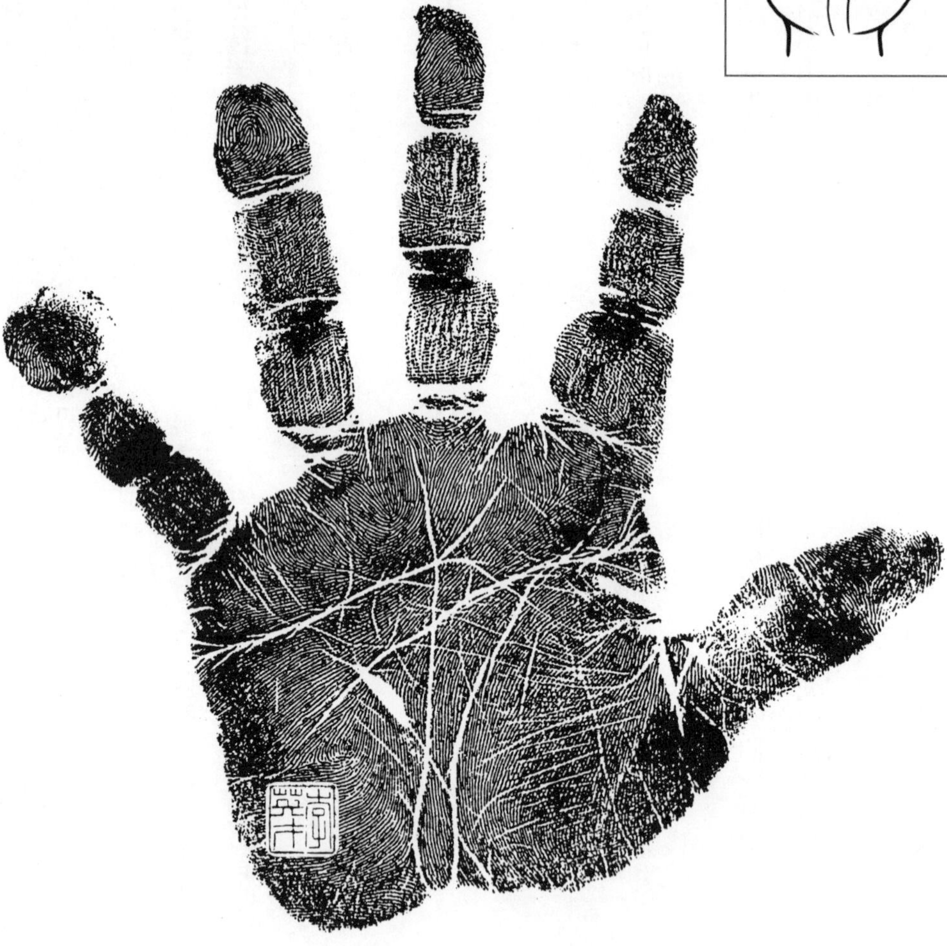

華先生長有一條典型的優良事業線，代表：（一）重原則，實事求是。（二）處理困難之能力特別強，刻苦耐勞。

中全力去做生意。

二、公一份、婆一份，夫妻同心合力、分工合作，把店鋪打理得井井有條。而華先生是兩者兼而得之。

原來華先生在結婚初期，與太太合力經營沖曬店，華先生負責技術，華太太管理營業，因為製作好、服務好得到街坊嘉許，生意暢旺。

後來華太太有了孩子，他們由夫妻檔改為聘請僱員，擴充營業，與友好合資開設新店……業務發展日漸興旺。期間，華太太只要能夠抽出時間便會到店鋪裏巡視，或與街坊聯絡感情，或陪同華先生交際應酬。遇上有職員請假或辭職，華太太便把母親請到家中照顧小孩，自己去到店內填補空缺。

華先生在擴充業務上，所遇到的難題，有部分是華太太為他分憂解決的。事實上，跟朋友合作做生意，最為難的是股東因意見不合鬧拆股。

有一次，公司發生了人事問題，偏偏那個鬧事的職員是股東的親戚，股東護短，鬧着要拆夥，而那家分店的前景很好，華先生一氣之下答應讓此人退股，但是手頭不便，到期無法退還股本，那名股東蠻不講理，說華先生欺詐，要訴諸法律。華太太是日即動員外家之力，東拼西湊，把那名股東打發了。

類似的事情後來又發生過一次，不過華太太接受教訓，事先湊足退股金錢防止發生吵吵鬧鬧的事情。華先生因為有賢內助，所以他可以把主要精力放在業務方面，一年三百六十五，每天工作十多小時，事業的成功當然是要付出代價的。

(圖二) 呂先生：

現在看看圖二，呂先生，三十八歲，電腦工程師，離婚。

呂先生同樣擁有一條優良的事業線，本來他的工作做得不錯，但每遇到升職機會，總是其他同事獲得跳升。他認為公司人事複雜，便轉職另一家公司，兩年後又再歷史重演。於是呂先生向筆者叩問前程，筆者一一指點迷津，呂先生始恍然大悟。

呂先生的頭腦線欠佳，幻想多而又輕信他人，即使有好的事業線亦不能盡顯優勢，更差的是，他的感情線粗闊而開叉，代表他在感情生活方面麻煩多多。

原來，呂先生與太太是中學時期的同學，不過呂先生有位情敵，未婚的呂太太徘徊於兩位俊男之間，後來呂先生的事業扶搖直上，大學畢業翌年，挾着工程師的銜頭，速戰速決奪得美人歸。

遺憾的是，呂先生的心思過多，當他得悉呂太太仍與他的過氣情敵保持聯絡、互通電話時，當年的三角戀陰影重新湧上心頭，始終揮之不去，發展下去就是杯弓蛇影，夫妻齟齬頻生，家庭的不睦導致他在工作上難以集中精神，所以他的工作表現很不穩定，難有升職機會。這就是整個問題的癥結所在。

其實，呂太太舊情未斷是否確實呢？這在呂先生的掌紋中是難以作出準確判斷的，不過有

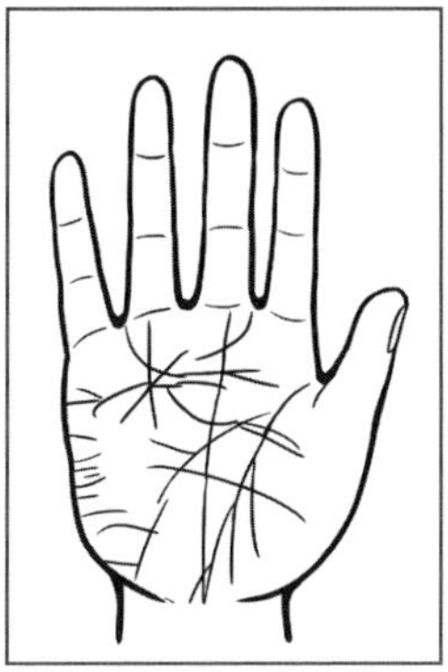

圖二

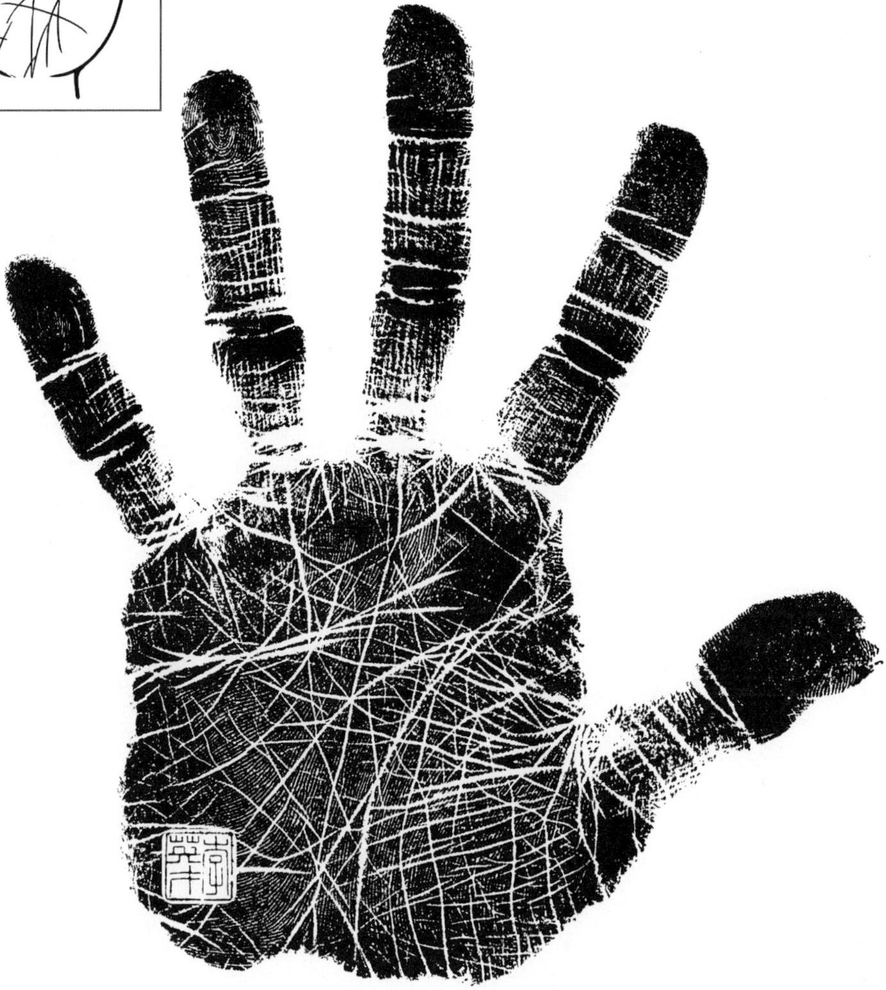

呂先生也長有一條優良的事業線，與圖一的華先生不遑多讓，可惜頭腦線下垂，感情線粗闊而開叉。

一點可以肯定的，就是呂先生有一副濁掌，這類人思慮過多，容易會自己製造麻煩。如果他能把心胸擴闊，家庭、事業都會不錯的。

從上面兩個例子可以看，儘管兩人都有優良的事業線，其他線紋配搭不同，兩人的遭遇就迥然不同了。

二、後段軟弱，左移右擺

事業線若是起自腕頸，基本的要求是要穿越感情線，這樣，其人處事時便能夠做到公私分明，不致為情感所牽累而影響了事業。接着就要看看它的走勢了。

（圖三）劉小姐：

事業線要求挺直，反映其人做事能夠貫徹始終，甚而堅毅不拔。許多人都知道，在創業期間會出現大大小小的難題，不過有些人總以為「船到橋頭自然直」，抱着這種僥倖心態的人在遇上重大事故時，十之八九都會手足無措甚至因而翻了船。什麼人具有這種心態？請參閱圖三。

圖三的掌印屬於劉小姐，三十二歲，電子工程人員。

劉小姐是女生男掌，意思就是，她的掌印不像女兒家那般纖細，從掌形來看應是創業人才，如果她沒有事業線又當別論，可惜的是，劉小姐長有一條略呈彎曲的事業線。她的事業線線頭微曲，是可以接受的，那是代表其人在青少年期間還未有固定的主張；到了中段微曲，就反映出其人的性格了。值得注意的是，劉小姐的事業線驟眼看來仿如直線，但仔細分辨，它是左移右擺的。

事業線線身柔軟而帶微曲狀，有以下的代表意義：

圖三

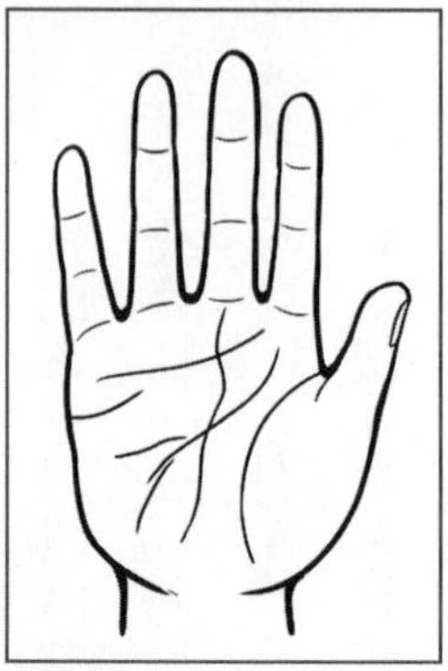

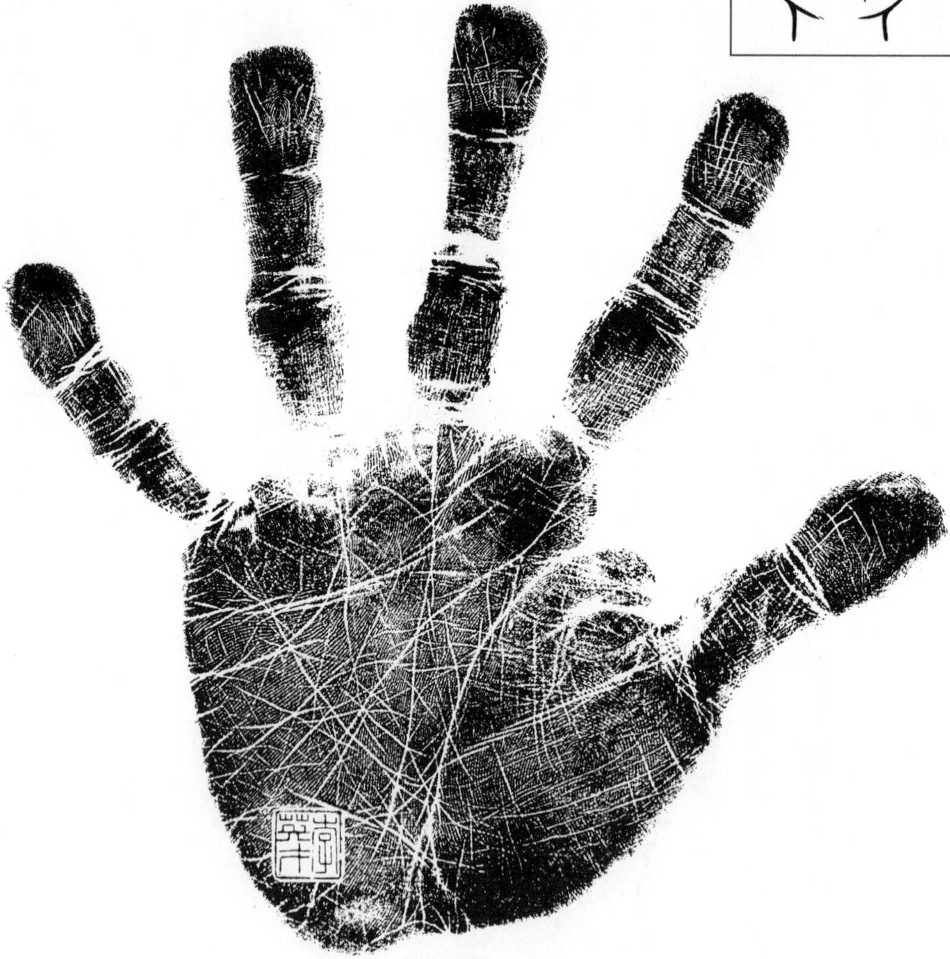

劉小姐的事業線柔弱，線身微曲，主志大才疏，心猿意馬。

一、柔軟，主志大才疏，空有一番過人抱負，其結果只能停留在空想之中。

二、微曲，主心猿意馬，欠缺堅定的意志。

由於劉小姐的事業線帶有以上兩個弱點，所以縱然穿過感情線亦無大幫助。為什麼如此判斷？請看看劉小姐的頭腦線——在三大主線（感情線、頭腦線、生命線）之中，以頭腦線最弱。加上頭腦線的末端斜斜指向太陰丘，優點是加強了她的想像力，但較大程度是思想遠離實際，奈何！

劉小姐的掌紋還有三個特點：

一、川字掌，代表性格自我及任性。

二、感情線有大缺口，主早年在愛情路上遭遇挫折。

三、頭腦線開端分叉，主慾望強烈。

綜合以上三個特點，配上其事業線之特性，劉小姐的遭遇已昭然若揭。

劉小姐出身於中產家庭，是家中獨女，是父母的掌上明珠。她在大專畢業之時，正值是香港的資訊爆炸年代，電子工程大有可為。可是劉小姐兩次創業都以失敗告終，她歸咎於自己過於信人、所託非人……直至筆者根據她的事業線特點指出她的性格弱點之後，劉小姐始恍然大悟。

原來她第一次創業是開辦電子元件供應公司，她的父親忠告她不要貪大求全，她還怪責父親思想保守。不料電子業更新周期很快，貨物銷不出去很快就過時成了死貨，公司周轉不靈，她的父親決定壯士斷臂，結果虧損了幾十萬元。劉小姐見過筆者之後，始知道事業失敗是源於自己志大才疏、優柔寡斷的弱點。

不過，劉小姐拜在筆者門下學習相學並非基於上述原因，而是在於筆者準確判斷她的感情生活——在經歷四年多的三角戀愛之後，兩位男友都以分手告終。筆者指出，她在選擇愛侶方面也是優柔寡斷，劉小姐坦然承認，她之所以投入筆者門下，既為學習相術，也為參悟玄機，修正自己的人生觀。

（圖四）三浦先生：

圖四的事業線之前、中段（靠近腕頸處是為前段）深刻有力，全線筆直，本來這是一條不錯的事業線，可惜的是，此線在越過感情線之後趨於軟弱，即使不懂掌相學的人亦能看出此線一蹶不振。這種事業線有兩個特點：

一、日常處事虎頭蛇尾，一如其線形所示，這是其人的本性使然，有諸內則形諸外也。

二、踏入晚年，大約是在六十歲左右（按事業線流年推算）已經意志消沉，即使機緣甚好亦不會擴張業務了。

此掌拓印自日本籍客人三浦先生，六十三歲，在香港經營酒吧。

三浦先生能以廣東話交談，早年他抱着冒險家的心態來香港闖蕩江湖，六十年代大量日本人來香港做生意，三浦先生起初開間小酒吧做日本同鄉的生意，不料一做就是三十多年，後來

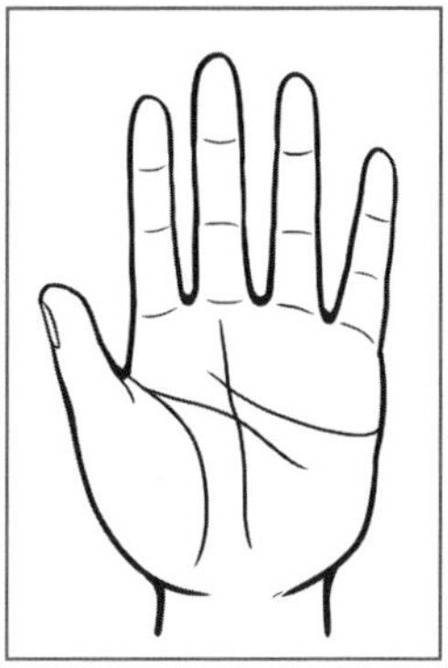

圖四

三浦先生的事業線筆直，但是末段愈來愈弱，處事難免虎頭蛇尾。

把酒吧出讓，返回日本享晚福。

這位日本朋友的頭腦線與事業線的配搭明顯優於劉小姐，所以他能夠創業順利。人們可以說他開酒吧時乃適逢大量日本客商來香港，不過過度宣揚機緣巧合是不對的，不是嗎？劉小姐搞電子元件供應公司時，不也是覷準大量需求電腦的時期嗎？

三浦先生經營酒吧是腳踏實地，從小規模到大酒吧。他常常會陪伴客人至通宵達旦，深得顧客歡迎，所以客似雲來。

筆者悄悄地打趣說：「你還陪伴他們去找花姑娘呢！」嚇得三浦先生瞪大眼睛，似是說：「你是怎麼知道的！」

讀者從圖四可以看到三浦先生的感情線末端有很多支線下垂到頭腦線，表示其人風流成性，加上金星丘中出現縱慾格子，可見此人到處留下一夜情。再從他的感情線開端出現島狀，筆者推測三浦先生早年因情感出現波折，遂從日本來到香港散心，後來更留在香港創業。

他的婚姻線出現分叉，代表婚姻生活不美滿，甚至只是同居而沒有結婚。講到此處，三浦先生表示折服。原來他的桃花處處只在泄慾，亦因為經歷過戀愛失敗而不願結婚。

筆者從事業線分析所得，指出他做事虎頭蛇尾，因為講得投契了，三浦答稱：「連幹那件事也是虎頭蛇尾呢！」其實他的早泄與事業線無關，只是源於縱慾過度及體力衰退而已。筆者只有勸他返回日本之後，修心養性，頤養天年。

從事我們這一行業的人，並不會將所有話都講得一清二楚。筆者清楚記得，面對這位日本朋友時，有一句話我是刻意保留的（但願他不會看到這本書），就是他的感情線較短，線尾停留在中指對下之土星丘，主其人自私及機心重，配上不完整的財富線，實在是難成大器，所以他能守住一間酒吧已算不錯。

圖三與圖四的事業線各有不同，請讀者細心分析。

三、線頭與線尾的變化

事業線筆直有力，就是一條好的線紋，但讀者切勿單看一條好線便妄下判斷，還須進一步審視事業線前段與後段的形態。

後頁刊出兩幅掌印，圖五的重點在於事業線的尾段，此線在穿過感情線之後不是指向中指，而是來個大轉彎，停止於食指與中指之間。圖六的特點在於事業線起自太陰丘（月丘），斜勢上走。讀者宜小心將圖六的斜線與圖五比較。

驟眼看來，圖五的事業線也是斜走，但這只是被線尾斜入指縫間影響所產生的錯覺，其實圖五基本上是呈直線（略有傾斜）；而圖六的斜走之勢十分明顯。還有一點每易為初學者所忽略的：表面上，圖五與圖六兩條線紋的長度相若，其實圖六的形態是斜而長，我所說的線紋長短是以掌形的大小作比較，忽略了這一點就會差之毫釐，謬之千里。

（圖五）王先生：

王先生，四十五歲，地產經紀。先看看他的掌形和其他線紋的配搭：他的頭腦線闊且直，與筆直的事業線（中段）配合，可算是得天獨厚。王先生不願談論他的童年，不過從他的感情線開端出現小島，筆者知道他有一段傷心的往事，此島紋代表他在童年時受盡白眼，留下一段揮之不去的陰影。但筆者對他只講了一半，保留了「揮之不去」這句話。

其實，我們這一行有個不明文的禁忌，對於客人不願提及的往事，頂多只能點到即止，這是論命家為求自保，不願惹禍上身也。

王先生對筆者的分析點頭稱是，筆者見他不願講下去，就逢迎一句：「因此激發了閣下的鬥志。」因為他的事業線走勢的確是幹勁沖天。我們之所以能夠料事如神，就是善於依據線紋所透露出來的信息來作判斷。

不過，有一句話筆者是「打死也不講」的，就是王先生的拇指頭大，這類人為求目的，不擇手段，簡單來說是心性歹毒。不過，讀者還要兼看每個人的掌形及線紋，才能作出準確的判斷，切勿以為擁有這種拇指的人都是心性歹毒，切記。

王先生二十多歲加入地產行業，適逢是香港房地產業八十年代、九十年代延綿達二十年的高峰，全盛時期一個月的佣金收入就可購置一個小型單位。本來房地產經紀有個不明文的行規：賺價不賺佣，賺佣不賺價，但王先生卻不管這些規矩，他跟幾位臭味相投的行家配合，有時候一單買賣光是賺價就有十萬、八萬，最高峰時還不止此數。

王先生手上有了資本，既當經紀，又自己炒樓，既炒樓花又炒現樓，不過他認為香港的土地有限，要有高利潤回報，最佳是炒舊樓，雖然炒舊樓要守上三至五年，但升值以十倍、二十倍計算，利潤可觀。

十多年前，西環某幢舊大廈原住客嫌賠償太少，不肯遷出，新業主出動斷水、斷電、放

圖五

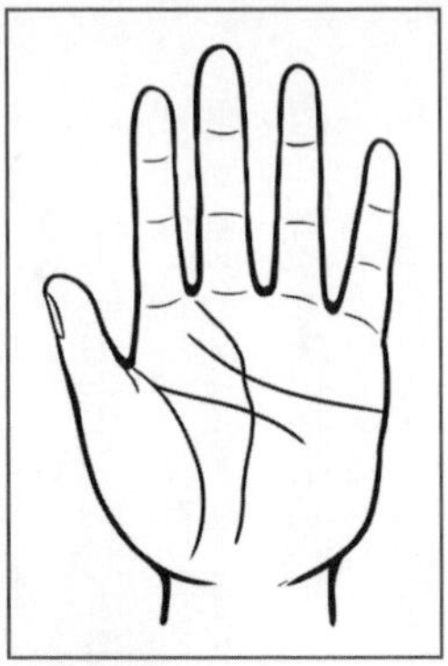

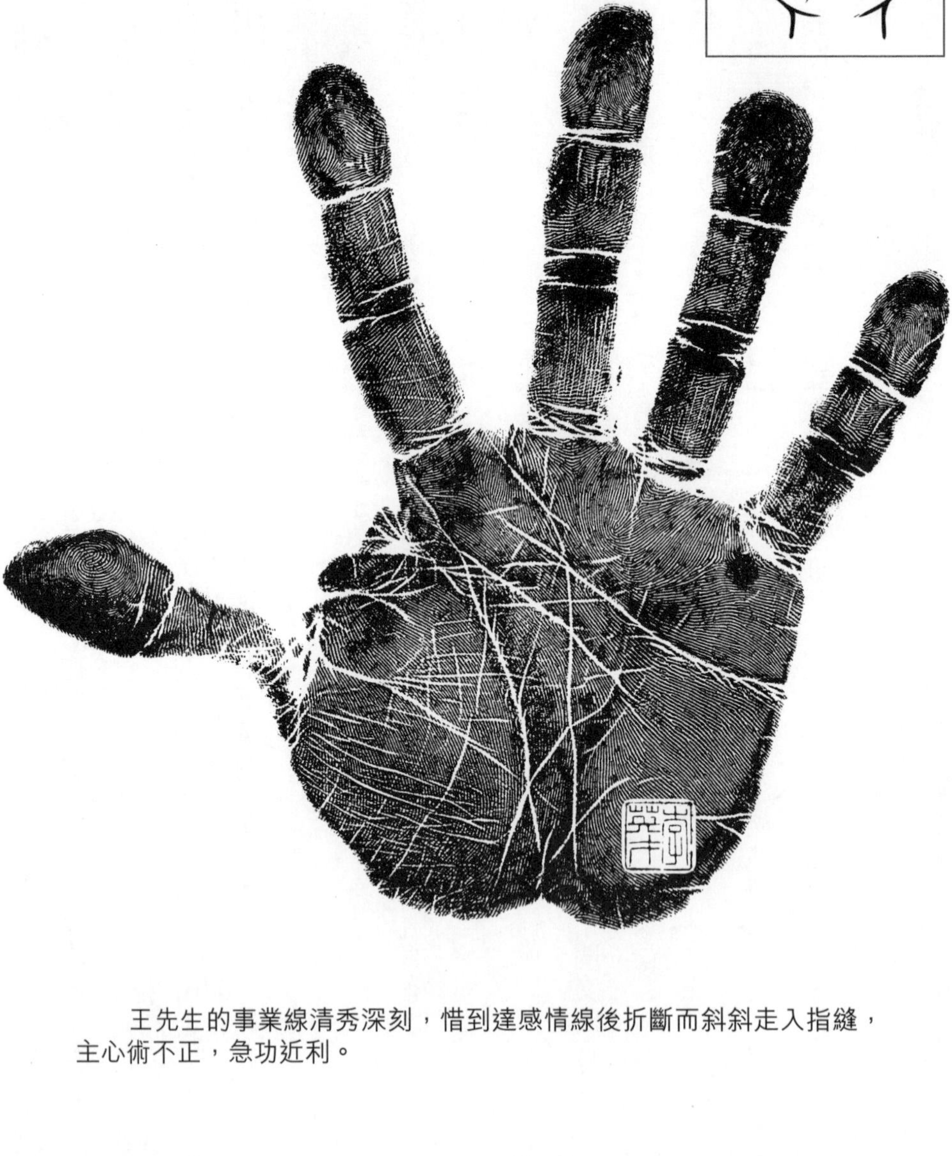

王先生的事業線清秀深刻，惜到達感情線後折斷而斜斜走入指縫，主心術不正，急功近利。

火、黑社會恐嚇等招數，王先生就是策劃人之一。在他來看，原住客長期享受了比市值低廉的租金，而法例又沒有規定搬遷賠償，新業主願意作出賠償已是仁至義盡。儘管新業主在舊大廈拆卸重建後會得到可觀的利潤，但他認為這是投資者眼光獨到，毋須與原住客分享。況且地皮在不斷漲價，愈是拖延下去，利潤愈高。他們是依「法」行事，香港政府或警方都奈何不得。

一九九七年前，筆者根據他事業線的特點勸他收手，當時他手上握有五十多個樓盤，利之所在，筆者微言實難以說服他。聽說後來他繼續入貨，原因是，傳言「北大人」南下，國內許多公司將來香港開業，豪宅十分搶手，王先生便不惜借貸，大量入貨。結果是，一九九七年下半年樓價輾轉下滑，銀主逼倉，聽說王先生不單變得一無所有，更欠下巨款，最後無計可施，便一走了之。

王先生的線紋特點總結如下：

一、智慧線筆直、有力，主智商高。

二、沒有婚姻線，對婚姻意識不強。

三、財富線疲弱，其人只會搵錢，卻沒有正確之人生觀。

四、事業線尾斜入指縫，心術不正。

請讀者謹記：手相學中要求事業線要到達中指以下的土星丘，主心術端正；若是偏向木星丘，必然是急功近利，甚至是不擇手段之人。

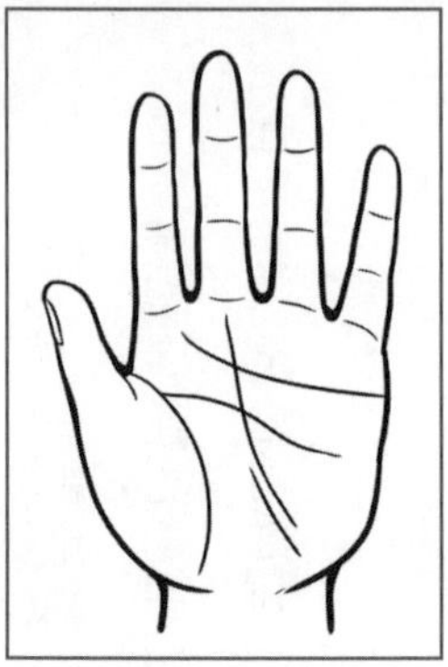

圖六

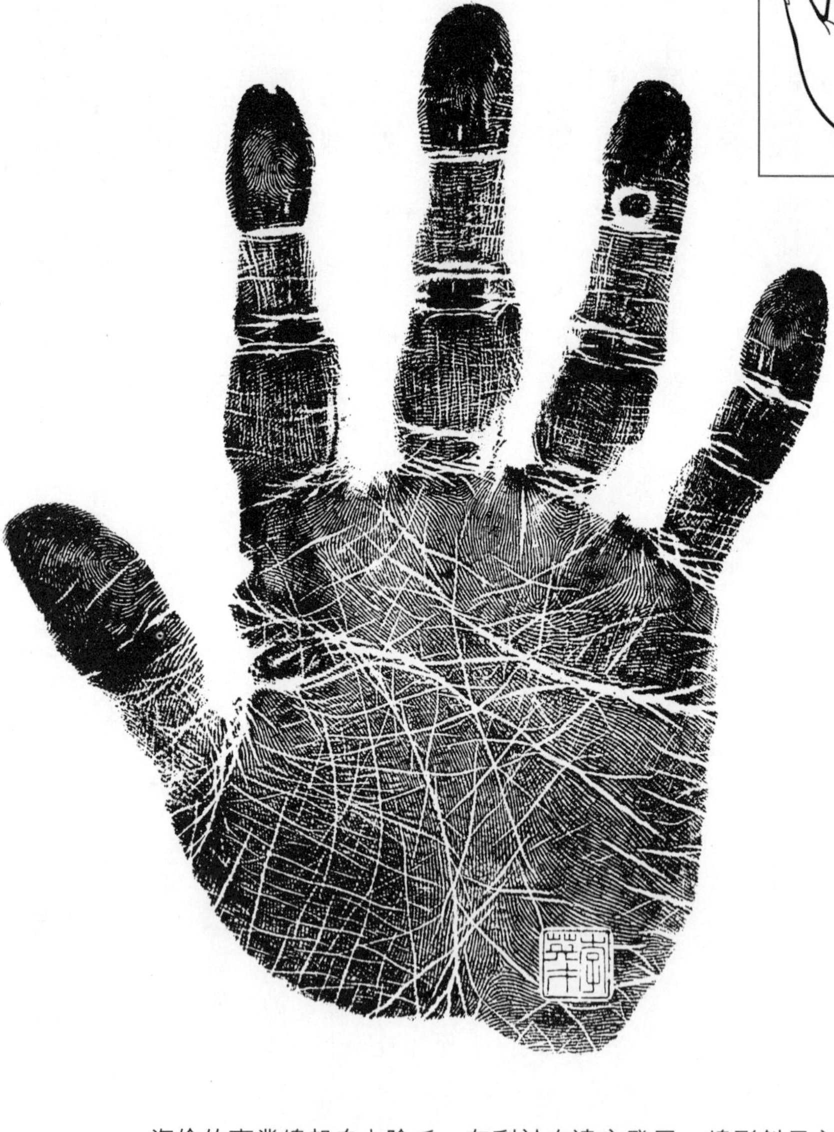

海倫的事業線起自太陰丘，有利於向遠方發展。線形斜長主性急，欠缺思量。

（圖六）海倫：

圖六的掌印屬於一位頗有名氣的女藝員，為保全其私隱，我們姑且名之為海倫。

筆者與海倫初見面時，她大約年近三十。我與她打個照面，禮貌地握握手，對她的性格便已了然於胸。

海倫唇紅眼細，臉泛嫣紅，厚厚的敷粉蓋不住皮膚底下的紅筋，相書有云：「紅筋滿面煙花蕩，唇紅眼細邪緣廣」，均非吉兆；加上手軟骨幼，可以斷定其人貞操觀念薄弱。再看她的掌紋，金星丘上出現縱慾格子，可見其人性關係隨便。她的生命線尾部破碎，亦主濫交。有關海倫的緋聞，八卦雜誌時有報道，不必細表。

海倫向筆者詢問如何擺脫當前的衰運。細看她的事業線起自太陰丘，開端疲弱且一度折斷，繼續上升時走勢尚好，越過感情線之後止於土星丘，這一段的形態符合了標準事業線的基本要求。

事實上，凡事業線起自太陰丘者，皆有利於向遠方發展，而且愈遠愈好，但線紋不能疲弱，否則主熱誠不足、耐力不夠，每每欠缺臨門一腳，功敗垂成。我把這個特點告訴海倫，她說近期有人邀請她去台灣發展，又有人叫她去中國內地，我說，兩地皆宜，但不可去廣東，因為地緣太近了。

接下去，我婉轉地勸她幾句，我指出她的婚姻線開叉，主婚姻欠佳，勉勵她做人要拿得起、放得下，不可拖泥帶水，交異性朋友宜善擇對象，不可因合眼緣或談得來就過度信任對方（我只能用這個字眼）。另外，她的事業線折斷，主早年曾遭挫折，故不要把往事放在心中而擺脫不去；事業線斜長主性急，代表她處事不免缺乏仔細思量，宜改宜戒。

後來聽說她去了台灣，發展得不錯。又傳說她想效法某女星往日本發展。我在這裏遙祝她能擺脫濫交的缺點，相信她的事業可以更上一層樓。

四、越過感情線後的分析

上例提到，事業線的終點以止於土星丘為合，本例集中分析事業線在越過感情線後的情況。後頁刊出的兩幅掌印，一幅是事業線越過感情線後戛然而止，另一幅則是越過感情線後出現兩條事業線。兩種情況的含義各有不同，正確的判斷方法當然是以其特性結合其他線紋一併分析。

(圖七) 雷先生

圖七的掌印屬於雷先生，四十八歲，外匯經紀。

雷先生的事業線起自生命線底部，昂然上挺，穿過感情線之後就不再前進了。儘管其終止點未達標準，但整條事業線清秀有力，這是代表其人事業心重及工作能力強。而初發點是起自生命線，代表其人努力上進，勤奮可嘉，這些都是優秀品質。可惜的是事業線中途停止，良好的線紋就要打個折扣了。

筆者記得，第一眼看見雷先生的容貌時，不禁想起少年學習相學的一句歌謠：「鼻內空囊斜目看，此人奸猾必要防」。雷先生鼻孔薄而仰露，與人對話時雙目斜視，主為人奸詐。

筆者心裏懷疑：一條良好的事業線為什麼生長在這樣一個人手上？再看他掌中的其他線紋，恍然大悟。原來雷先生的感情線太短，代表為人自私和冷漠。此外，他的頭腦線下垂到太

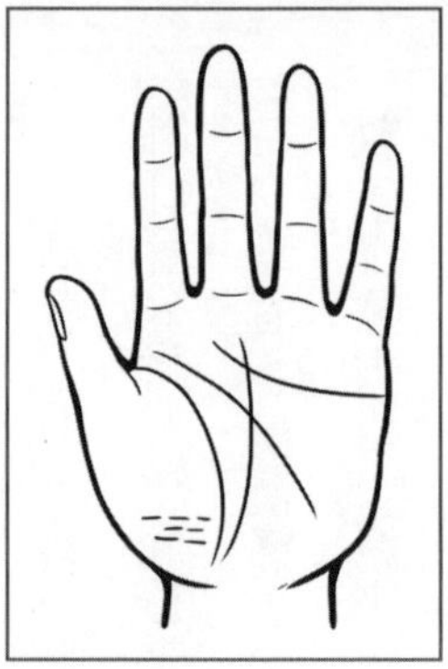

圖七

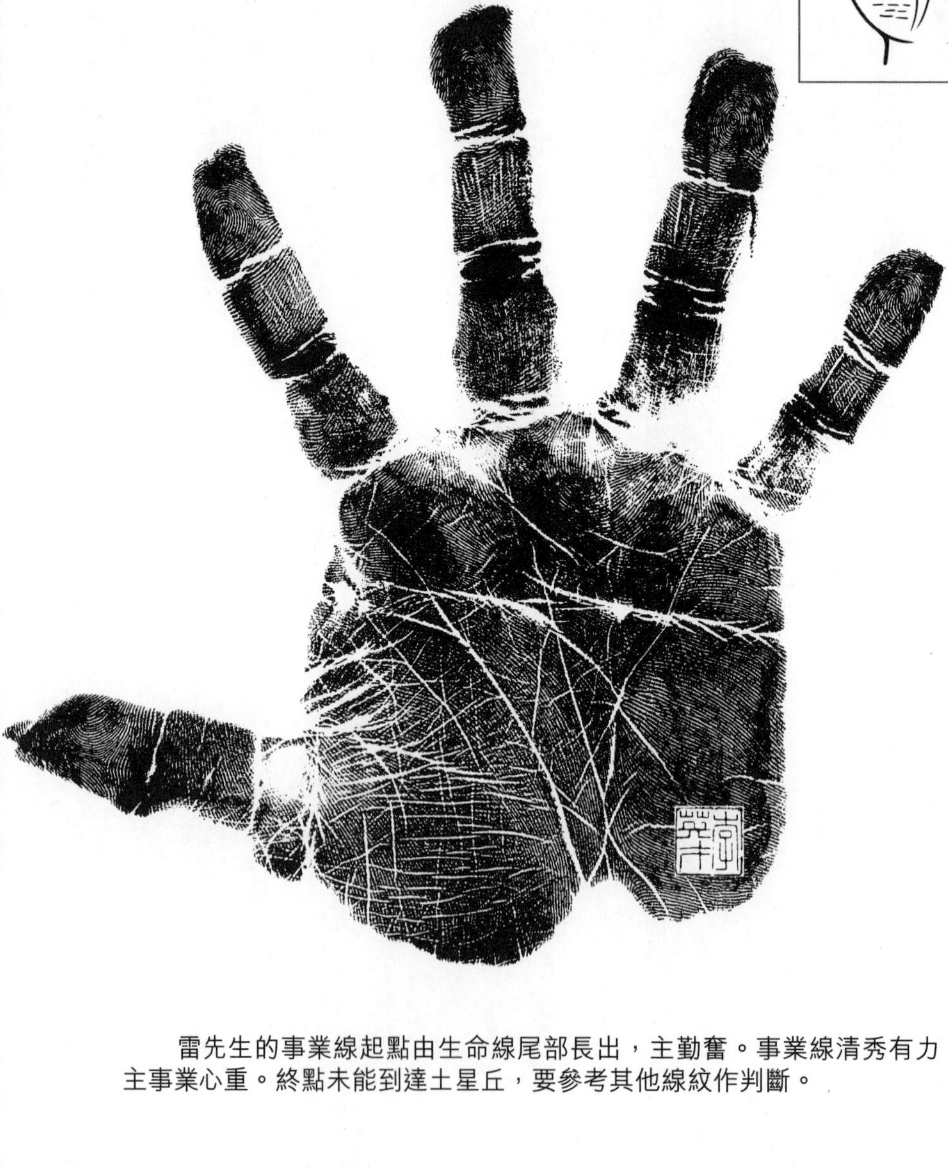

雷先生的事業線起點由生命線尾部長出，主勤奮。事業線清秀有力，主事業心重。終點未能到達土星丘，要參考其他線紋作判斷。

陰丘，但中途折斷，主缺乏恆久毅力完成工作。

綜合這幾點，可以推算出雷先生的成就是名過其實。遇上流年好，可以發展順利；碰到流年不佳，就會一敗塗地。

雷先生對筆者說，外滙買賣並不像傳說那般風險高，只要運用腦筋，每天看準市道，必會有收穫，而且相當穩健，而這個玩意又跟利率搭上關係。

他舉個例子，當年港元存款利率在六厘左右，如果選擇一隻利率十厘的穩健外幣，以一百萬港元購入該種外幣，再將這張外幣存款單作為抵押金，視乎市況的走勢買入或賣出美元（或其他外幣），當然是做「孖展」，根據交易銀行的規定，可以做到抵押金的十倍或以上。自己手上則要握有抵押金兩倍以上的後備資金，當市場出現波動時，即動用後備資金補倉，那就如穩坐釣魚船了。等到自己投資的美元或其他外幣達到自己的目標價位時，便可平倉離場，既賺價、又賺息。不過，這玩意所需的資金很大，按回報率來計算是偏低，但實際收取的金額也不算少呢！

雷先生講得頭頭是道，尤其在講到自己當年的威風史時，更是眉飛色舞。筆者則在心裏說，這種「想當初」的癖習正是此種線紋之人的特點，他的個案豐富了筆者的教學材料。

那麼，雷先生為什麼會一敗塗地呢？這是拜九七、九八年亞洲金融風暴所賜，當時他大手買入印尼盾，當泰銖慘跌時，如果他收手觀望還可自保，只可惜他決策錯誤，再入市南韓圜，於是一敗再敗，結果要賤價賣出住宅來償債。

雷先生是小型川字掌，屬把握機會的高手。他的田宅線破碎，主買賣樓宇損失。由此可知，掌相學之奧妙，不能不令人嘆服。

(圖八) 羅女士

圖八的掌印屬於羅女士，六十四歲，古玩工藝店東主。

羅女士也是擁有一條筆直的事業線，線紋也是在越過感情線之後停止，然後另有一條短小的事業線從感情線上升。

從事業線的走勢來看，圖八羅女士比圖七雷先生的線紋直挺而有力，氣勢不凡，如果在越過感情線之後直衝土星丘，其成就不可同日而語，在這裏只能慨嘆一句造物弄人。

話說筆者為羅女士看掌實有點機緣巧合——有一天，筆者到古玩店為客人挑選一件特別的風水物件，當時正是羅女士親自招呼，她突然叫起筆者的名字，我以為她是我的相學班實習嘉賓或者是公開講座的聽眾，卻原來她是我在報章掌相專欄的忠實讀者。當天我選購了一件很合心水的風水擺設，價錢比我原來的預算低許多。從此以後我如有所需，都會先打電話請她代為留意。

羅女士從不隱瞞已去世的丈夫阿旺的出身背景——

四十年代時，阿旺在鄉間被國民黨拉伕當兵，直至一九四九年國民黨兵敗如山倒，阿旺逃到香港，住在石硤尾木屋區，並開始從事收賣行業。

一九五二年，當時十八歲的羅女士與阿旺結婚。那個時代的人是過一天算一天，不曉得亦不可能去盤算明天，他們夫妻兩人以十五元月租在木屋區租得一個房間，在附近一塊能擱上兩張圓枱的曠地，花一百多元請包辦筵席公司到會，作為擺酒宴客。

由於羅女士是「奉子完婚」，所以阿旺賣、當、借都要辦妥婚事，免得太太的肚子一天天大起來惹街坊笑話。

婚後，每天早上，阿旺挑着一對竹籮穿街走巷高叫：「收買爛銅爛鐵」。朝鮮戰爭的禁運造成香港經濟蕭條，物資匱缺，連爛銅爛鐵、舊報紙也值錢，阿旺勉強可以解決兩餐。

阿旺工作很勤快，有時收購到不太破爛的玩具、舊雨傘，他就修修補補，讓羅女士在大埔道口擺個小攤檔，賣得一元幾角就算是很不錯的收入了。有時收購到一些稍為像樣的破爛工藝品，阿旺又設法修補、打磨、上釉，身價就不同了。文化大革命的「破四舊」使一些現代工藝品漲了價，阿旺除了自行收購之外，也向行家入貨，攤檔則從深水埗搬到廣東道，仍由羅女士看顧，從此她們正式踏入古玩工藝品之門。

羅女士的故事很長、很豐富。值得讀者留意的是，他們夫妻的事業不僅是把握了稍縱即逝的機會，更要胼手胝足、一步一個腳印，逐步摸索、積累經驗發展起來的。

讓我們把話題轉入羅女士（圖八）的掌紋特點：

一、羅女士的掌紋太多，顯示心緒太亂，不能平心靜氣面對困難。不過，她仍能擁有一間店舖，可見謀事在人。

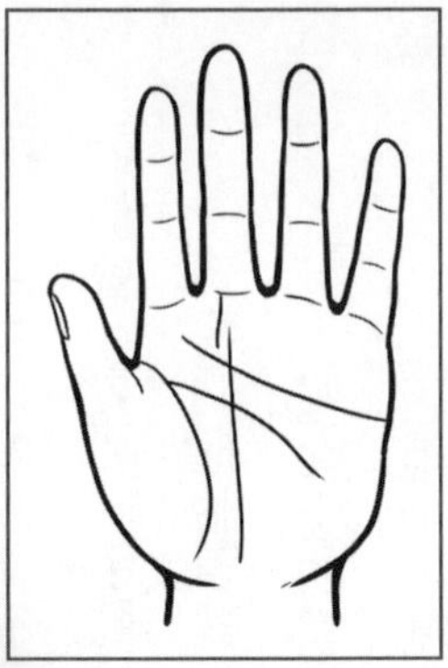

圖八

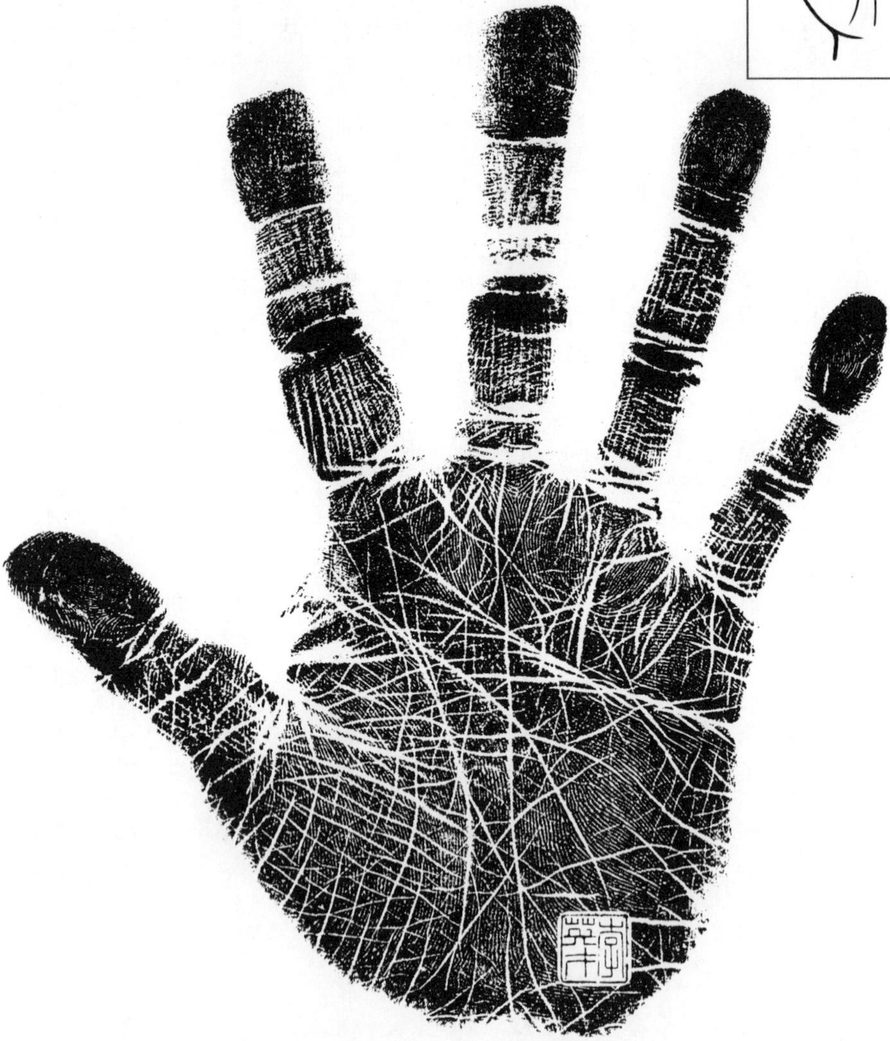

羅女士的事業線越過感情線後斷作兩橛，主晚年要多兼其他工作。

二、感情線有很多支線插入頭腦線，反映羅女士早年擺攤檔時，很多男士在她身邊打她的主意（只是不知羅女士有否接受）；感情線線尾開叉，代表有很多感情包袱（包括惦念子女）。

三、俠義線粗闊，幫助別人害了自己，大多是為此損失金錢。

四、漏財線，主經常丟失金錢。

至於她的事業線在末段一分為二的問題，原來她的女婿在附近開了一間小文具店，女兒體弱多病，不能經常看店，遇上女婿要外出辦事時，羅女士就要趕到文具店幫忙，一個人兩邊走。羅女士慨嘆說：「真是一生兒女債」。

五、運程反覆，鬥志日減

人生有起伏跌宕，事業有暢順險阻，這些變化都會顯示在掌紋上。觀察事業線的變化，可以從中推斷出其人的運程變化：事業或工作暢順的時候，其人的事業線筆直清秀；工作勤快進取之人，其事業線粗壯。若是懶散或逃避工作之人，則事業線幼弱。假如生意人經營的業務反覆或者打工一族經常轉工，或者業務、工作常常碰到困難，則其事業線出現微曲；如果出現重大的波折或困阻，事業線上會出現橫線，這條阻力線愈是深刻，其阻力愈大。

相信讀者們很容易掌握以上簡單的原則，但要想推斷得準確，則要靠累積經驗。

(圖九) 金先生

圖九的掌印屬於金先生，四十八歲，任職殯儀業。金先生的事業線微曲，代表運程反覆，許多時候會出現意料之外的困難，這種情況跟出現阻力橫線相若。為什麼金先生的運程如此？單從他的事業線已經可以看出端倪。金先生的事業線時粗時幼，單是頭腦線對下一段而言，起點相當幼弱，中段稍粗，到接近頭腦線之時，呈收合現象。在越過頭腦線之後，好長一段是幼細的，只有在接近感情線時始顯得粗闊。

由於事業線粗者代表勤力與進取，幼者代表逃避與懶散，可以看出金先生的心路歷程。既然性格如此，運程又怎能不反覆呢？

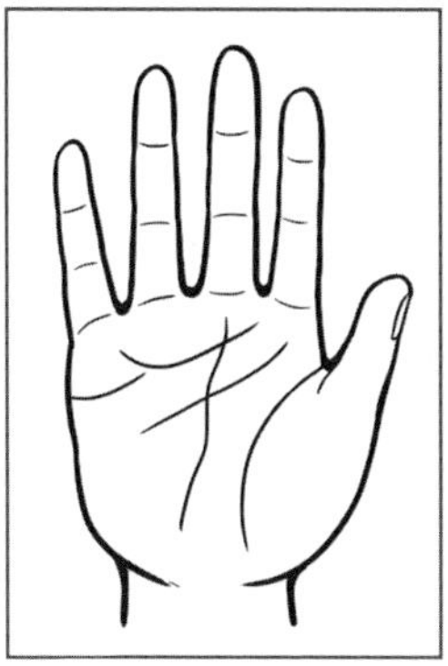

圖九

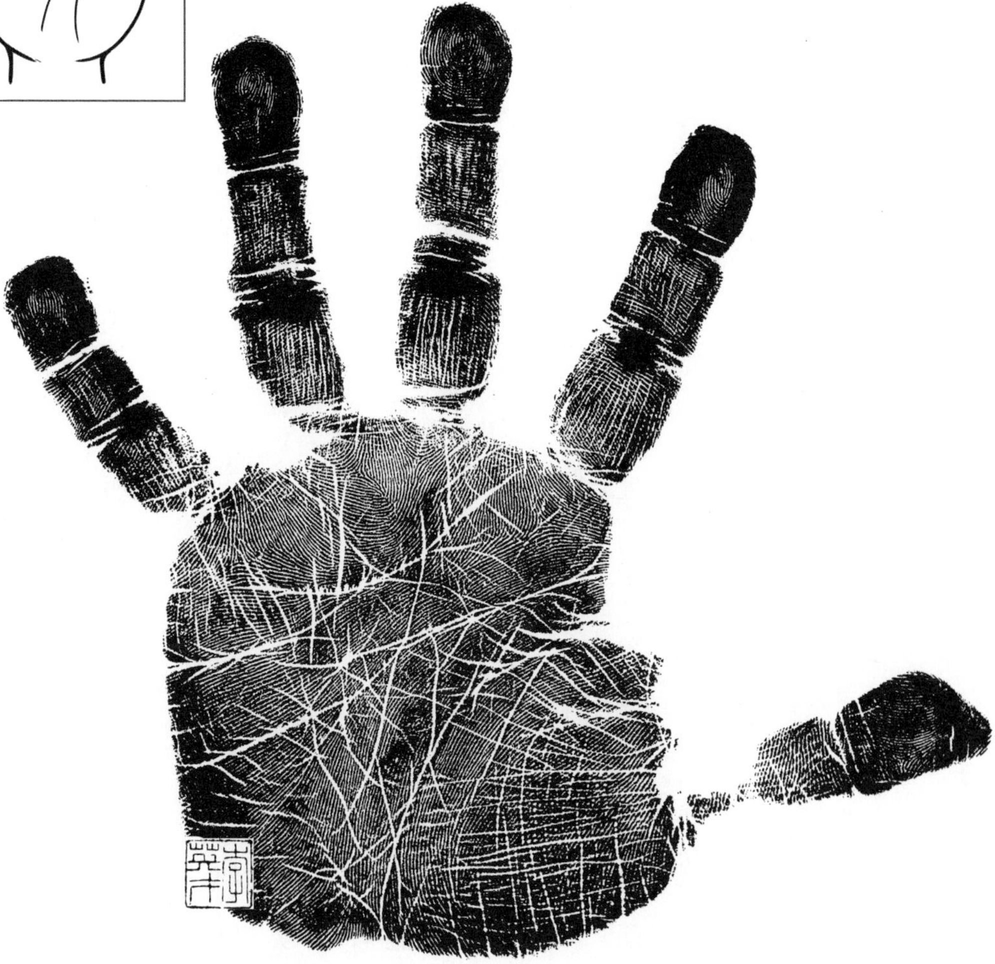

金先生的事業線微曲，主運程反覆，與出現許多阻力線一樣解釋。全線時粗時幼，代表勤奮與懶散相互交替而行。

根據金先生的掌紋，他的性格有以下特點：

一、金先生長有一個大型川字掌，代表為人任性和主觀，這是與生俱來的。

二、他有一條強烈的反抗線，反映他在童年時叛逆性很強。

三、他的頭腦線開岔。

金先生從事殯儀業。殯儀是服務性行業，絕不容許職員與客人有拗撬，因為這會使人推想到對死者的不敬。在殯儀館內，不管任何級別人士說話都是陰聲細氣的，或者可以用簡單一句話來概括：他們都是陰氣很重的。

可是，上述三項性格特點說明了金先生是一位陽剛氣頗重的男士，試問他怎能適應陰氣重的服務行業呢？因此筆者一開始就表示金先生入錯行。

金先生搖頭嘆息說：「有什麼辦法呢？一九六八年香港百業不振，有親戚朋友介紹入行，那時總之有工作、有收入就行，不經不覺便在這個行業打滾了三十多年。」

金先生的事業線微曲，全線粗幼不匀，均主他的運程反覆。這三十年的變幻都與他的陽剛氣本性有關。行業的待客之道與他的本性衝突很大，金先生只能循着行業的老規矩走路，不敢踰越，工作的表現自然是時而積極，時而馬虎敷衍，事業線就變得更明顯地粗幼不均了。本來他有野心去發展他的抱負，可惜頭腦線幼弱，下不了決心。到了這把年紀只能做一天和尚撞一天鐘了。

（圖十）杜先生

圖十的掌印屬於杜先生，五十四歲，職業是汽車玻璃技師。杜先生的事業線看來與圖九金先生的事業線形態相近，也有微曲現象，但事實上，這是一條走勢還算不錯的直線。

杜先生的事業線上升至頭腦線交接處出現斷口，這條線紋的特點是，它愈向上走，愈見淺弱。事業線由粗變幼，代表此人的事業隨着時日的遷移而走下坡；亦可以理解成其人的體力日漸衰退，所以不能像早年那麼進取。

前面提到，事業線淺弱代表懶散，亦可以解釋為逃避，進一步可推論為知足，因為有些人不愛聽「懶散」這個貶義詞。

為什麼一條線紋有這許多種解釋？其實，一條線紋的含義很豐富，試想想，在手掌方寸之間包含了一個人的思想意識和人生經歷，它不可能用文字清楚地標示一、二、三、四或者甲、乙、丙、丁，它只能以某種形態或記號反映其豐富的內涵。因此，只要我們仔細分析，將某種含義歸類，就可以看出有關解釋都是相互關聯或由此衍生出來的結果。

以事業線幼弱為例，它代表懶散或逃避，懶散之人自然對工作逃避；幼弱亦代表知足，知足之人在工作上不會太進取，這些表現不是相互關聯的嗎？問題只在於我們選擇如何闡釋而已。此外，工作不進取，業務不進則退，尤其是在社會發生變動的時候，不進取就會捱打，業務就會萎縮。總括而言，只要根據其人的事業線形態，兼看其他線紋，再結合他的面相作判

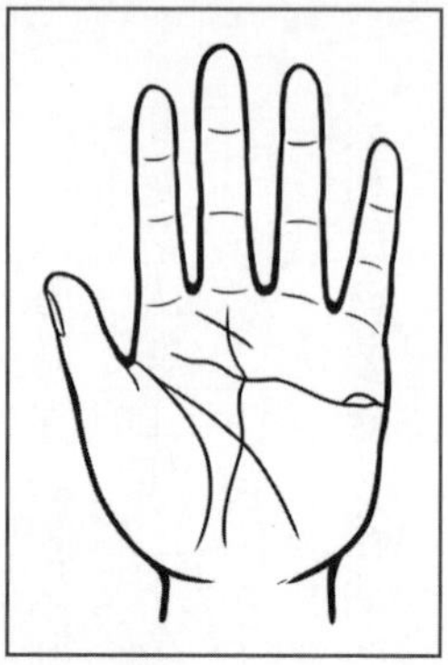

圖十

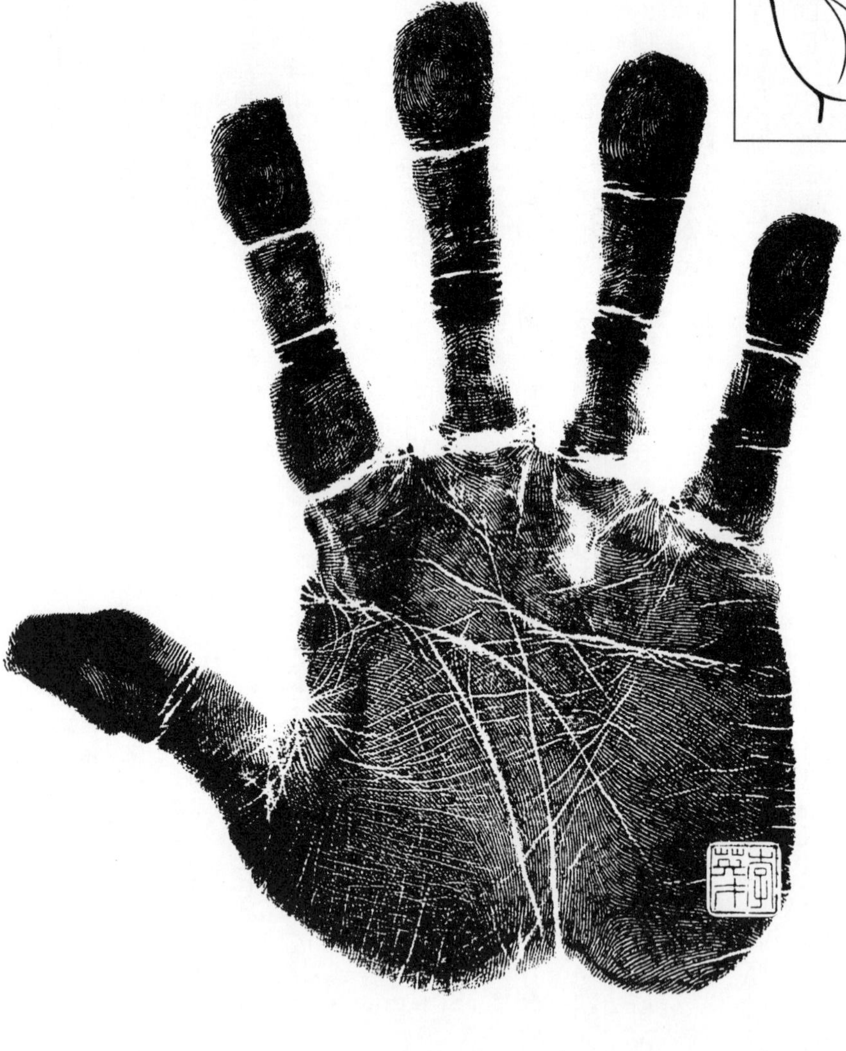

杜先生的事業線愈來愈幼弱，主鬥志日減；尾部出現斜橫線，主功敗垂成。

斷，就會闡釋得準確。

杜先生的事業線走勢愈來愈弱，線尾與線頭比較，簡直不可同日而語。為什麼杜先生的鬥志會愈來愈弱呢？原因不外是兩點：一方面是他與生俱來的性格；另方面是他的社會遭遇，包括身邊朋友的影響。

首先分析他的性格特點——

一、拇指彎曲，代表缺乏意志力，做事沒有耐性或恆心。

二、掌中三大主紋形爪字掌，其特性是：善惡不分、感情過重。

這兩點是杜先生性格主流。有些人知道自己的缺點會在後天去努力予以糾正，但可惜杜先生根本不知道自己的優缺點，才渾渾噩噩地度過大半生。

再談杜先生的人生際遇——

杜先生的一生沒有驚心動魄的重大經歷。他的感情線開端見島，代表他少年時不喜歡父母，親情疏離。他這個人雖然重感情，卻是不喜交結朋友，不管是益友或損友，一個都沒有。

杜先生中學未畢業就進入大角嘴一家玻璃廠當學徒，這是高溫作業，他幹不到兩個月就抵受不住。賦閑一段日子之後，他當上了修車學徒，這個工作髒得很，所以做不到一年又辭職了。後來有新興的織帶廠招請工人，不需特殊技術，他幹了一段日子，又嫌要輪值通宵班不幹了。及後又當過一段時期的店員，最終當上了汽車玻璃技工。成家立室後就沒有胡亂轉工了。

杜先生掌中沒有財富線，他對人生沒有強烈的欲望。頭腦線急彎下垂，主幻想太多以致不容易相信人。現在他對工作是得過且過，愈來愈安於現狀，甚至覺得自己的體力大不如前，可惜不是在大公司工作，否則便可申請提早退休呢！

杜先生的事業線尾部出現一條斜橫線，這是一條凶線，主晚年會功虧一簣。幸好他早有退隱之志，否則他在晚年時強行開創業務的話，將會輸得很慘淡。

六、線尾止於頭腦線之下

我跟甘先生的第一次見面是在一位客人的辦公室，當時我剛完成風水勘察，甘先生是客人的朋友，他適巧造訪，耐心地聽完我講解風水擺設的細節後，硬是拉着我給他講講運程。

說我市儈也好，我是甚少為客人「免費服務」的，因為不是誠心受教的話，任你如何苦口婆心，這些人只會把我的忠告拿來當作茶餘酒後的談資，甚少人會認真聽從筆者的勸告。無奈這次風水勘察的酬金不菲，又見甘先生是客人的好友，唯有破戒。

筆者對甘先生稍作端詳便贈他三個字：俱往矣。甘先生先是一怔，眼珠兒滴溜溜的轉了兩下，忽有所悟，然後撫掌大笑曰：「李師父一語中的！」

前文介紹過事業線穿過感情線而不能直上土星丘的特性。這一章則講述較短的事業線。讀者請參閱圖十一及圖十二，這兩條線都屬於直挺的線紋，但兩圖中的事業線未到頭腦線就停止了。

圖十一的掌印屬於甘先生，事業線的形態比較好；圖十二不但短而且柔弱微曲，其人的處境比甘先生更差。

事業線直挺而短的特點是：常常因觀點不對或判斷錯誤而臨門失機，招致損失。具有這類事業線的朋友應知道自己的弱點，在決策時切勿堅持己見。

圖十一

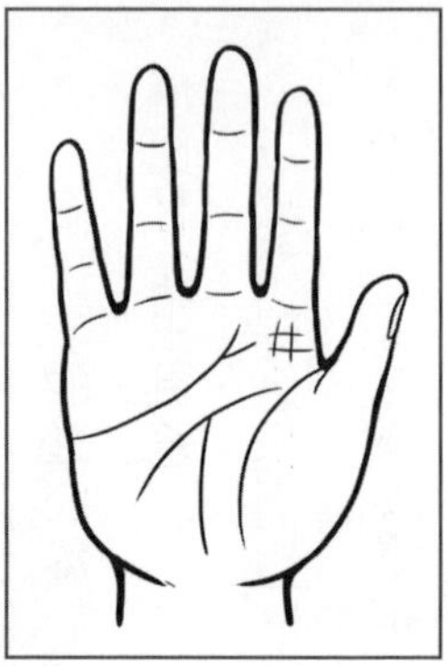

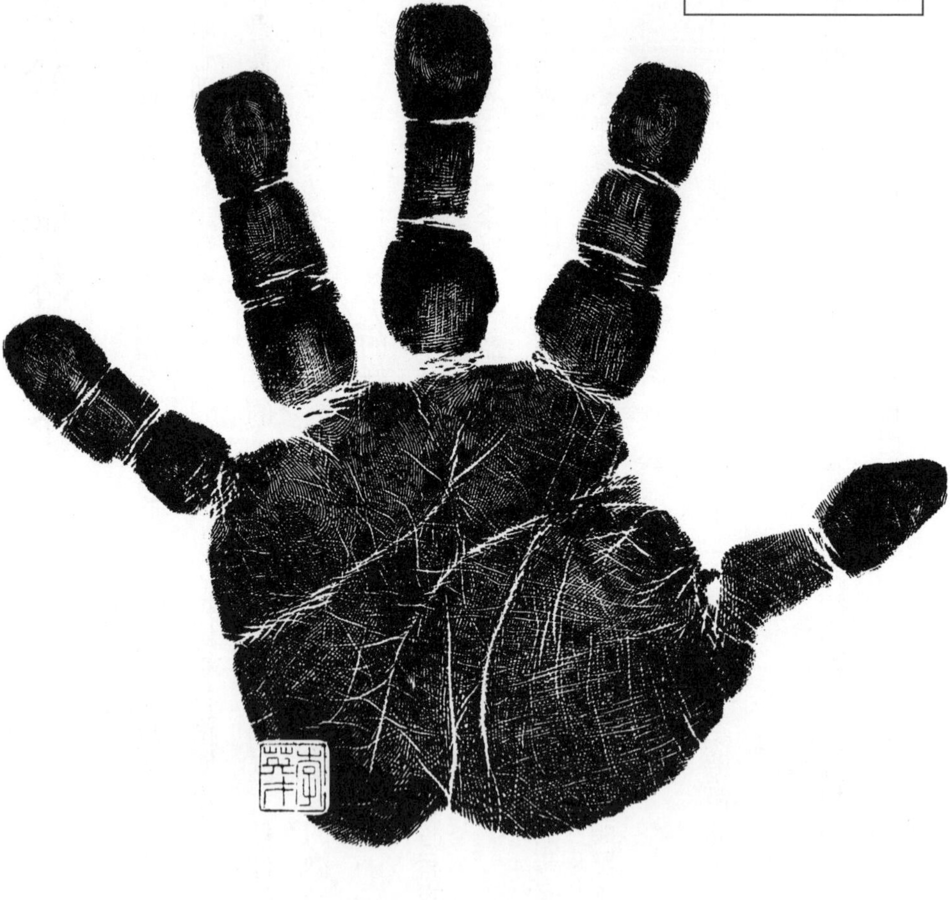

甘先生的事業線止於頭腦線之下，代表常常因為判斷錯誤而臨門失機；全線由深轉淺，有意興闌珊的念頭。

（圖十一）甘先生

甘先生的事業線停留在頭腦線之下，走勢不錯，起點粗壯有力，缺點則是由深變淺，代表開始喪失鬥志，有意興闌珊的表現。不過我看出甘先生的財運一直不錯，所以贈他「俱往矣」三個字，這是從甘先生手相整體判斷出來的，如果單是依據他的事業線「依書直說」的話，只能判他喪失鬥志而已。

甘先生的手掌豐厚有力，國字臉，笑容可掬，他的出現有如「正印」出場，有鎮懾全場的氣勢，這類人貴人處處，一生財運不缺。

不過，甘先生的感情線開端破碎，主童年不快樂。甘先生解釋是父母不和，原因是父親的收入捉襟見肘，卻愛搓搓麻將，輸了錢家用更不夠，老是遭到母親的責罵，父親反唇相譏，家中常常吵個不停。

甘先生憑着自己的努力，在理工學院修畢高級文憑，進入一家銀行當市場調查，再轉入股票部當研究員，後來自行創業設立投資顧問公司。他的經歷都是跟鈔票、股票、外匯、利率打交道，當然認識不少老板，有些客人根據甘先生的分析賺了大錢，所以甘先生所得的回報也不錯。可是，有一個問題卻令甘先生久遭困擾，他自問對市場分析的準確率頗高，很多時候一些大客戶都自責沒有依照甘先生的分析去加大注碼，走了寶。

甘先生說：「客人依照我的分析去投資都能賺錢，為什麼我自己投資卻是蝕多於賺呢？」

其實，甘先生只看到後天的一面，看不到他自己與生俱來的性格：他的拇指細巧，主為人欠缺膽色；他的木星丘出現方格紋，主不善理財。

我們要知道，多謀者不一定善斷，出色的參謀不一定是百戰百勝的主帥。甘先生雖然能夠提出好的意見和方案，臨陣卻需要膽色和魄力，而這方面卻是甘先生最弱的一環，所以他自己投資時總是躊躇難決，加上不善理財和事業線未能越過頭腦線，欠缺臨門一腳，怎能不一敗塗地？

聽完我的分析之後，甘先生表示，若能在五年前便認識筆者，情況就大大改觀了。由於甘先生已萌退意，便問筆者他的後半生將要如何？

筆者勸勉他年方三十八，正值壯年，尚可以有一番作為；今後只要懂得避重就輕，繼續從事他的投資顧問工作，遇有良好的投資機會，只可以與人合作，自己不當決策人，還是可以財源滾滾而來的。

(圖十二) 胡小姐

圖十二的胡小姐，她的手掌與甘先生判若雲泥。胡小姐二十八歲，已婚，職業是商場職員，既當售貨員，還要兼任管倉及會計，一份工資、三份工作。

筆者對胡小姐說，老板要你兼任售貨是他不懂得分配工作，你的性格是不擅交際，又欠缺口才，這是售貨員的大忌。胡小姐滿臉屈委地說，老板還責怪我不主動去招呼客人呢！

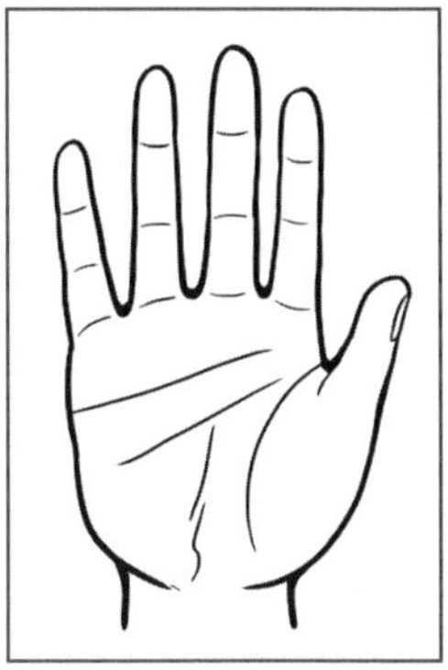

圖十二

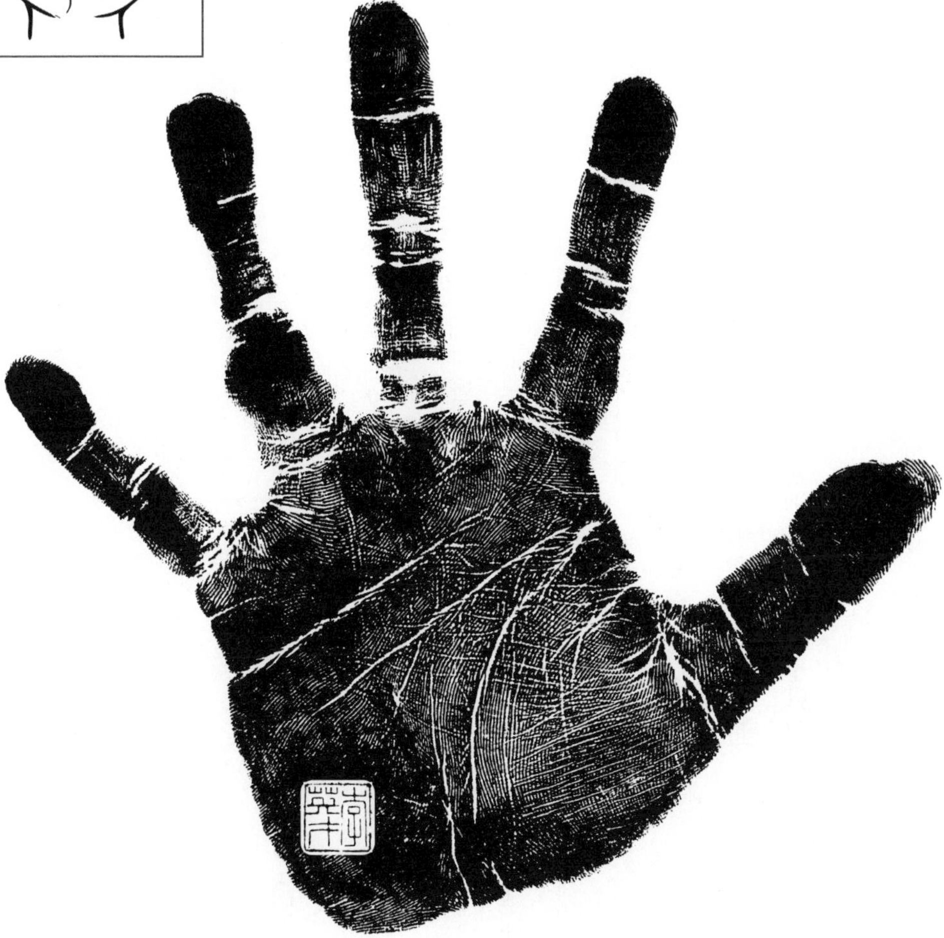

胡小姐的事業線開端微曲，早於十四歲前工作；多處斷裂為心事多及接觸多種行業。全線疲弱，主懶散、無心工作。

讀者諸君請看看自己的尾指，若是好像胡小姐那樣，尾指過於瘦削，代表欠缺口才和交際手段。若有此特徵，就要避免從事相關工作。當然，這些是可以在後天予以鍛煉的；不過，知道了自己的缺點就不會入錯行而妨礙自己的事業發展。

談到胡小姐的經歷，實在乏善足陳。她十七歲中學畢業，成績如何？「普通啦！」這是一個很模糊的概念，套在胡小姐身上，意思是會考兩科合格，不致全軍盡墨。

八十年代中後期，在香港找工作並不難，那個年代勞動力奇缺，曾經有位老板以苦笑的口吻說，當時只要有一雙腿就有月薪二千元，加一隻手是三千元，雙手雙腳是四千元，不管你是什麼學歷，也不管工作態度如何，只求有一個人填塞這個崗位。

當時胡小姐早有找工作的經驗，她在中學二年班時已出來做暑期工，每年暑假都找到工作，工廠、商店，不同的職位都幹過。升中五那年，老板留住她，她就製造理由延遲半個月入學，管它什麼「佐架」（地理）、「墨士」（數學），所以她畢業以後很快就找到工作，不過成績不好難以當白領，都是接待員或是商店店員之類，畢業後三年就轉過五份工。她說是老板或上司的臉色難看，其實是她對工作懶散，事事不用心，經常出小差錯。

胡小姐的這些經歷都在她的掌紋上反映出來。她的事業線開端微曲，主十四歲前工作；全線疲弱，代表懶散與無心工作；出現多處斷裂，反映她有許多心事以致影響工作，亦代表接觸多種行業。

上面講的都是關於她的事業線的表現。不要以為胡小姐是弱質纖纖之人，她的拇指十分粗壯、直挺，意味着其人非常倔強和主觀，如果她遇到一位好上司，便可以帶領她摒除惡習，可惜世間難遇伯樂。

幸好，胡小姐的婚姻線清秀，所以遇到懂得欣賞她的好丈夫，對她呵護備至。筆者囑咐胡小姐要好好珍惜這份感情。

七、短線受阻於感情線

上例談到事業線未能越過頭腦線時的涵義，這一章中則討論事業線停留在感情線下的情況。必須補充聲明的是，這幾章所論述的都是直挺的事業線，而這一章分析的亦是短而直的事業線。

凡起於明堂（掌心）而過短的事業線，代表其人在青年時期欠缺事業方向，到四十歲左右始有創業衝動。如果事業線能衝過感情線還算不錯，如果停留在感情線之下（參閱圖十三），則其人不能適應環境，就算業務發展得不錯，也會莫名其妙地退出行業。

圖十四的事業線也是直挺而短，也是停留在感情線之下，但又有另一條線紋（也是事業線）穿過感情線，這種情況就與圖十三不同，必須先觀察其事業線的形態，再兼看其他線紋，始能作出正確的判斷。

(圖十三) 洪先生

圖十三是洪先生，四十一歲，是筆者經常光顧的水果店夥計。有一次，我看見洪先生額際青氣纏繞，驛馬色動（這是面相學功夫），便問他：「打算不要老主顧了吧？快要炒老板魷魚了吧？」

洪先生知道瞞不過我，因為他曾不止一次領教過筆者的功夫，雖然是不收費用的片言隻語，卻是靈驗非常。洪先生把食指放在嘴唇示意筆者噤聲，免得被他的老板聽到，並低聲對我說：「改天再談！」

洪先生任職於一家小店，員工就是老板加上他一個夥計，不過他是得力夥計。

過了兩天，我再去光顧，老板不在，我們就暢所欲言。原來洪先生打算創業，也是經營生果店，雖然香港經濟低迷，消費減弱，但是店鋪的租金也在下降，風險比前幾年反而更低。他問我此舉是否適宜，其實從他臉上出現的氣色顯示，他的辭職已成定局，很可能已經物色到店舖了。他不說實話，我也扣起五成，只說：

一、正值壯年，可以創業。

二、十年之後宜作檢討。

一星期後，筆者路過水果店，洪先生已經辭職了。他的老板賴伯講起洪先生就滔滔不絕，他說：「阿洪早應該出來闖了，有氣有力應該出來搏一下，自己生意可以多賺些錢嘛！前兩年我叫他自己開新鋪，本錢不夠我可以借給他，他就是信心不足……不止如此，還走去落髮，做了七天和尚……」

原來賴伯跟洪先生是潮州鄰村鄉里，細談之下甚至有互相認識的親友，所以對洪先生的經歷頗知一二。

賴伯說，洪先生三十多年前隻身來港，是打工仔一名。他這個人頗為精靈，不管什麼工

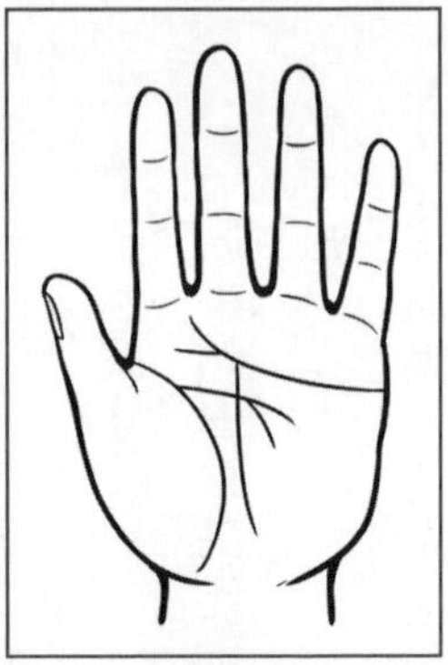

圖十三

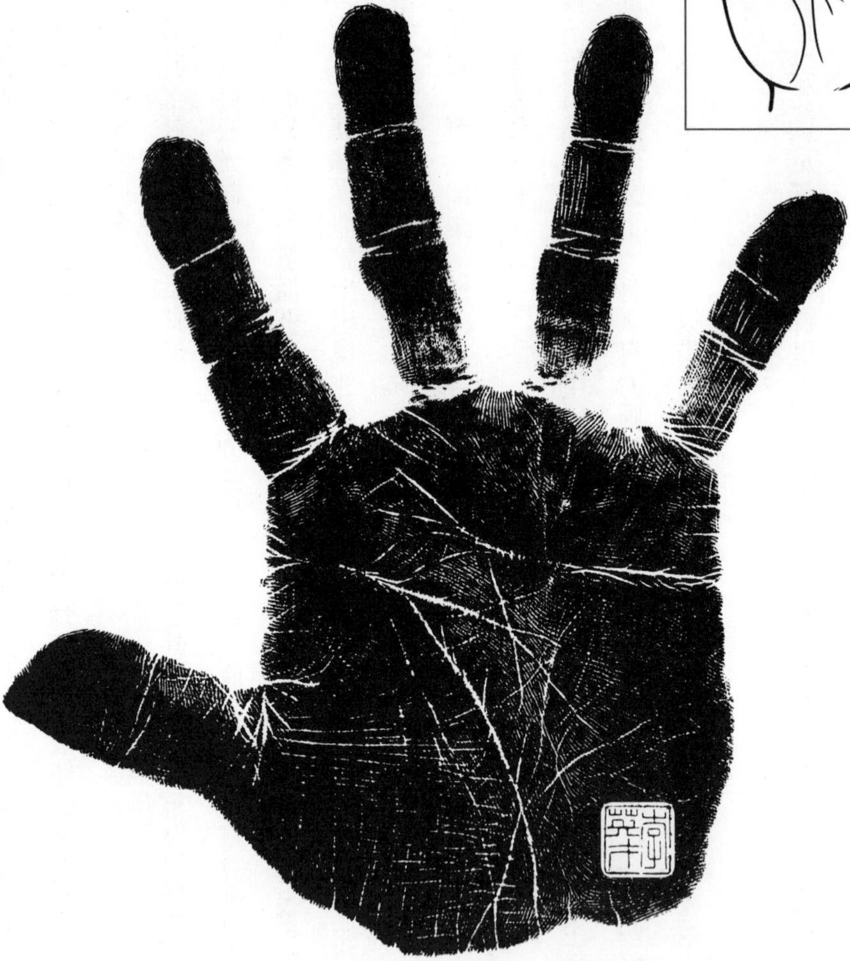

洪先生的事業線直而短，起自明堂，清秀明朗，主聰明能幹，但四十歲後始有鬥志。事業線止於感情線下，不易適應工作環境。

作，一學就上手，而且「話頭醒尾」，是老板的好幫手，只是個性比較倔強。賴伯打個比方，落雨收衫是天經地義的事，洪先生耍起性子來就是不肯轉彎。所以多年來他轉過許多行業，換過不少老板，一些相熟的鄉里都說捨不得他辭工，可是這個人說走就走，有時候又不能不叫他走，因為他放任起來就像死蛇爛蟮，影響其他夥計。

賴伯表示，就以他這家水果店為例，他就三進三出，幾次離開都是莫名其妙的藉口。這次總算是認真創業了，水果店下星期就開業了。

賴伯的描述均出現在洪先生的掌紋上：

一、事業線清秀，代表聰明而能幹，即使是粗漢子也有其聰明、能幹的地方。

二、頭腦線短促、尾部開叉，代表其人不明事理及倔強固執，尤其線紋叉狀異常，屬於不易協調之人。

三、拇指第一指節有鳳眼，與佛有緣。

四、財富線疲弱，欠缺奮鬥目標，只懂得橫衝直撞。

五、起至明堂而短促的事業線清秀而明朗，代表四十歲後始有雄心壯志。

六、事業線止於感情線，不容易適應工作環境，故他早年經常轉工。

至於他的水果店能否堅持下去呢？筆者將在以後再作探討。

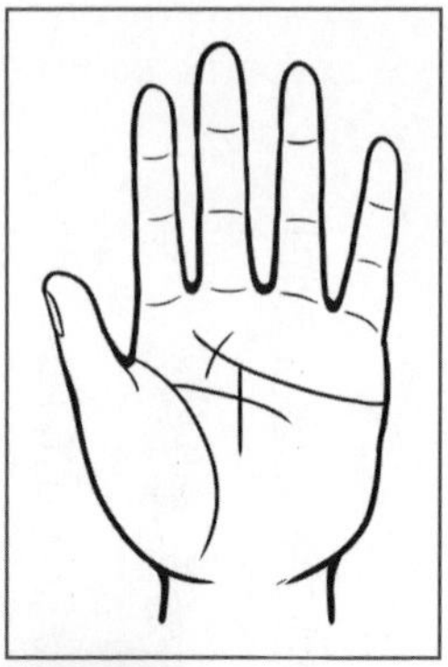

圖十四

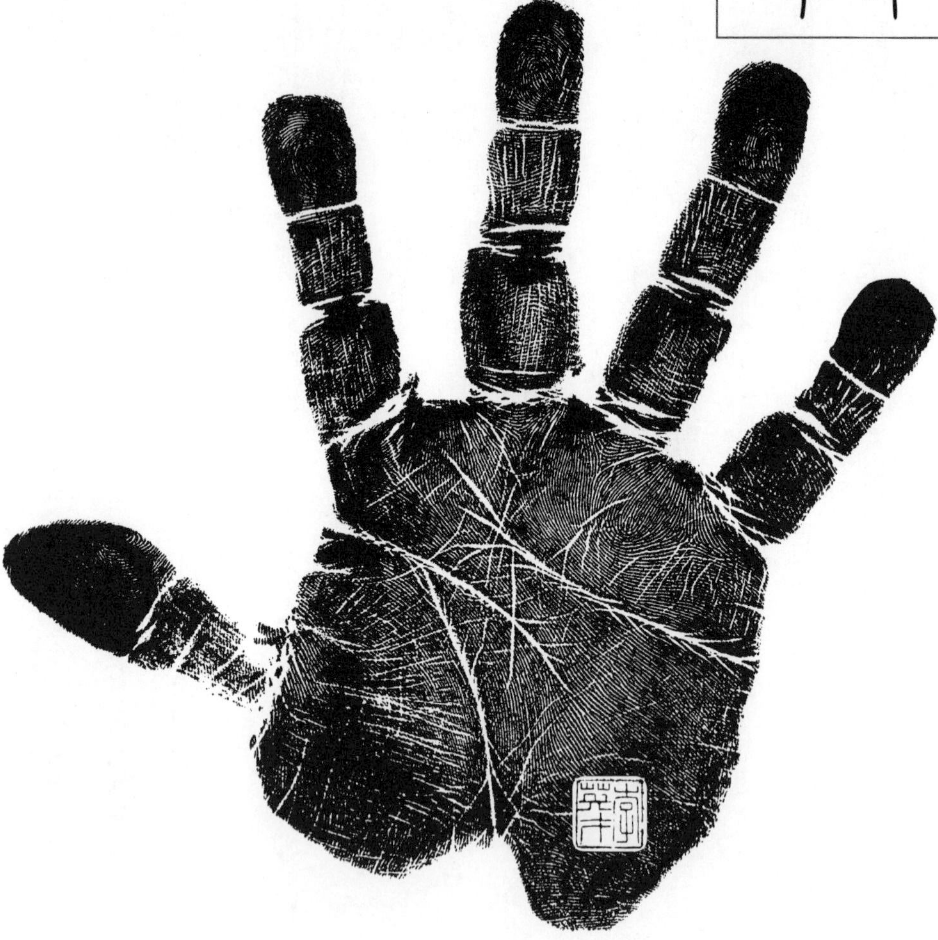

林先生的事業線也是直而短，但強勁有力，聰明能幹之外，處事有方寸。另一事業線衝破感情線，能改變自己的處事陋習。

（圖十四）林先生

圖十四的事業線與圖十三相若，但是此線短促而深刻有力，形態比洪先生的線紋優勝得多，兼看其掌形及其他線紋，結論就迥然不同。

圖十四的掌印主人是林先生，印尼華僑。掌相特點如下：

一、短闊掌形，處事踏實而有幹勁。

二、掌厚肉軟，福祿強勁，獲幸運之神眷顧，一生多貴人。

三、中指豐滿筆直，為人富正義感。

四、食指過短，非常相信朋友，易被友人牽累而破財。

五、事業線直挺、短促而清秀，主聰明能幹，但性急；線紋深刻，處事有條不紊。

六、有另一條事業線衝破感情線，會檢討自己的處事手法，並能摒棄缺點、陋習，極為難得。

一九六六年印尼排華時，林先生年僅十八歲，當時許多華僑青年嚮往中國內地的建設成就，紛紛回國，懷着偉大的抱負去建設社會主義祖國。

林先生欠缺這股熱情和衝動，他的父親在雅加達郊區經營小小的雜貨店，在印尼雖說是中上家庭，但實際是家無恆產（林先生坎宮低陷，應驗了無祖業可享，只能白手興家）。幾經辛苦籌措到一筆旅費來到香港，投靠堂伯父的南洋莊口，業務是買賣印尼土產兼營套滙生意，一幹就是七八年，給他摸熟了門路。

林先生可不是白領工資的，因為他有一班同學在中國內地，要靠印尼接濟，他為堂伯父拉了不少生意。

七十年代，林先生自行創業，搞了一間貿易公司，在印尼有父親的店子做聯絡，自己則每年兩次在廣州交易會中買入中國土特產，重新包裝賣往印尼，並聯絡舊同學套滙接濟。

八十年代是香港房地產市場興盛時代，林先生有了資金便不免涉足其間，生意愈做愈大，林先生熟悉印尼，自然投資於印尼，他知道香港好幾個財團都看好印尼，他受好友慫恿也爭着去分一杯羹。不料九七、九八年亞洲爆發金融風暴、蘇哈托倒台、印尼暴動，房地產陷入低迷，林先生幾乎全軍盡墨，他為此煩惱不已，請筆者為他看風水。

我說，印尼是大局，個人房屋是小局。其主人房北方納九星，受流年風水所影響，所以大局加小局使主人更加煩惱。但從林先生的掌紋所示，只要鬥志不減，不久必回復大勇之態。

八、疲弱兼破碎，運程反覆且懶散

事業線跟財富線一樣，都是要求筆直而剛勁有力，假若線紋疲弱就不好了，若疲弱加上破碎就更差。本篇刊出兩幅這一類型的掌紋，供讀者鑒別。

請讀者謹記一個總的概念：事業線疲弱代表其人欠缺奮鬥心，生活上亦不嚴謹；如果再加上線紋破碎，則運程反覆。讀者掌握了這個基本原則，論斷時雖不中亦不遠矣。

（圖十五）黎小姐

圖十五的主人是黎小姐，掌形方正而大，屬於女生男掌，具有男性化的特質；加上大型川字掌，代表個性獨立。這類女孩子俗語叫「男仔頭」，從小就不愛受拘束，絲毫沒有嬌柔忸怩的神態。

她的頭腦線長得不錯，可惜感情線粗闊，主脾氣急躁，不利早婚。她的小指略長，口才便給同時精於計算，如果向商界發展會有不錯成就，可惜她沒能遇上一個能提攜她的人，結果她選擇了自己喜愛的曲藝，十多年來在這個半生不死的行業浮沉。

黎小姐出身於草根階層，父親是清潔工人，嗜酒而且不顧家，母親在街市販賣蔬菜，本來七十年代小販的收入不菲，不過黎母既要顧家又要顧菜檔，胼手胝足收入僅堪餬口。

黎小姐共有五兄妹，她是老三，屬於最受忽視的排名，孩提時在小販檔長大，讀小學的時

圖十五

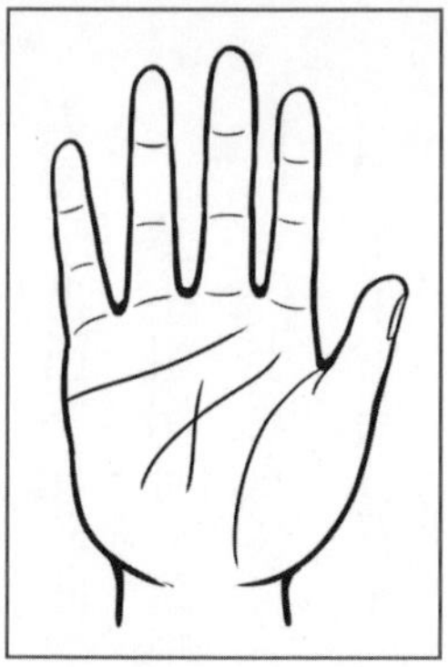

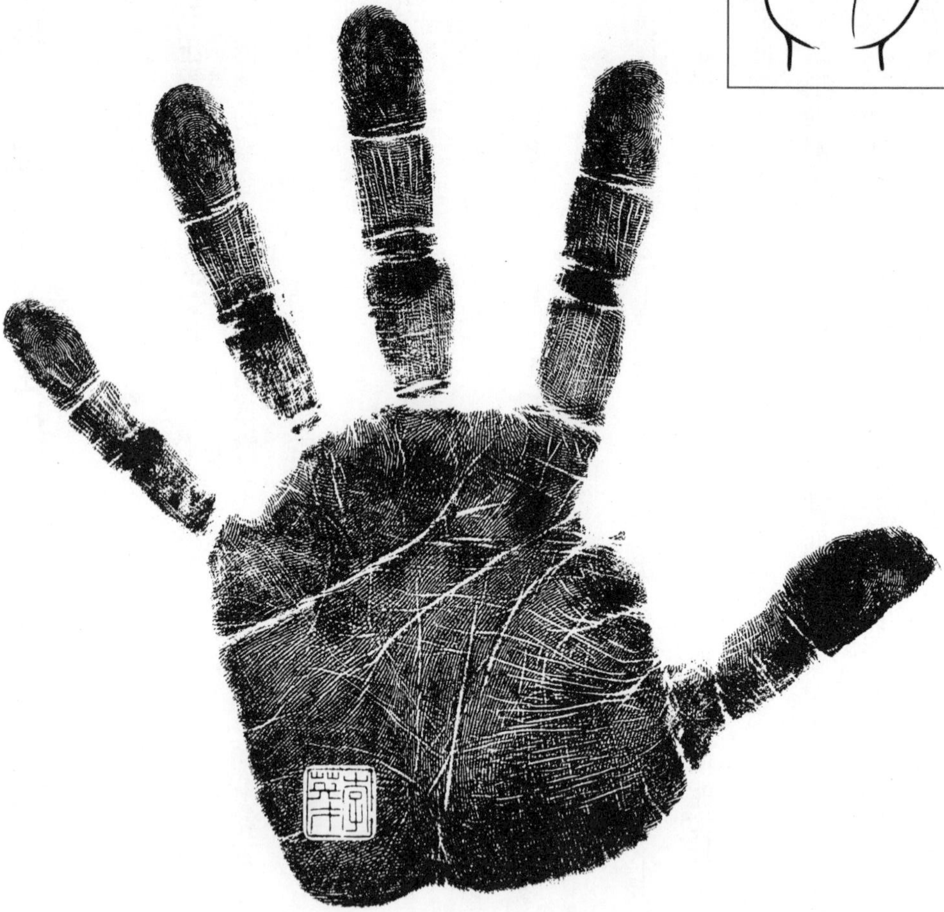

黎小姐的事業線疲弱，代表欠缺奮鬥心；開端破碎，主早年運氣反覆；線尾止於明堂，個性懶散，不願工作。

候已經要在菜檔幫忙，以她獨立的性格，對街市各式人物自能應付裕如。她的朋友都以為她那種男孩子性格是在菜市場中培養出來的，但其實是源自她的川字掌，是與生俱來的。

黎小姐在街市長大，所接觸的人物三教九流、良莠不齊，難免有點野性難馴的表現，何況她生長在這樣的家庭，父母親以為養活了兒女就算是盡了責任，對她們日後的成長和交朋結友自然放任不管。

街市附近有間音樂社，不時傳來絲竹之音，黎小姐是個天不怕、地不怕的人，常常進出音樂社，起初是湊熱鬧，然後是跟着哼幾句，她天性聰穎，唱起來有板有眼，她本身聲線略粗，師傅便教她唱小生，倒有幾分酷肖任劍輝，自此黎小姐便跟着音樂社的人出席社團宴會作客串，從票友到半職業以至全職，在榕樹頭平民夜總會表演曲藝。

小販工作本來就沒有嚴謹規律，曲藝生涯就更加散漫了，黎小姐自幼在這種氛圍中生活，強化了她的懶散性格。另一方面，她日夕與市井之徒為伍，耳濡目染，對兩性關係就更疏於防範，在十六歲就破了身，十八歲時更為情自殺，險些送了命。自此以後她便看淡感情，把兩性關係看成兒戲，遇到合眼緣的青年，不管對方身份、背景都可以上床。難怪她年近三十，仍是孑然一身。

黎小姐找筆者，並非求問自己何時出閣，而是想知道為何運程如此反覆，這真教筆者為難，難道要我直說：「源出於你的野性難馴！」我只有告訴她：意守於心，如果遇上真心相愛的男子，最佳的辦法是修心養性做歸家娘。

總括來說，黎小姐的掌紋有以下特點：

一、事業線全線疲弱，反映她不但欠缺奮鬥心，而且生活不嚴謹，這是她性格的致命傷。

二、事業線開端破碎，主早年運氣反覆，沒有多少好日子過。

三、事業線止於明堂，代表個性懶散，不願工作。

四、生命線斷裂，有自殺或意外，險象環生。

(圖十六) 區女士

圖十六的掌印屬於區女士，三十二歲，文員。把她的掌印與黎小姐作個比較，撇開中間一段略粗，其實此線比圖十五更為破碎。再仔細觀察，圖十五除了疲弱之外，全線比較清晰，其走向相當明朗；相反，圖十六的事業線左穿右插，有向四周流竄之勢。換言之，圖十六比圖十五更差劣。

圖十六區女士的掌相有以下特點：

一、事業線除了疲弱之外，亦顯得破碎，愈是破碎代表運程愈反覆。疲弱代表懶散、無心戀戰。

二、事業線不能穿越感情線，可解作受環境左右，發展不能盡如心意。

三、手掌過分柔軟，此種手相在男主富，在女主淫，性關係隨便。

四、拇指第二節有橫紋，代表書緣受阻，不能接受正常的學校生活。

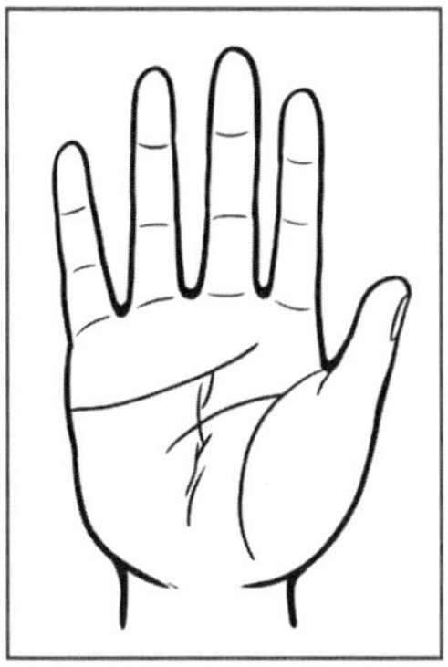

圖十六

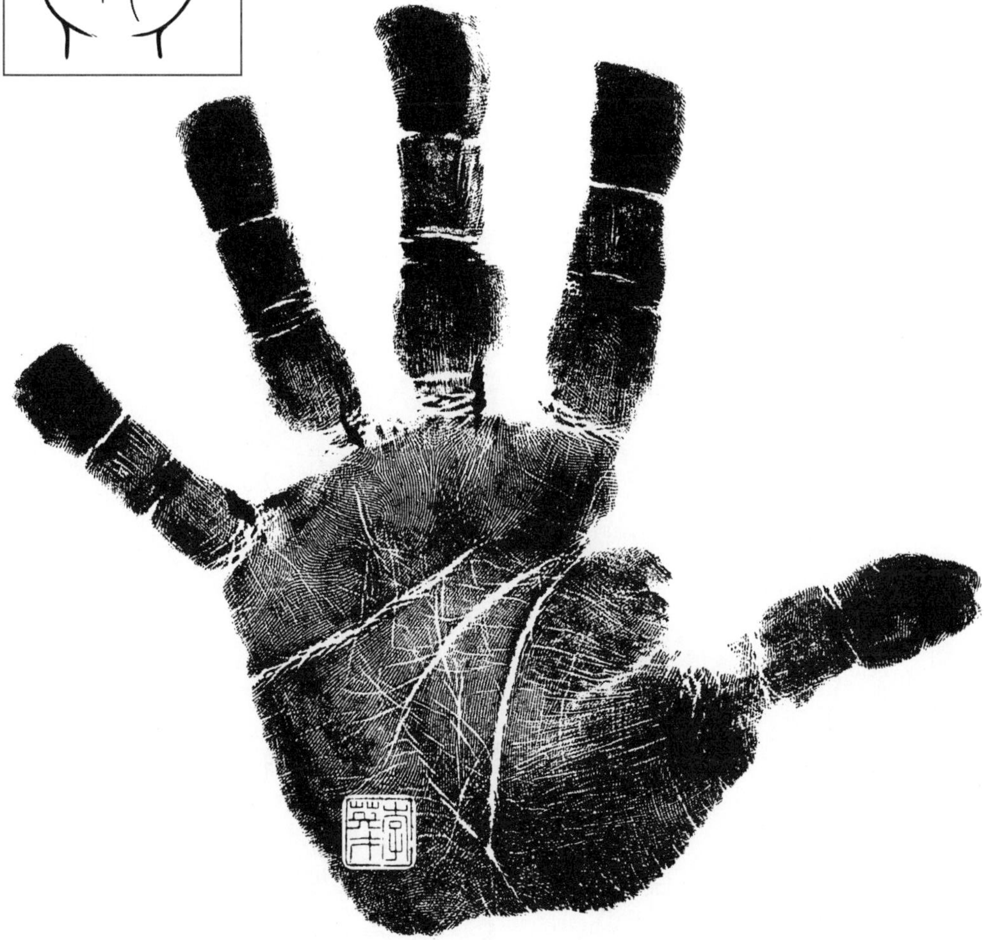

區女士的事業線疲弱兼破碎，愈破碎代表運程愈反覆；線尾止於感情線，主為環境所左右。

五、生命線爆裂，意味着青少年時期生活十分艱苦。

六、財富線疲弱，其解釋與事業線相同。

七、婚姻線隱隱呈現暗紋，不願受婚姻約束，可以解釋為只接受同居生活；加上手掌柔軟，可推斷區女士性關係隨便。

區女士向筆者問前程，是因為當時香港經濟疲弱，樓市不振，公司生意減少，老板縮皮裁員，她是其中一名受害者。更糟的是，她在一九九六年樓市高峰期時換了新樓，在樓市低沉後，這層新樓變成負資產。

區女士是筆者的讀者，事緣當年我免費為某報章解答讀者疑難，根據聲音五行推算讀者運程及性格，區女士就是其中一名幸運兒。不料當天給她的推斷一一應驗（覆電那麼多，我早已忘記），故她便親自來找筆者。

區女士出身於破碎家庭，沒有接受完整之中學教育，她是一邊工作，一邊上夜校考取到中學會考合格，進而再讀商科，學習打字、速記、秘書業務，也是香港同類青年自我奮鬥的相似經歷。

當年香港的工商業欣欣向榮，打工人士經常要超時工作，區女士寧願辭職接受另一份較低薪的工作，為的是不用加班爭取時間上夜校、充實自己。這就解釋了她的事業線粗於圖十五黎小姐的原因。

可惜的是，區女士在工作穩定之後，私生活便放縱起來，同事略有微言，老板亦「另眼相看」，但區女士我行我素，入幕之賓與時俱增，現在已有四名男朋友，可謂極一時之盛，但男朋友多了，工作不免分心而顯得懶散，在經濟不景氣時自然成為被解僱之首選。

區女士表示，如果環境迫人，她可以不惜犧牲色相。我看她的事業線中段尚算粗闊，力勸她打消這種念頭，不如壯士斷臂，把住所低價售出，收回多少是多少，反正是單身一人，租一個面積較小的地方居住，從頭捱起，雖然窮，卻可以抬頭做人。

九、由深轉淺，一事無成

林先生申請居屋，幸運中籤，但號碼偏後，當然揀不到好的層數和好的方向。不過居屋中籤已是買到平樓，林先生不願放過這個機會，勉強揀了一個單位，他在裝修前請筆者為他勘察風水。

這個單位是壬山丙向，艮宮三白星到，巒頭有失，屬敗局。筆者搖首嘆息之際，免不了察看林先生的手掌線紋，匆匆一瞥，不禁嘆一句造物弄人，像林先生的運氣如此糟糕的人即使碰上好運氣——居屋中籤，選中的單位也是如此糟糕。

林先生，三十五歲，店員，已婚。林先生出生於印尼，六十年代印尼排華時隨同兄姊移居中國內地，剛巧遇上文化大革命，年僅六歲的小林沒能得到多少的正規教育，加上鋪天蓋地的革命運動，在沉重的政治壓力下，老實的小林變得更加沉默。後來他隨同哥哥、姊姊下鄉，接受貧下中農再教育。

七十年代末期，哥哥病逝，姊姊出嫁，小林申請單身來港，得鄉里關照在米舖工作。林先生因為缺乏適當的教育，識字不多，在上山下鄉的日子裏，兄姊又不懂得給予適當的教導，以致林先生缺乏與人溝通的技巧，加上他性格內向，所說的廣東話滲雜着客家音、印尼音和普通話，旁人愈難明白他的說話，他就講得愈少，更顯沉默寡言，所以來港多年仍像一名「鄉下佬」。

不過，林先生有個優點，就是老實、勤快，送米、搬火水，工作態度一流，很受街坊歡迎。只是三十多歲人仍是單身，街坊要給他介紹女朋友，他總是紅着臉躲開。後來有位好心人給他介紹了一名失婚婦人，對方欣賞他為人老實，林先生三十三歲時與她成婚。

他的妻子是個明白事理的人，給予林先生許多開導，使他的人際關係有所改善。婚後翌年，米舖老板以年紀老邁加上生意前景欠佳，要結束生意，打算把米舖盤頂讓給林先生，但是林先生的積蓄不多。當時有的街坊建議林先生把米舖搬上附近的工廠大廈，接受電話送貨，但是林先生卻缺乏信心。

其實，當日他申請居屋也是他的妻子下決心，因為他的妻子手頭有些積蓄，所以林先生才得到一個蝸居。

（圖十七）林先生

圖十七的掌印便是屬於林先生的，他的際遇其實可以從他的掌相中以下特點看得出來：

一、掌形闊大厚肉，為福厚勤奮之人。

二、事業線直挺且粗闊，代表做事順利中見波折，容易與合夥人反目成仇。這點尚未在林先生身上應驗，我只有告誡他今後盡量避免同人合作做生意。

三、事業線由深轉淺，容易一事無成，即使有機會創業亦不敢承擔風險。

四、事業線受阻於頭腦線，若能穿越頭腦線直達土星丘，則運程必有天淵之別。

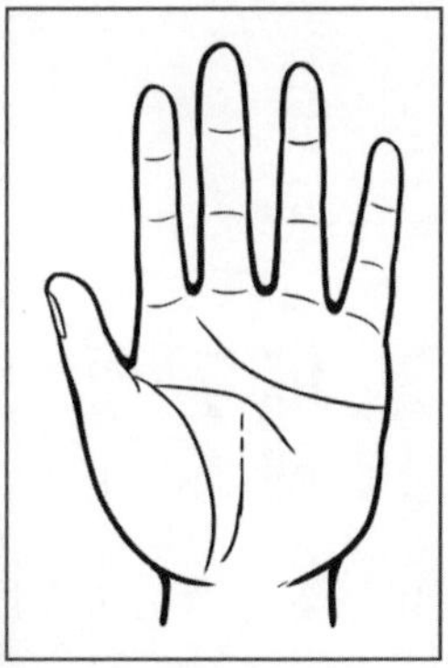

圖十七

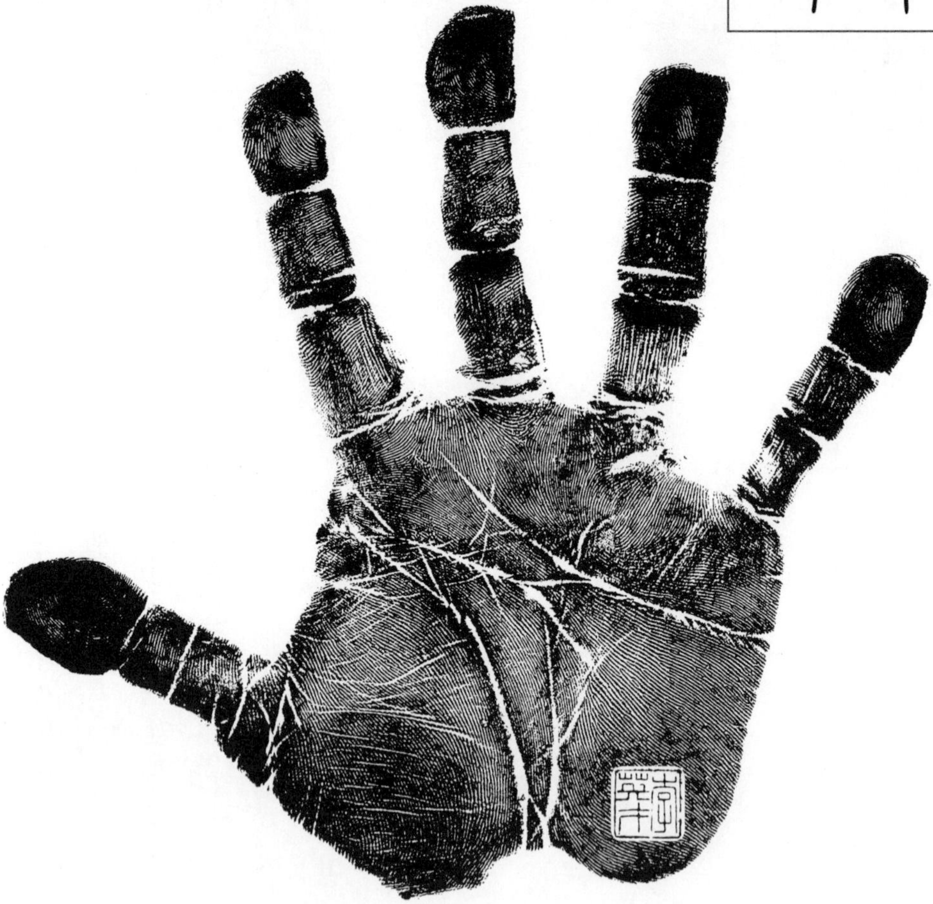

林先生的事業線直且粗闊，做事順利中見波折，但是由深轉淺，主一事無成，而且害怕承擔風險。

五、掌紋整體屬清掌格局，掌清紋少，主雜念少、無大慾望。

六、手掌皮質粗，為人率直。

七、頭腦線疲弱粗淺（掌清而皮質粗之人大多是頭腦線欠佳），主缺乏良好教育，其人只懂得苦幹，不懂得計劃。

八、感情線尾部清秀，會得到賢內助，適宜早婚。

林先生雖有賢妻，奈何其頭腦線欠佳，米舖上樓之建議最終還是因他害怕失敗而告吹。他的事業線說明，林先生雖經長期努力而得不到相應之回報。

（圖十八）劉先生

把圖十八與圖十七比較，兩幅掌印的事業線開端都是起自生命線，代表早年受家庭影響。兩者不同的是，圖十七林先生的事業線粗闊，表示他早年不喜歡其職業及工作環境，但仍會默默接受；圖十八則是事業線紋清秀，表示其人有許多理想，只因受到家庭左右而不能施展其抱負。由此可知，事業線起點位置相同但線紋粗幼有別，就有不同的含義。

圖十八的主人是劉先生，四十五歲，已婚。劉先生中學畢業之後繼承父業，進入父親創辦的小型製衣廠工作，兩年後父親體弱多病，他逐漸接管廠務行政。當時正值香港經濟起飛之際，劉先生眼看許多同業都在擴廠、大接訂單，他原想有一番作為，可是廠內的老臣子奉老主子之命「睇住少爺」，左一句不可改變，右一句資金短缺，再不然，劉先生回到家裏就會遭到

圖十八

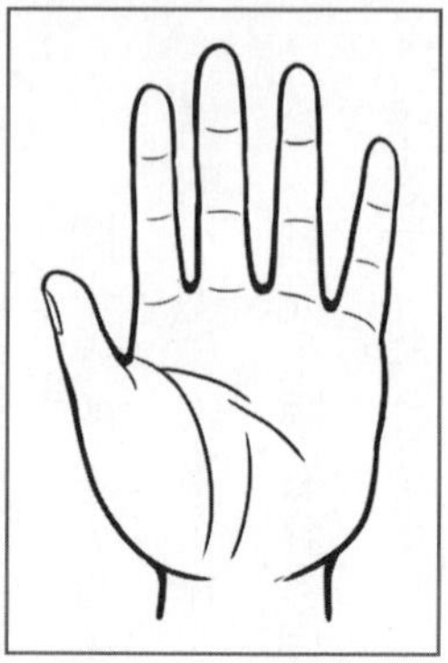

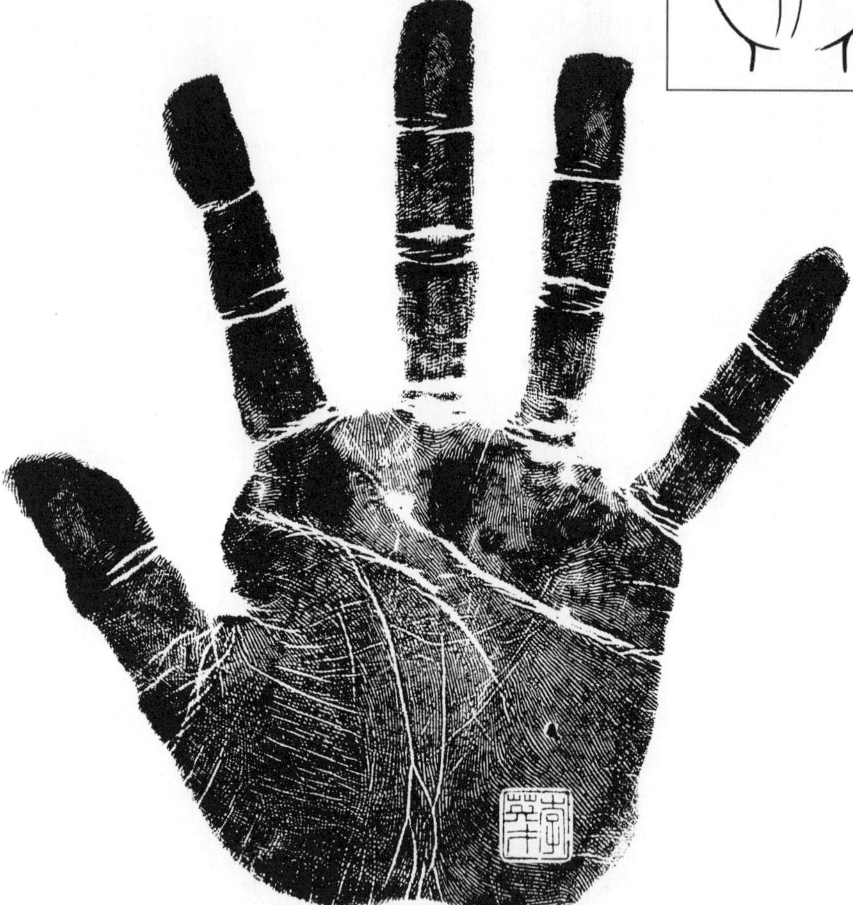

劉先生的事業線挺直清秀，主聰明能幹，做事不屈不撓，可惜停在明堂，容易自滿，遭挫折後易氣餒。頭腦線粗闊折斷，欠自制力。

老頭子拉長臉孔訓斥一番——事業線起點出自生命線之內就是反映了這類遭遇。

曾有學員問我，這類線究竟是先天抑或是後天？我的答覆是：先天、後天均有，但以先天居多，這是反映其人與生俱來的性格，不過有些人敢於反抗家庭掣肘，過了三、五年，其線紋的紋頭就逐漸淡弱。另一些人先天沒有起自生命線的事業線，因其性格懦弱，那條紋頭就走了出來。

我經常告誡學員們切勿過於迷信線紋，它的預示只是說明其人遭遇的可能性，並非不可逆轉的，通過主觀的努力是可以改變人生的。

四年後，劉先生的父親撒手塵寰，他就放開手腳去幹，把一間二十多人的小廠擴充至一百多人，且遷至大陸發展。這段經歷可從他的清秀挺直的事業線看出來。這種線形代表精明能幹，處事懂得避重就輕；在困難中認定目標之後，會不屈不撓地沿着自己之奮鬥方向前進。可惜劉先生的事業線停留在頭腦線之下，這類人在成功之際，甚至只是獲得少許成就，就會產生驕傲自滿情緒，這種情緒的發展有兩個方向：一是囂張跋扈，二是因循保守。

劉先生來找筆者時，我根據他的掌紋分析他的前塵往事。話題轉入他的生意失敗時，雖然他不願觸及痛處，但在筆者的職業立場而言，我一定要講出他的性格缺點，於是我指出：

一、木星丘太薄，野心大但不實際。

二、拇指粗，過分主觀。

三、感情線粗闊，濫交及愛風流。

四、金星丘內出現破碎俠義線，早年因助人肇禍，累及自己。劉先生表示他的生意失敗，正是肇禍於此。

劉先生叩問前程，我的答覆是：他已有退隱之心，因事業線停留在明堂，加上尾指瘦削主晚運差，所以我給他一句隱晦的忠告：「退一步海闊天空」。不是我輩說話含混，而是以劉先生的性格和資質來看，他已難再戰江湖了。

十、起點不同，性格迥異

本章主要介紹直挺事業線，事實上，這類線紋尚有很多其他形態變化，筆者總結數十年教學經驗，將之歸類為幾大項，領悟力強者自能舉一反三，分析過於瑣碎反而難以掌握也。

研究掌上的任何線紋，都要注意以下幾個要點：

一、線紋起點的位置。

二、線紋走向的形態，即其曲直或弧度是否符合標準。

三、走勢的強弱闊窄。

四、終點的位置。綜合這幾點就能初步判斷其性格和運程。

圖十九的事業線起自生命線中段，顯示其人相當主觀，不過做事很負責任，甚至因過於負責而釀成誤會。線紋雖直，但中途有彎曲，而其去勢疲弱，主其人幼失怙恃，青少年時已浪迹街頭或獨立謀生，事實上，很多街童都長有這樣的事業線。

這類人獨立性強，但常遭人排擠。由於他們少有接受專業訓練，自己又不懂得總結過去失敗經驗，所以經手處理的事情每每出現莫名其妙的波折，好事也會變壞。

事業線停留在明堂，主欠缺奮鬥心和毅力，或者因為急功近利，在遭遇挫折之後不懂自我反省，只知怨天尤人，遂萌心灰意冷之意。

前一篇的劉先生也是這一類人，因他年屆知命，筆者知道他積習難返，沒有勸誡他檢討過

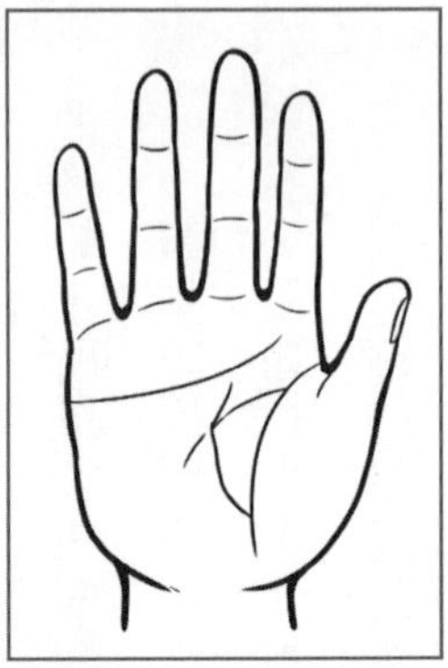

圖十九

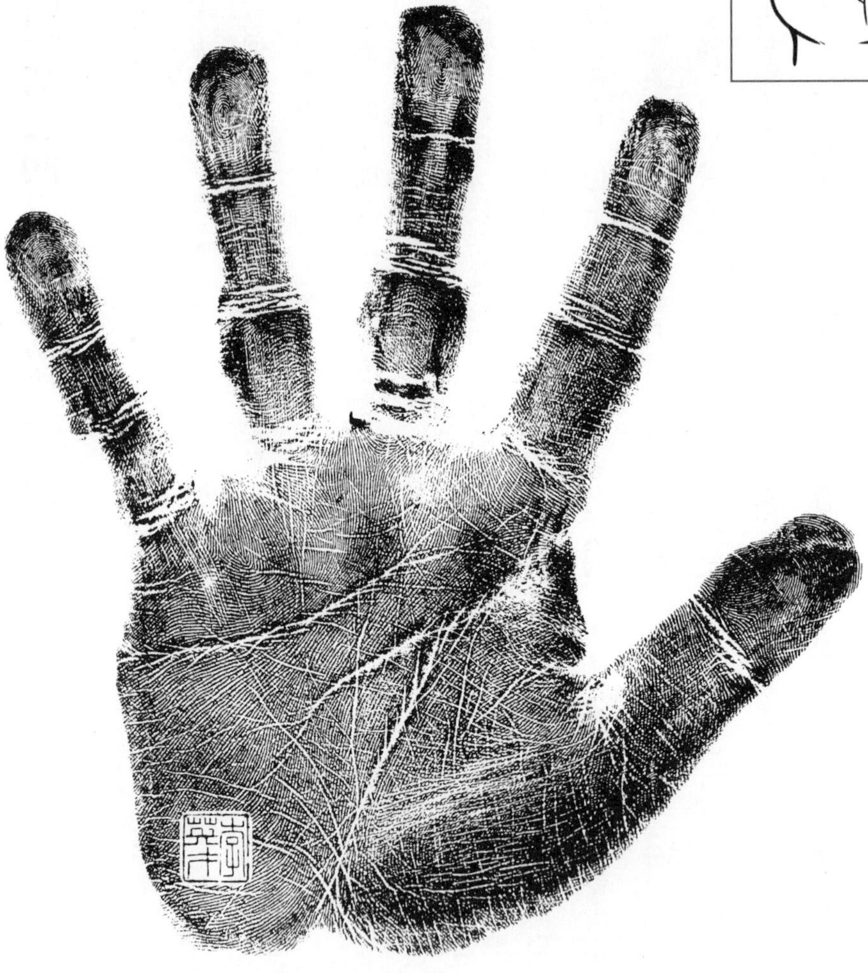

強哥的事業線起自生命線中段，線紋雖直而有曲折，去勢強，但止於明堂，主其人幼失怙恃，為人主觀，過度負責，遭受挫折即心灰意冷。

往經驗。不過，這幅掌印的主人年壯力強，筆者遂鼓勵他繼續奮鬥。但不明就裏的人以為我們這些命相師見人講人話，並不了解我們是根據不同對象「因材施教」。

（圖十九）強哥

圖十九的掌印屬於強哥，三十九歲，已婚，修車師傅。強哥出身於小康之家，因家道中落，青少年時期已踏足社會謀生。他的掌相有以下特點：

一、掌厚、有彈性，屬於福底厚的人。

二、金星丘飽滿，體質強健。如果他認識自己的缺點，堅持自我奮鬥，未嘗不可以闖出一番名堂來。

三、拇指過於粗壯，且第二節有多條橫紋，主處事欠缺周詳。

四、無名指第二節有橫線，欠缺理財觀念。

五、木星丘見方格，難有積蓄。

六、多條幼弱財富線，主力量分散，或是有太多嗜好。

七、事業線曲折而去勢弱，一旦遭遇挫折，容易變得心灰意冷。

綜合以上各點，足以說明強哥雖然肯做肯捱，但是不懂得有條不紊地工作，換來的是吃力不討好，甚至遭受上級及同事的埋怨。

強哥表示，他早年做過許多行業，老是感到被人排擠。幸而拍拖之後，聽從女朋友勸告，踏踏實實地專注於修車工作（他有一條還算不錯的感情線），工作安定下來，也結了婚。

強哥的頭腦線欠佳，加上事業線疲弱，如果他不貪新務急，尚可安然度過下半生。但假若他漠視自己的缺點，硬是要去搞生意的話，等待他的只有是失敗。

（圖二十）方小姐

圖二十也是一條挺直的事業線，我們不妨根據上面提出的線紋起點、走向、強弱和終點逐一分析。

一、這條事業線起自月丘，主其人個性開朗，好動而熱誠，而且喜歡新鮮事物。這類人不願過朝九晚五的刻板生活，喜歡在不同部門工作，這是與生俱來的性格。

二、整條事業線雖屬直線，但是走勢疲弱乏力，主事業心不重，責任心不強，由此衍生的問題是藉故卸責，難擔重任。

三、事業線雖能穿過頭腦線，但是尾部出現流蘇狀，一生易被環境及人事影響其工作信心，欠缺自我控制能力。其流蘇狀愈散，愈容易衝動，甚至會蠻不講理，以致其人的事業一再出現波折。

四、線尾停在感情線下面，主容易被人利用其弱點而吃虧。

圖二十的掌印主人是方小姐，二十九歲，未婚，建築公司文員。在未講述方小姐的故事之前，請讀者留意她的掌紋，以便作綜合分析。

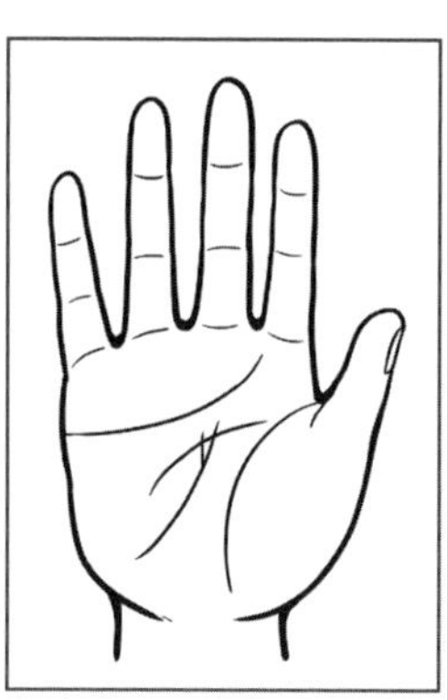

圖二十

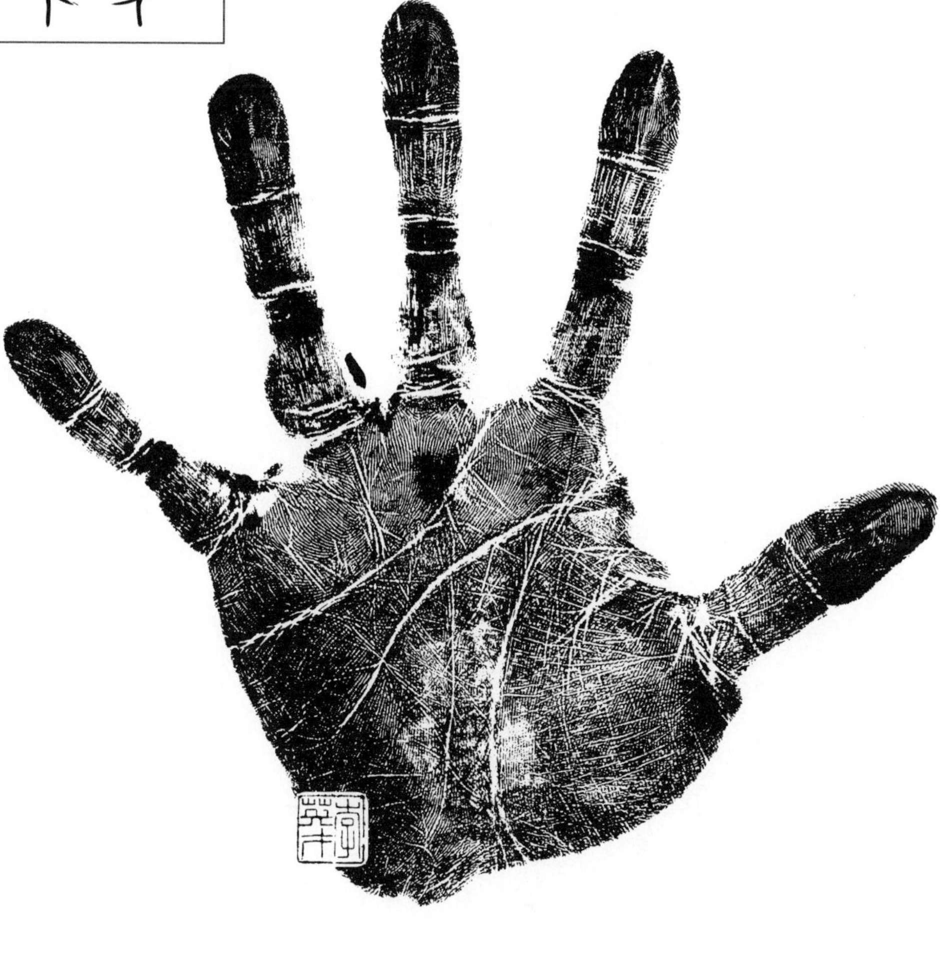

方小姐的事業線起自月丘，線雖直但淺弱乏力，尾部見流蘇，主有異性助力，為人被動及知足，一生易被環境影響。

一、掌形闊大，屬女生男掌，性格當然欠缺女性的溫婉和順。
二、拇指尖削，為人疑心重。
三、尾指也是尖削，欠缺口德。
四、頭腦線太長，非常主觀，脾氣差。
五、感情線太彎，個性浪漫而欠缺實際。

把這些特點與事業線的代表意義綜合起來，就可以看出方小姐與生俱來的品性，從而可以推斷出她的遭遇。很多人讚揚筆者判斷準確，如有神助，其實筆者只是讀通掌紋透露出來的秘密而已。

話說筆者當年為方小姐勘察風水，曾預言她三年後必逢桃花劫，筆者雖以風水局為她化解，可惜方小姐不知自律，三年後發生不倫之戀，愛上別人丈夫，她推說是因丈夫移情別戀、自己來個大報復云云。筆者見方小姐殷切來訪，於是細心為她分析因由。

方小姐的事業線起自太陰丘，亦主有異性助力，問題在於她如何處理兩性關係。她的生命線出現毛狀，若是男性可判斷為夜夜笙歌，體力透支過度，在女性亦可作類似推測。原來方小姐自中五畢業後便當上文員，但她總是嫌工作枯燥乏味，轉了幾份工作都不合意。本來她的事業線淺弱無力，乃代表被動與知足，無奈其起點位於太陰丘，好動的特性居於主導便會出現這種現象。

後來她轉到旅行社工作，旋且擔任領隊，這類工種很適合她喜歡嘗新的性格，而她夜夜笙歌的生活就是在這種工作環境下形成的。

可惜的是，由於她太過主觀，耍起性子來並不會考慮到上司、下級關係；有一次因為顧客投訴，主管找她談話，方小姐說是這位顧客聽錯了集合時間和地點才掉了隊，錯不在她，主管指她老是推卸責任，雙方大吵起來，方小姐惱羞成怒，打碎了主管的枱面玻璃，因此丟失了一份合適的工作，輾轉又再當上文員。

方小姐老是埋怨運程欠佳，其實她的食指尖削，是屬於迷信一族，她不會檢討自己處事不當而只知埋怨命運（迷信一族的特點之一）。另外，她的手指瘦削帶硬，屬於「包頂頸」一類，這些都是她的性格弱點。

談到她的婚姻前途，我見她的婚姻線已開叉，離婚或分居的局面已定，不過中國人一向主張以和為貴，所謂「寧教人打仔，莫教人分妻」，我只有婉言勸她好好處理夫妻關係，改善自己的錯處。但筆者心裏則嘀咕，要她辦到可難了。

第四章

斷口系列

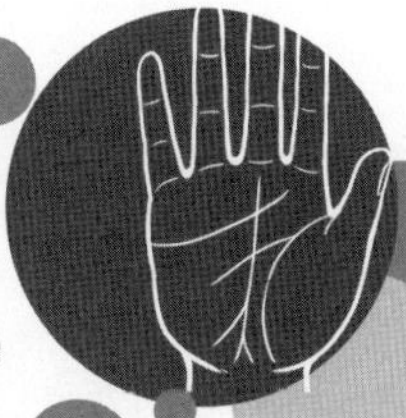

十一、真假斷口，運勢不同

事業線出現斷口，表示事業有改變，在打工仔而言則是職業變遷，是禍是福，視乎斷口的位置及情況而定。特別要提出的是，斷口也有真假之分，請讀者比較圖二十一及圖二十二的事業線。

圖二十一的事業線起自腕頸，受阻於頭腦線，然後再起一段，中間戛然而斷，旁生一小支線，也是過不了感情線。表面看來此線不算太差，前半段夠直但欠缺力度，過了感情線後則有斑駁。上面講的都是表面現象。

圖二十二的事業線也是起自腕頸，其筆直程度看來比不上圖二十一，當它上升至接近頭腦線時，接上另一條支線而到達頭腦線。

單論頭腦線對下一段，圖二十二似乎比不上圖二十一，這是因為圖二十二有若干支線穿插，使人們產生錯覺；若論線紋的力度，實是後者優於前者，因圖二十一線雖直，但力度大遜。

圖二十二的斷口出現於兩線交接之間，叫做假性斷口，並非真正折斷，而且斷口出現於頭腦線對下位置，情況不那麼嚴重，其含義是事業發生改變，但與舊事業有關係，可說是相輔相成，而且是愈變愈好。

圖二十一則在頭腦線對下已出現斷裂，即是事業線並未觸及頭腦線。事業線的斷口出現在頭腦線上下，圖二十一就很明顯了。圖中頭腦線上方和下方出現兩段事業線，互不連接。事業線在頭腦線對下出現斷口，代表其人在三十歲後事業出現一個大改變，而且跟原來的職業和工作環境有很大的不同，而且辛苦異常。到達明堂再見斷口（感情線與頭腦線之間），可謂「屋漏更兼連夜雨」，預兆四十歲左右又再轉職或改行，有吃力不討好的現象。

再看圖二十二，事業線雖受阻於頭腦線，但並非折斷，且再往上升，事業線雖已轉弱，但基本上仍屬完整，意味着三十歲以後的運程，圖二十二的主人優於圖二十一。

不過，兩圖中的事業線皆止於感情線，不再上升，這個現象主受親人所累，其破壞程度視乎其人的感情線而定。

(圖二十一) 呂先生

圖二十一的主人呂先生，四十一歲，酒店職工。他是筆者的公開講座聽眾，給我指點過。第二次來聽，又給他爭取到驗證機會。呂先生步上講台時說，幸好去年請李師父指點一番，知道厄運在即，有了心理準備，否則工作辛苦至幾乎支撐不住，可能會自殺。

呂先生的掌一邊厚（靠近拇指那邊）、一邊薄（尾指那邊）。具有這種手相的人命途多舛。他手掌骨多肉少，指節粗而露，一生牛馬命，難享清福。掌形是其人的根本，在這種掌上即使長出好線紋，效果也要打個折扣，這猶如在瘠土種植，即使有高產良種，及時施肥、勤加

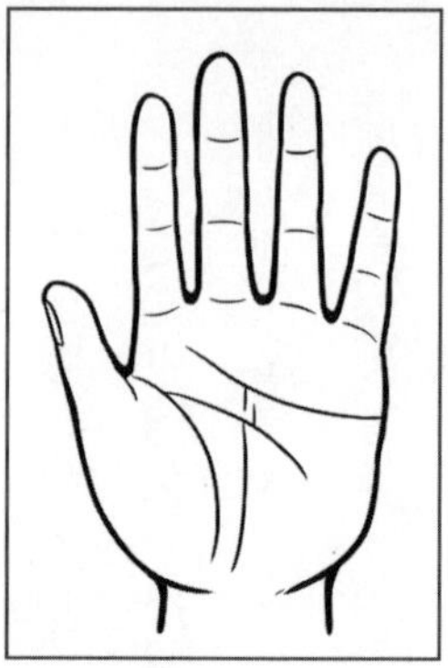

圖二十一

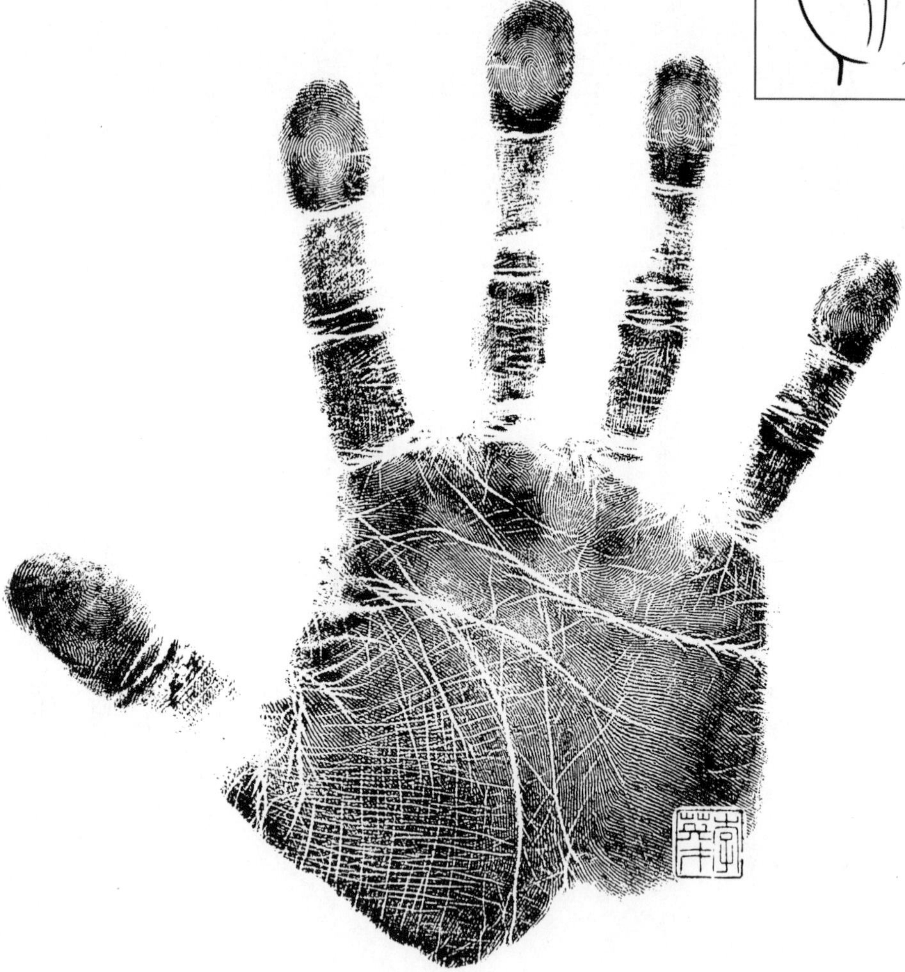

呂先生的事業線斷口出現在頭腦線的上方和下方，在明堂處再現斷口，主三十歲後出現大改變，而且工作十分吃力。

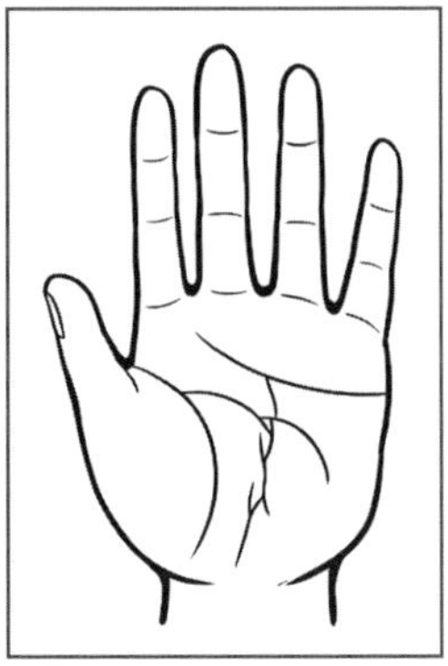

圖二十二

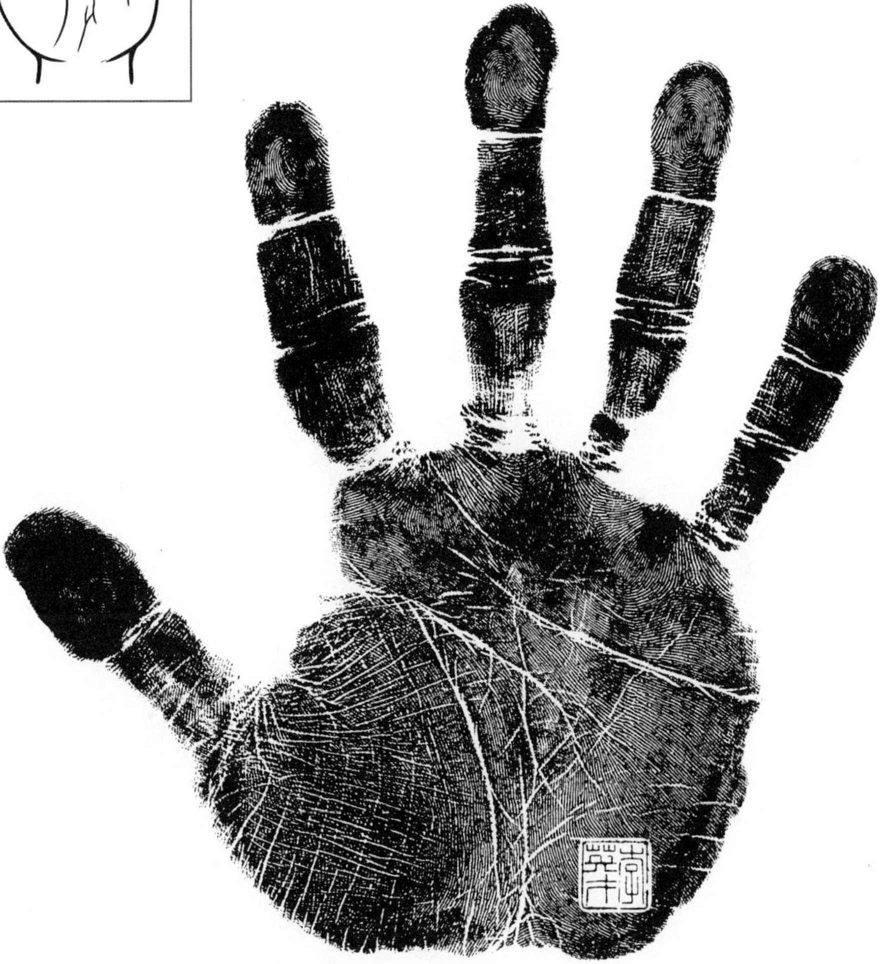

鄭先生的事業線呈假性斷口，主每次改變均與之前的工作環境極有關連，事業運程與圖二十一的呂先生截然不同。

灌溉，其收成總是比不上優質土地的產物。

筆者記得早一年曾以「莫強求」三個字送贈給呂先生的。當時他表示自己跟上司合不來，上司是大學生，學院派作風，「我入行時佢仍是乳臭未乾啊！」呂先生憤憤不平地說，所以在去年萌生去意。我給他的意見是：所謂「人夾人緣」，在這裏應解釋為工作作風能否相互協調。世界不斷進步，每個人的作風都要順應潮流。我從他中指對下出現深刻的壓力線看出，呂先生的工作極不愉快，但是當時適值香港回歸之後，服務行業一片淡風，而從他的掌紋看出呂先生離職或調職之勢已成。我給他的忠告是：他一生勞苦命，不管去到什麼地方都要死做，是否辭職由他自行決定。

此度重逢，呂先生多謝我的三字真言，舊公司規模大、福利好，他調整了對上司的看法，雙方合作很好。無奈酒店淡風吹遍，老板採取自然流失措施，他的工作調整了，工作量增加了卻沒有加薪，他除了仍然負責布草房之外，有一段時間更要管理那班百厭星服務生，碰上人手不夠時，他這個老傢伙就要躬身幫忙。

我笑說：「不是升了職嗎？」呂先生則學我的口吻：「一生牛馬命！」最後我給他的忠告是：他的感情線太長，主感情太重，會因感情誤事。

(圖二十二) 鄭先生

至於圖二十二的鄭先生，他的掌骨骼厚闊，主福祿甚廣；他的食指圓肥，主一生極有權勢，配上一條粗闊有力的事業線，不管他從事什麼行業都是業中翹楚。我在前面講過，他的事業線雖然出現支線，這是代表其業務的改變，但是萬變不離其宗，每一次的改變都跟之前的行業極有關係。

鄭先生以毛織業起家；五十年代中期，胸圍製造業興起，鄭先生兼營胸圍業。後來毛織業利潤轉薄，他率先捨棄毛織廠，以套得的資金進軍服裝製造業。早年香港的工業接單受制於洋行，鄭先生與友人合作開辦貿易公司，不單滿足了自己的工廠，還可以外發單予其他中小型工廠。

六十年代，他充分利用銀行融資，分期付款買廠房、買機器。七十年代，他以旗下工廠的資產作抵押進軍香港房地產，他的投資策略總比別人快一步，這是他的本性使然，而他的本性就流露於他的掌形和掌紋。

鄭先生的掌紋有兩個弱點：

一、財富線後繼無力。

二、事業線受阻於感情線，晚年會被親人所害。

鄭先生這幅掌印是在九七年拓下的，當時筆者給他的忠告是「急流勇退」，鄭先生亦說他的投資決策出現偏差，曾以偏高的價格投入兩幅發展前景欠佳的土地。後來聽說他把旗下的業務部分交給兒子，部分結束，移民到加拿大去了。

十二、斷裂成多橛的事業線

掌上的線紋出現斷口亦有級數之分，就好像醫生把癌症分為第一期、第二期……據說這種級數並沒有確切的劃分標準，只是醫生在臨床時作為一般概念向病者解說而已。

手相學中，先賢亦沒有把線紋的強弱作等級劃分，英才甘冒大不韙作出此種劃分，期許後學者有個概念，便於上手。下面舉出兩種不同級別、不同類型的事業線斷口。

圖二十三的事業線出現三個斷口，被分為四橛，其特點是每斷裂一次，事業線的升勢便轉弱，有每況愈下之感。

再看圖二十四，這種愈斷愈弱的情況更加明顯，換言之後者比前者更差。還有甚者，圖二十四在明堂處（頭腦線與感情線之間）出現兩條事業線，兩條線均是兩頭不到岸——沒能觸及頭腦線和感情線，這情況比圖二十三更為惡劣。這樣的事業線紋狀，除了反映其人不停轉換職業之外，還有一個可能，就是其人同時有兩種事業（或兩份工作），可惜這兩份工作既無根又無果。

（圖二十三）麥先生

圖二十三的掌印主人是麥先生。他長有一副掃把眉，眉散而弱，瓜子口臉，耳薄而短，雙目神怯，身材粗壯高大，但是背薄成坑，臉上總是掛上一副愁眉苦臉的樣子，走起路來肩膊前

衝後撞，帶動雙手晃動異常。

筆者在《看面相辨淫邪》中講到動相時指出：「走路時身體擺動、頭部向前低垂者，主晚年寂寞，但老尚風流。」麥先生當時三十二歲，距離晚年還有很多日子，不過此人神情頹萎，看似已是接近四十之年。

麥先生甫見筆者，第一個問題就是：「我幾時行運？」於是我禮貌地詢問他幹哪一個行業，答曰：「搬運。」其實，任何一個人都可以從他的外貌看出他是從事體力勞動工作。

在這裏不必細述我為麥先生看相的過程，單從他的事業線和頭腦線已經看出其人的性格和特點了：

一、事業線斷裂成多條，每次斷裂後再上升，線紋均轉弱。

二、頭腦線欠缺力度，尾部出現斷口，主其人欠缺毅力。

綜合這兩點已可判斷麥先生的工作態度散漫，無心做事卻貪慕新鮮，每次轉換新工作，起初十分積極，不過做了一段時間就泄氣，如此惡性循環。

原來麥先生早年幹過許多行業，單是收入頗高的例子就有：在建築地盤做搬運他嫌辛苦；在中環給報販批發商打工，工時每天只需四、五個小時，但天寒地凍時凌晨二時又不願起床；當小販時的收入也不錯，他又嫌守着攤檔太沉悶，時常延遲開檔，檔位就被別人霸佔了。目前他在當搬運散工，不過有時老板找他開工卻找不到，但他卻認為這份工作頗適合自己。

麥先生說到這裏，筆者搶白說，如此處世，即使碰上運氣好轉，努力的人就可以賺大錢，

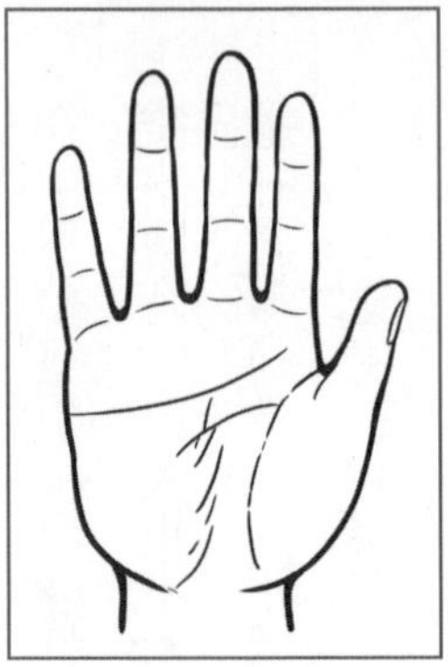

圖二十三

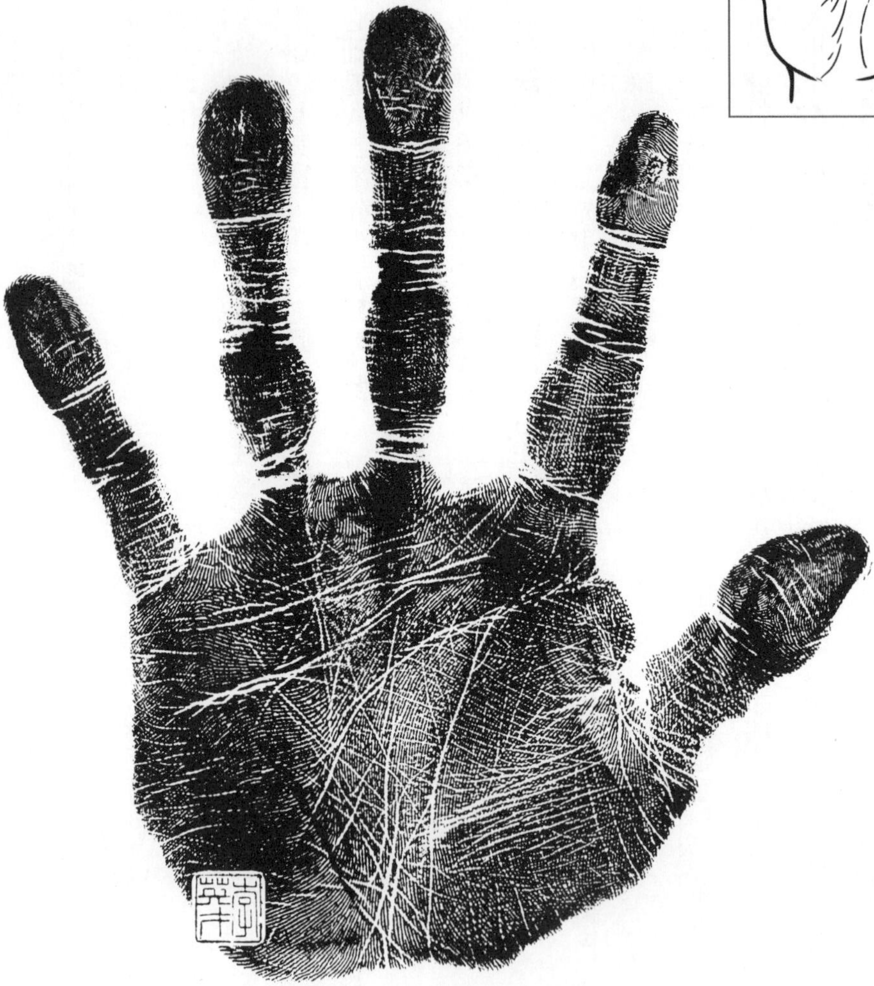

麥先生的事業線斷口數處，每次斷口之後其升勢均轉弱，主其人工作散漫。每次轉工心情興奮，但不能持久。

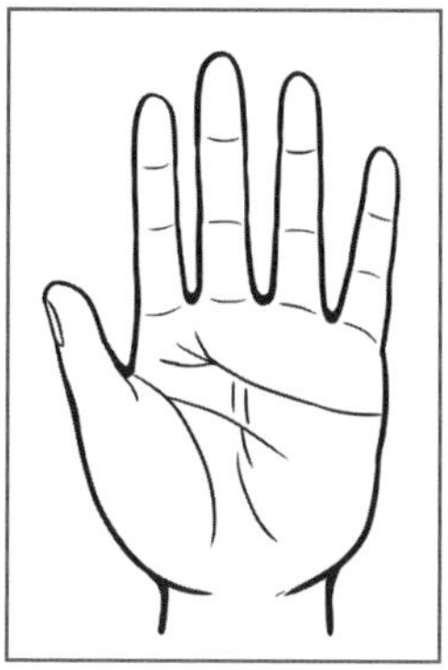

圖二十四

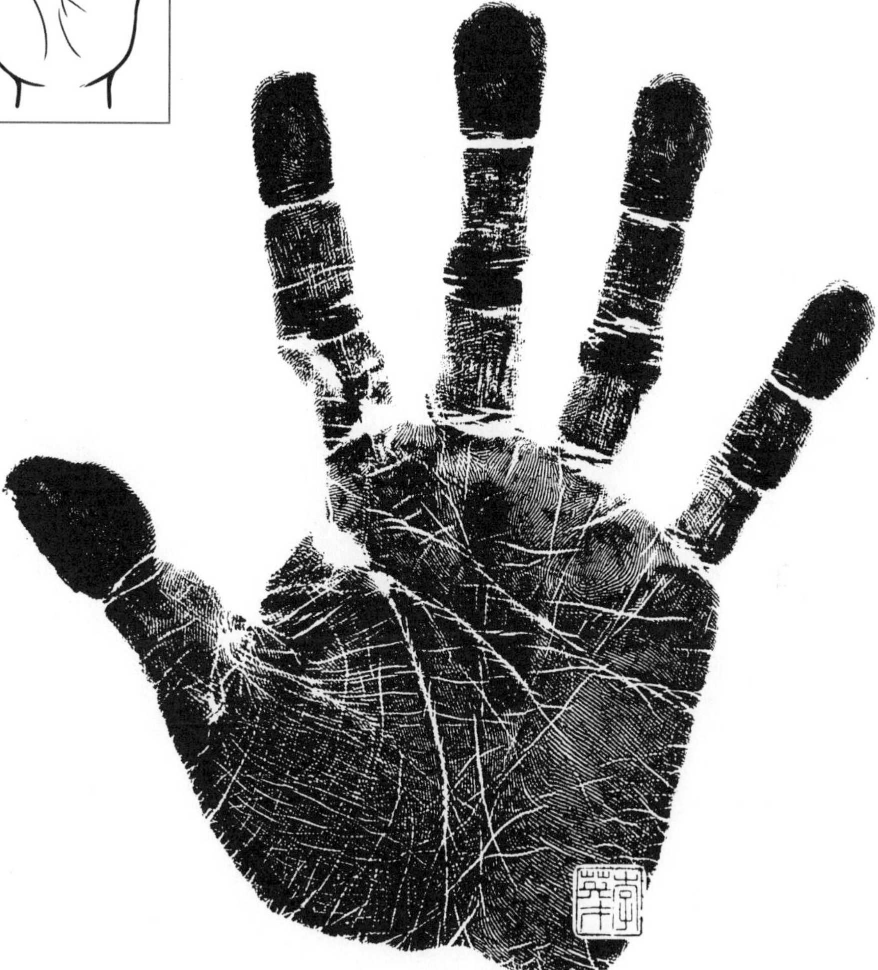

梁小姐的事業線斷口多處，斷紋愈來愈弱，比圖二十三的情況更差，而且還有兩條懸空的弱線，主不停轉職，但晚年會有改善。

論百萬進賬，而閣下恐怕只能賺得一千幾百而已。

麥先生也有優點，就是講義氣，一提到這一方面他就滔滔不絕。筆者不得不點醒他，指出他的義氣是盲目幫助別人，這種盲目義氣有兩類：

一、不去分辨前來求助者是否誇大需求，總之是有求必應。

二、不懂量力而助，有時會傾囊相幫。

麥先生說是怕失去了朋友。我告訴他：求助者當中不乏故意不還者，他們借了錢就去如黃鶴或有意躲避，這何嘗不是失去了朋友？如果因借錢不遂或少借了就不跟你來往，這些朋友不交也吧！

我給他的忠告是：積極改善工作態度，同時戒掉盲目義氣，這樣就會年年行運。

這是十多年前的事，據估計麥先生是接受了規勸（從他的後天掌已看出改善端倪），如果他仍然倒霉的話，肯定會再向我請教的。

(圖二十四) 梁小姐

圖二十四的掌印屬於梁小姐，三十六歲，失婚婦人，電腦推銷員。梁小姐的事業線比麥先生的更差，筆者刻意把這兩幅掌印並排刊出，讓讀者將之比較，可以看出梁小姐的事業真是差上加差了。梁小姐愈來愈弱的事業線要結合她的其他掌紋一併分析。

讀者看過下面的小故事後，可以認為梁小姐的人生十分不幸，但從本門派的觀點來看，一切都是梁小姐的個性使然，有這樣的性格就有那樣的處事手法，也就有如此的際遇。

梁小姐的外貌頗為嬌俏而且楚楚可人，望之不似年近四十，加上她化妝得宜，看來只像二十七八歲而已。她初出社會工作就當售貨員，八十年代初期在銅鑼灣松坂屋（現已停業）任職，認識了第一任丈夫李先生。

李先生比梁小姐年長十四歲，外貌並無過人之處，不過他開設有一家醫學化驗所，梁小姐嫁給李先生，時年二十四歲。

梁小姐婚後本來可以做少奶奶，但她吵着在家裏很悶，李先生讓她到化驗所幫忙，她怕細菌傳染，結果還是當售貨員，不過像她那樣「賺錢買花戴」的人，事業心日趨下降，不是跟同事嘔氣就是服務態度欠佳，結果每家店子都是做了三、五個月就不幹了，銅鑼灣購物區有規模的商店幾乎都讓她做遍了。

這個時候，她邂逅了阿雄和阿財，過去這兩人經常在松坂屋打轉，阿雄有意接近梁小姐，卻被李先生捷足先登。此時故友重逢，阿雄頗工心計，很快就跟梁小姐上了床，後來連阿財也成為入幕之賓。不過夜雨難瞞，李先生聽到風聲，明查暗訪之後，跟梁小姐離婚，但留給她一層住宅和二十萬元贍養費，離婚後的梁小姐便與阿雄同居。

當時正值九十年代初期時裝生意旺盛，在阿雄慫恿下，梁小姐把住宅抵押給銀行，搞時裝批發生意。不料好景不常，市道欠佳，周轉不靈，阿雄席捲了貨款不知所踪，梁小姐打回原形，時年三十五歲。

梁小姐本來嫁得一戶好人家，現在她老是希望找到白馬王子，所以她既推銷電腦，兼營運動器材，希望藉從事兩種行業找張「長期飯票」。不過她中指對下之土星丘長出一條不錯的事業線，主晚年另有一番風光。

十三、斷口出現，審視去勢

任何線紋出現斷口都不是好現象。前兩章已經提過，事業線出現斷口表示工作或行業有改變，但還要審視斷口出現的位置才可作進一步推斷。

本章刊出的兩幅掌印中，事業線都是在頭腦線下斷裂；斷口出現在同一地方，最簡單的分辨方法是看線紋的走勢。圖二十五在折斷後清秀有力，而圖二十六依然是疲弱不堪，孰優孰劣，讀者自己已可作出判斷矣。

(圖二十五)阿成

圖二十五的主人是阿成，三十歲，印刷業技工。當年筆者在某報章主持掌相信箱，答應以電話解答讀者疑難，不收費用，阿成是幸運兒之一。不過阿成聽過答覆後不服氣，親自找上門來，按照行規是相金先惠，但阿成堅持要判斷準確才肯付款。

公司的接待員悄悄對我說，又來了一名痲煩友。

老實說，筆者如果沒有三兩道板斧，又怎能行走江湖？何況行內有所謂「入相」的說法，就是說，人夾人緣，雖然有些客人以故意挑剔命相師為樂，即使命相師準確說出了他們的往事，他們都說不對。

筆者深知，在遇上對方信心不足時，不管你如何苦口婆心，他們都是聽不入耳的，有時不

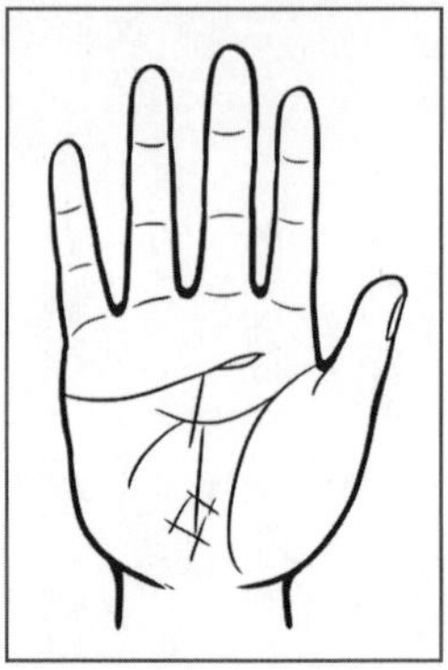

圖二十五

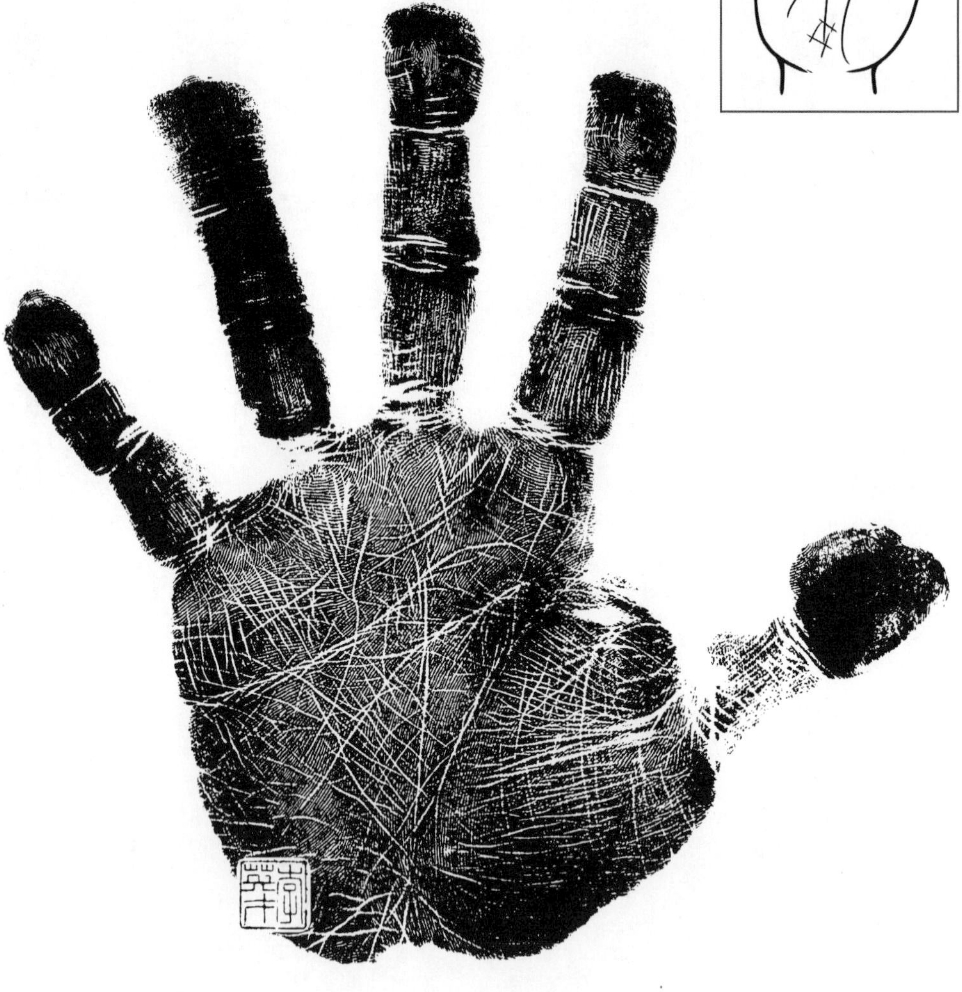

阿成的事業線中段有方格，代表有一段時期吊兒郎當（據流年測算法推斷）。事業線在頭腦線下折斷，根據其去勢可推斷其人今後之發展。

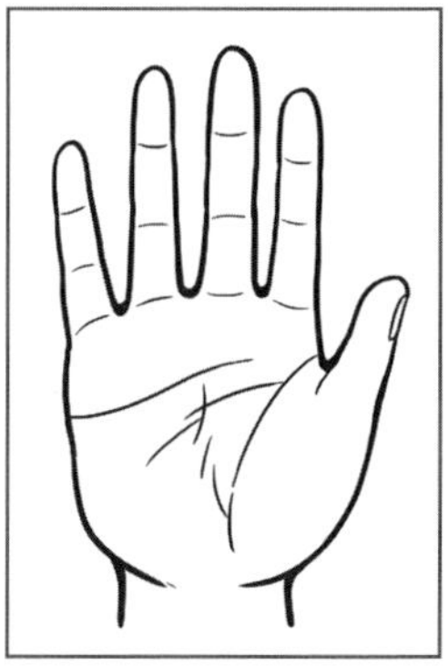

圖二十六

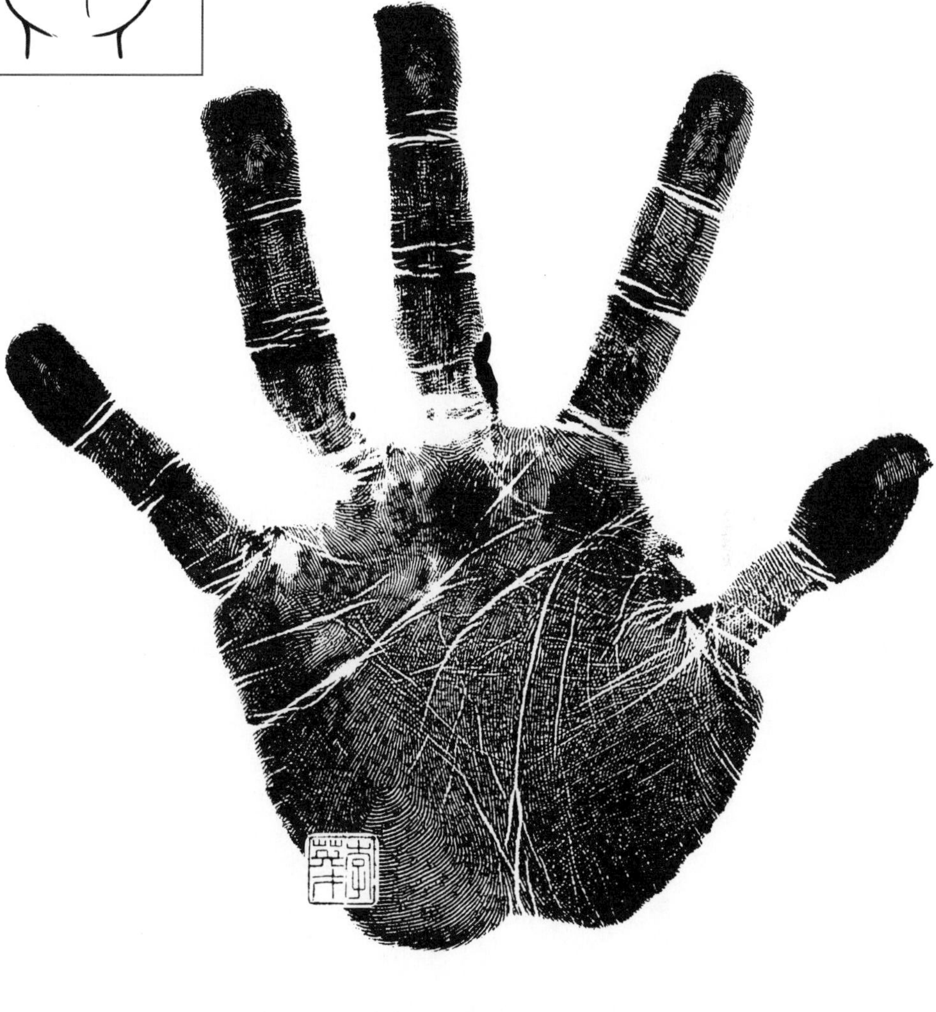

章女士的事業線同是在頭腦線下折斷，但全線疲弱，斷口共計三處，主不務正業，生活漫無目的。

如乾脆退回酬金，以免浪費唇舌。此類事情年中也有三數單，筆者自是應付裕如。

阿成見到我之時，並無說明他曾經跟我通過電話，只說是朋友介紹他來找我解決疑難的。

我看過他的掌印便為他逐一分析：

一、感情線開端破碎，主出身貧苦——阿成童年反叛，欠缺家庭溫暖。小學還未讀完就在社會上打滾（頭腦線開端見島狀）。

二、內火星丘高，主好勇鬥狠——阿成不單交不到好朋友，更與一群街童結成死黨。

三、生命線見島狀，主曾動手術——遇上社團之間鬥爭，阿成充當急先鋒，有一次更是「白刀子進、紅刀子出」，要入院療傷。

四、婚姻線出現很多直線——他之艷福不淺，曾經跟好幾位女性同居。

講到這裏，阿成口瞪目呆，問我：「你是怎麼知道我的過去的？」我答：「如果我說得對，請先付相金！」

阿成說他早年放蕩，生活漫無目的。十八歲入黑社會，在一次打鬥中重傷入院，幸而未遭警方追究。二十五至二十七歲期間最為吊兒郎當（事業線中段出現方格），現在是同居女友要求他結婚，過正常的生活，他在問自己：「我能做個正常的人嗎？」

阿成的事業線在頭腦線下折斷，但續線上升有力，於是筆者勉勵他事在人為，孔子說：「三十而立」，只要決心放棄以前的生活，不怕艱辛，不嫌入息低，有個好妻子鼓勵，一定能夠建立一個美滿家庭，而且晚運還不錯呢（尾指清秀，主晚運亨通）！

兩個月後，阿成的女朋友來電感謝，她說阿成聽從了我的勸告，洗心革面，進入印刷廠當雜工。

我囑咐她：對阿成宜勸勉有加，他是可以有所作為的。以後她不時來電報告阿成的進展，阿成因為工作勤奮、領悟力頗強，老板對他以技工看待。

至本人執筆撰寫此書時，檢出阿成的掌印，打聽他的最新消息，原來阿成懂得轉廠走位，已經當上正式技工了。

(圖二十六) 章女士

圖二十六的事業線也是在頭腦線下折斷，不過把它與阿成的掌印放在一起來比較，優劣立判。這條事業線折斷的地方不是一處而是三處，而且全線疲弱，走勢曲折，此類線形代表其人有相當長的一段日子過着不務正業的生活。

圖二十六的掌印屬於章女士，四十三歲，粥店老板娘。章女士是筆者掌相班的實習嘉賓，這班學員們將屆結業，已有一定根底。當章女士掌紋拓印出來之後，有些學員已在嘁嘁喳喳地嚷開了，於是我着他們把看到的情況一一道來。

首先講章女士的童年：

「頭腦線開端見島狀，她的童年時期家庭環境比較差。」一位學員答。「對了！」我表示贊同，鼓勵他們說下去。

此時課室靜了下來，因為章女士的掌印沒有透露青少年時期的活動。

「既然講到頭腦線，章女士的頭腦線有什麼特點？」

「中段折斷，主思想帶有妄念，並有反叛性。」我的課室不是教授小學生，學員們不必舉手就可以作答。

接着他們把章女士掌上的線紋特點逐一講出來：

一、欠缺成功線——早年沒有生活目標。

二、感情線開端有長島——感情變化多，有強烈自卑感。

三、過長的雙重婚姻線——結婚早，離婚亦早。

四、生命線尾部有銳叉——有強烈的腰痛。

五、食指清秀——有責任心，這是她的本質。

最後一點是本人強調的，因為講了章女士許多缺點，要稱讚一番以博取其好感也。章女士是性情中人，講出她的缺點不會惱怒，她還讚揚學員們看得準確，於是她道出自己的經歷——

章女士出身於草根階層，十五歲就踏足社會謀生，因父母重男輕女，欠缺家庭溫暖，十七歲離家出走。十八歲，奉子成婚，嫁給一位酒樓侍應，生了兩個孩子就離婚，因為他們二人均是無知之人，當時她還未足二十二歲。

在接下來的十年，章女士過着漫無目的的生活，曾先後與四個男人同居，有一點她是肯定的，她跟人家同居並非要人撫養，有時她會賺到許多錢，「交租、水電、伙食、用不着那個死佬出錢的！」

三十三歲時，章女士結識到一位熟食檔小販，起初只把他視為性伴侶，後來發覺此人很老實，尤其是他的上進心更打動芳心，章女士便決心下嫁，從此修心養性，搞間夫妻檔，把全副心思放在檔口和家庭。

十四、福底厚可捲土重來

(圖二十七)K先生

圖二十七掌印的特點是：雙重事業線，而且都有斷口。雙重事業線主事業心極重；兩線皆斷，代表其人在生活和事業上都曾發生過很大的變化。

這是一幅很特別的掌印，若單從掌上的線紋來看，很容易會得出以下的錯誤判斷——在工作和事業而言，頭腦線尾部見三角，主容易相信別人；木星丘出現方格，主破大財。在生活而言，婚姻線曲浪，主早婚不利；金星丘出現多條癡情線，主難忘舊愛。

這些線紋都是不利於其主人的，不過，這掌卻有以下優點：

一、掌形圓厚，主其人福底亦厚。

二、事業線起自掌腕直衝而上，在頭腦線下雖有折斷，但是旁邊的短線挺拔而起，兩條線有方格聯繫，方格具保護性。

三、另一條事業線去勢亦強勁，雖受阻於頭腦線，但在感情線上又長出一條事業線，其去勢亦不差，代表其人晚運由絢麗轉入平順。

這幅掌印的主人是香港一位知名的企業家K先生。K先生說他八歲已懂得謀生之道，賺取身邊小朋友的利是錢。

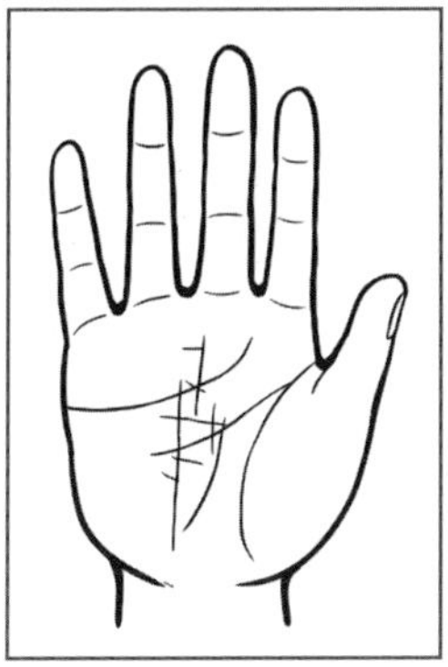

圖二十七

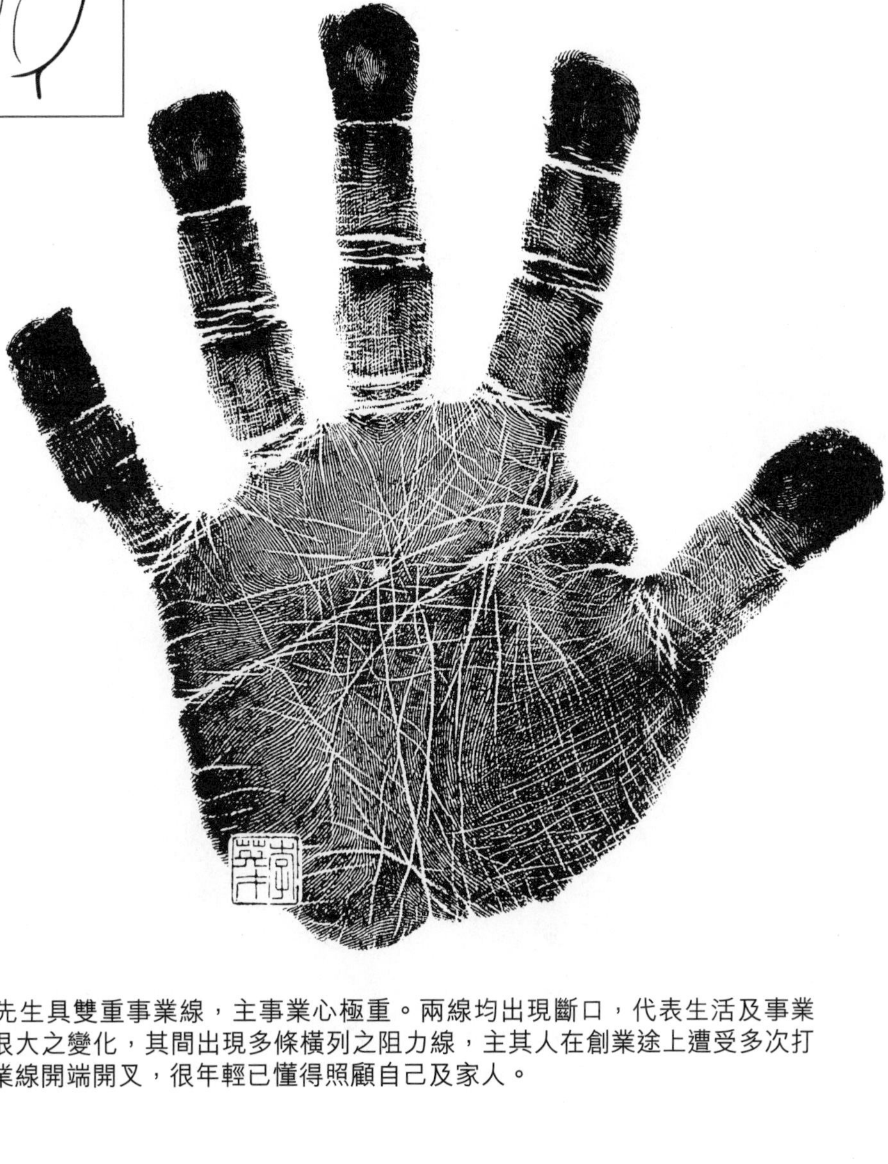

K先生具雙重事業線，主事業心極重。兩線均出現斷口，代表生活及事業均發生很大之變化，其間出現多條橫列之阻力線，主其人在創業途上遭受多次打擊。事業線開端開叉，很年輕已懂得照顧自己及家人。

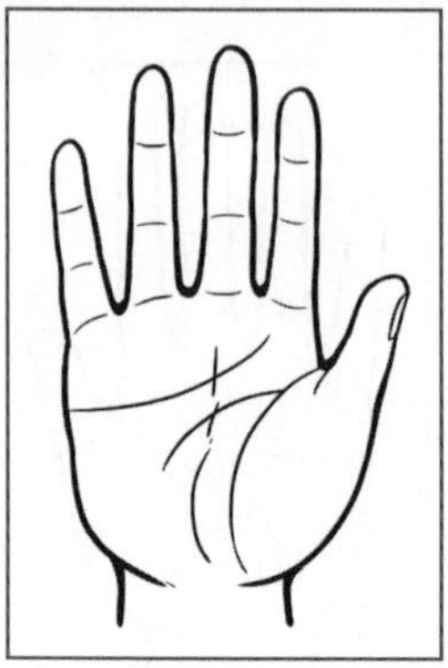

圖二十八

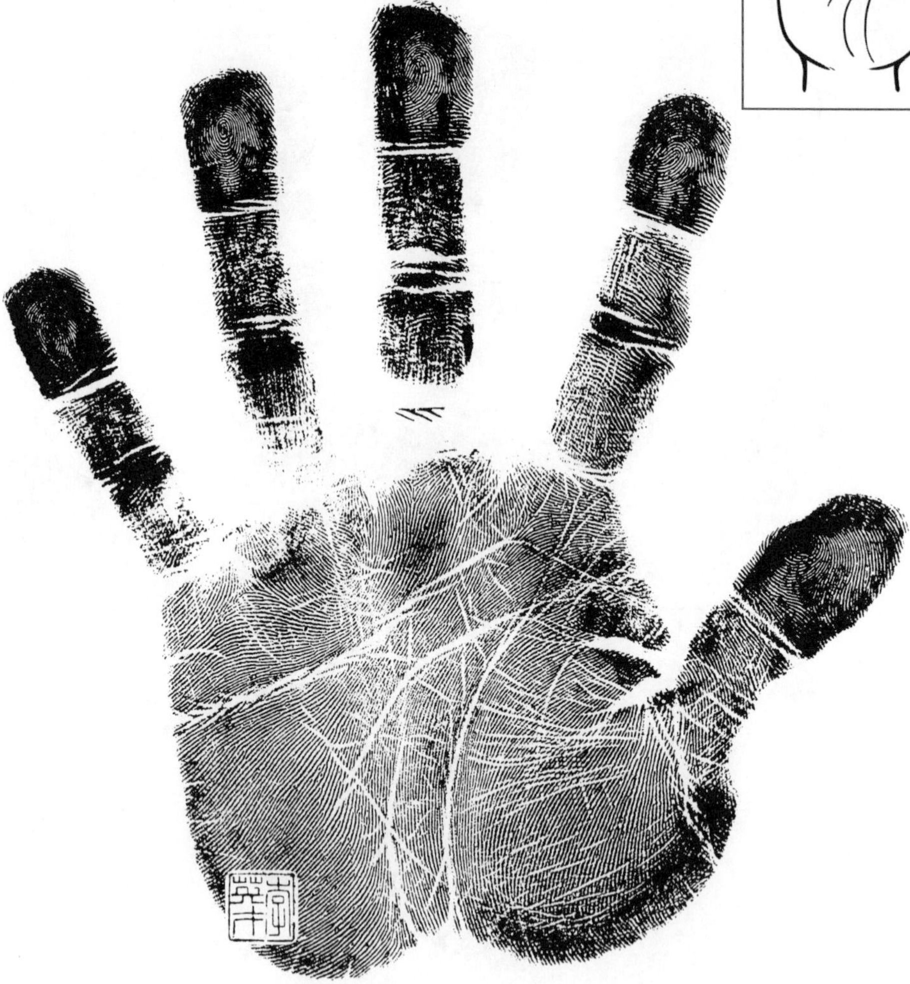

駱先生的事業線中段有斷口且線紋模糊，主該段期間的工作十分吃力；開端粗闊，代表早年體弱多病；中段清秀，主中年財運、官運亨通。

Ｋ先生一生中創業十五次，雖然都是零售業與服務業兩大類，不過經營手法有很大的不同。Ｋ先生在三十歲至四十歲期間，先後兩次遭受大挫折，其中一次幾乎要宣告破產，幸他憑着不屈不撓的精神，投身另一行業，再次獲得成功。

（圖二十八）駱先生

圖二十八的事業線也是在頭腦線下折斷，跟前一章的圖二十六有點相似，不過這幅掌印在折斷之前（頭腦線下）呈現模糊。

請讀者謹記：事業線中段模糊空白，主在事業上有一段期間幹得非常辛苦，甚至要借貸度日。

圖二十八的掌印屬於駱先生，五十二歲。他的掌形跟上圖Ｋ先生一樣，都是掌形圓厚，福底過人，此類人大多一生順利，縱遇挫折，多數（不是全部）可以捲土重來。

駱先生的遭遇比Ｋ先生差，他在三十三歲時生意失敗，原因是戀上一名已婚婦人，不能自拔，結果人財兩空，過了五年不足為外人道的貧困生活。

至八十年代中期，正當香港人為中國收回香港主權而困擾，紛紛移民離港之際，駱先生逆流而上，以有限的資財付出首期頂讓了外流人士的生意，而且獲得分期付款的優惠，即是他是以店鋪利潤作為繳付分期欠款，實際付出不過是百分之二十而已。三年後，駱先生清償了所有債務，重拾信心，再戰江湖。

駱先生的掌相有以下特點：

一、金星丘太高，主衝動，精力強，性慾亦強。

二、拇指乏力，主意志薄弱。

三、事業線開端粗闊，主早年體弱多病。

四、全條事業線以頭腦線對上、感情線之下的一段最清秀，代表在中年事業有成。

十五、雲片線狀，事業反覆

第一章「事業線總論」中指出：「事業線出現缺破是比線濁更具破壞力」。至於事業線缺破（折斷）而呈現雲片狀，這是最嚴重的了，本章舉出兩個例子。

(圖二十九) 馬先生

圖二十九的事業線斷口達四處之多，呈現雲片狀，凡是雲片狀事業線都代表其人一生事業反覆無定。而且全線表現疲弱，表示其人命途多舛。疲弱加上雲片等於：「不幸」加上「反覆」，這就是其人的運程了。

據此，我們可以推斷這個人意志不夠堅定，不懂得總結失敗經驗，所以一錯再錯，因而進一步推斷其人只會自怨自艾。

馬先生，三十五歲，專業導遊，兼職搵銀，不論什麼工作，只求搵快錢，不耐煩作長線投資，包括交友在內，他有事要你幫忙時，可以跟你稱兄道弟，一旦發現你沒有利用價值，便不屑一顧。

馬先生早年對工作不感興趣，渾渾噩噩過日子。八十年代時，馬先生誤打誤撞當上了導遊，可惜他待人處事態度不好，不獨欠缺朋友助力，有時甚至被同事揭發錯處，這是他性格上的嚴重缺點。

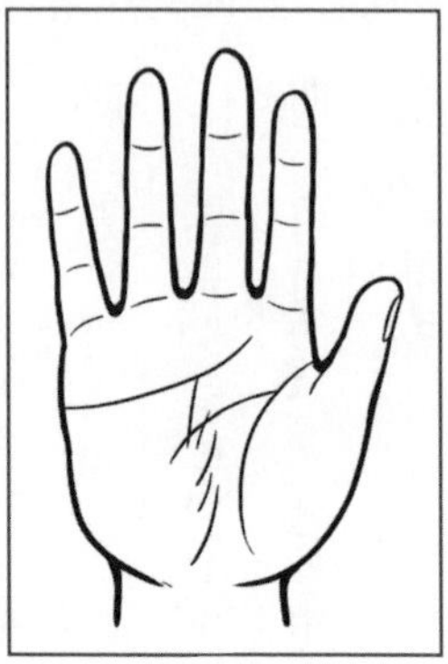

圖二十九

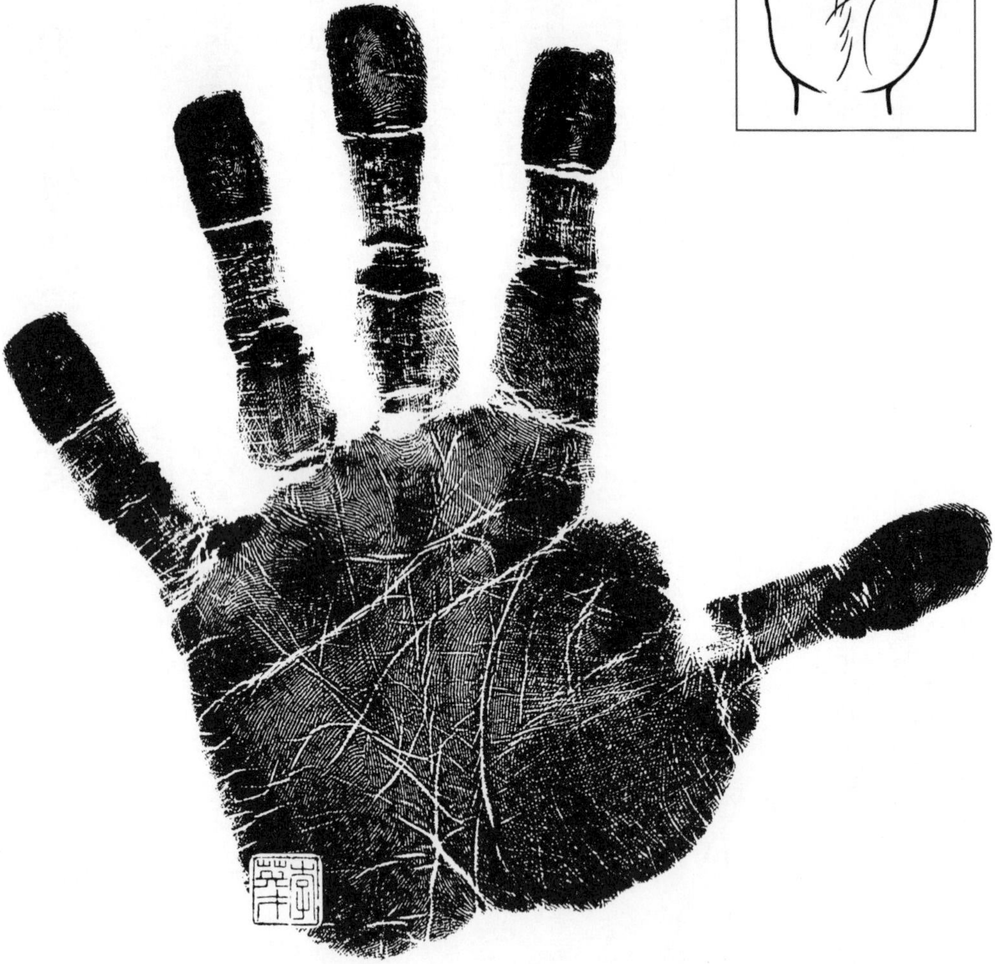

馬先生的事業線呈雲片狀，但每處斷口均有延續性，主一生事業反覆無定；線紋疲弱，不懂吸收教訓；尾部停在感情線下，代表信心不足。

其實，他的遭遇可從他的掌相上找到痕迹：

一、感情線開端模糊——欠家人或朋友助力。

二、食指第三指有很多小人線——被朋友、同事出賣。

三、頭腦線尾部見島，主思慮多或幻想多。

筆者忠告他：「只要你能夠打消賺快錢的念頭，不畏艱苦，腳踏實地，噩運就能離你而去。」

(圖三十) 林小姐

論到斷口多處而形成雲片狀，圖三十可稱為經典之作。

林小姐，年歲不詳。雖然筆者都要求客人講出年齡，林小姐屬於萬中無一的例外，不過從她眼尾魚尾紋之顯露，任何人都知道她是「摽梅」已過了許多年了。雖然她的資料是未婚，不過她的感情線告訴我，林小姐的枕邊客並不少，但她的婚姻紋卻顯出她有結婚恐懼症。

許多客人都願意對筆者說出過去的經歷，但林小姐卻是守口如瓶，儘管筆者講出了她的前塵往事，林小姐只是支吾以對。筆者對付這類打防守戰術的客人有另一套辦法，就是點到即止。即是說出她想知道的梗概，留有一手，讓她自己慢慢思量。講到底，其實吃虧的是她自己。

林小姐給我的名片是公關公司經理，不過從她打扮得身光頸靚、珠圍翠繞來看，公關公司

圖三十

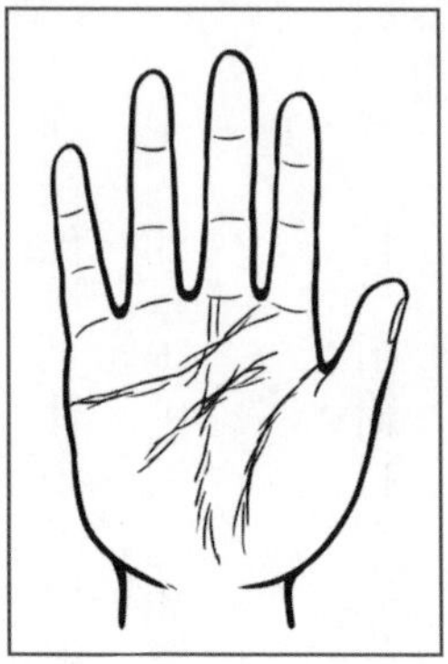

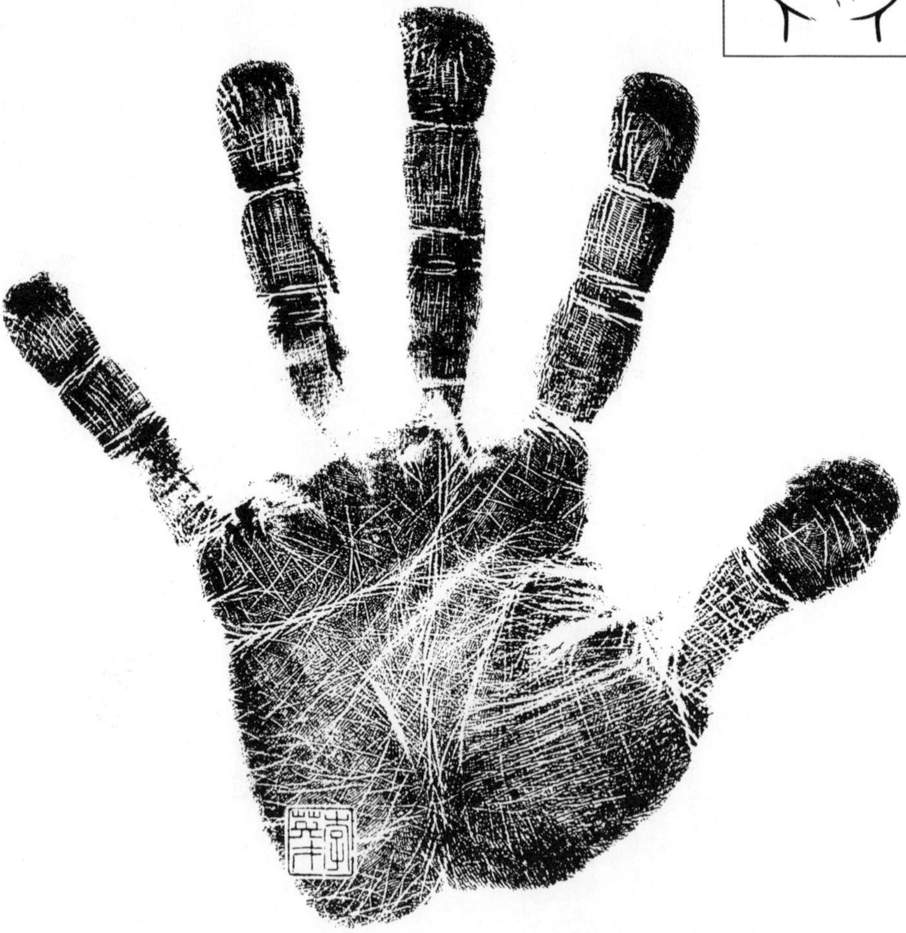

林小姐的事業線是典型雲片狀，全線淺闊，主合群力弱；線形微曲，自己製造煩惱，一度借貸度日。

只是個幌子，其實都是從事搵快錢，並不排除與大戶上床。

雲片狀的事業線說明林小姐同時從事幾個行業的工作，但是不能專心致志；全線淺闊，主合群能力弱，而且不耐煩進行某項固定的工作。事業線略帶彎曲，因個性問題令自己陷入困境，一度借貸度日。

她的疑問是，她想發展零售業或飲食業，我的答覆是「不！」

原則是：一、她的事業線不佳；二、從她的掌紋判斷其人恐懼心重、報復心強，又有神經質傾向，她只適合從事帶有藝術性的行業。

第五章

曲折系列

十六、出現彎曲，前程受阻

事業線彎曲，反映其人處事欠缺耐力，另外出現比較明顯的曲折，代表某一個時期（可從流年推算出來）其人的事業出現困難或顛簸，曲折的弧度愈大，情況愈嚴重。這個人以後能否繼續奮鬥，則視乎上衝的事業線紋是否清秀了。

這一章刊出的兩幅掌印都是年青人，他們都遭遇過兩次挫折，可是兩人的發展各有不同。

（圖三十一）張先生

圖三十一的主人是張先生，二十五歲，未婚，經營花店。圖三十二的主人是李先生，二十八歲，未婚，大學畢業。

張先生的事業線微呈曲折，仔細觀察，它有兩處地方出現曲折。此線起自生命線內，反映其人容易受環境的影響而左右其事業。此時要審視他的頭腦線，如果頭腦線優良可補其不足而減少傷害，可惜他的頭腦線開叉，主疑心太重。這類人如果自行創業，每每因不能把權力及責任下放給下屬而有孤軍作戰之感。

此外，張先生之感情線有以下缺點：

一、太直且折斷，起點高且直，均主在感情方面處於被動地位。

二、中間折斷且出現一個大島，主在感情方面曾遭挫折。

三、線尾轉弱，顯示其人愈來愈不相信愛情（包括異性朋友）。有些人對異性有一種執拗的態度，我們只知道其人曾經遭受過挫折，殊不知是他的心理狀態使然，張先生是其中一例。

如上所述，張先生的頭腦線跟感情線顯示他具有某些缺點，這樣便造成張先生在事業發展方面的困擾，甚至出現挫折。

張先生在十八歲就自行創業，因為現代的年輕人都不願當上班一族，一些商業中心覷準這些人的心理，把商場分間成微型舖位分租出去，讓青年人創業。

張先生跟女朋友合作經營精品店，偏偏兩個人都沒有經營零售店舖的經驗，加上張先生的頭腦線開叉，講得好聽是責任心重，實際上是不懂得如何去尊重別人。女朋友招呼顧客時，張先生老是插嘴打岔，事後埋怨女友不懂得招呼客人，或者埋怨要價過低……結果是一拍兩散，店舖結業，女朋友也斬了纜。

張先生並不服輸，他在結識新女友之後，兩人又合辦一間小型花店。女友出身於花店世家，是個內行人，張先生不敢置喙，加上他讀書有限（頭腦線開端有島），女友比他精明，張先生受制於女友，兩人反而相安無事，更且共賦同居。

三年之後，張先生發現女友舉止有異，細心觀察，原來女友另結新歡，其原因竟是她要找個結婚的對象，而張先生從沒有向她提出結婚的要求，這令張先生為之氣結。這段合作就此又告吹了。

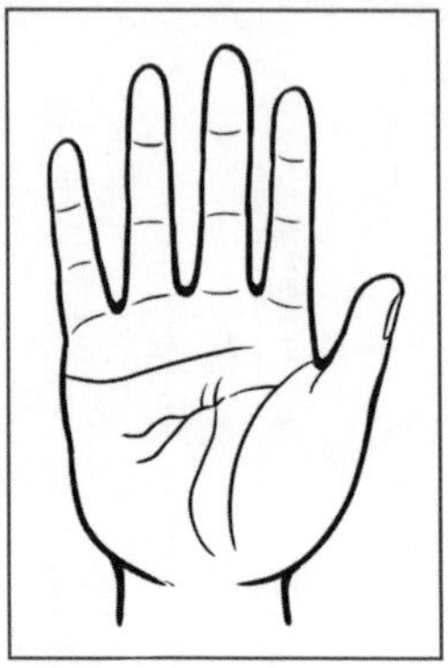

圖三十一

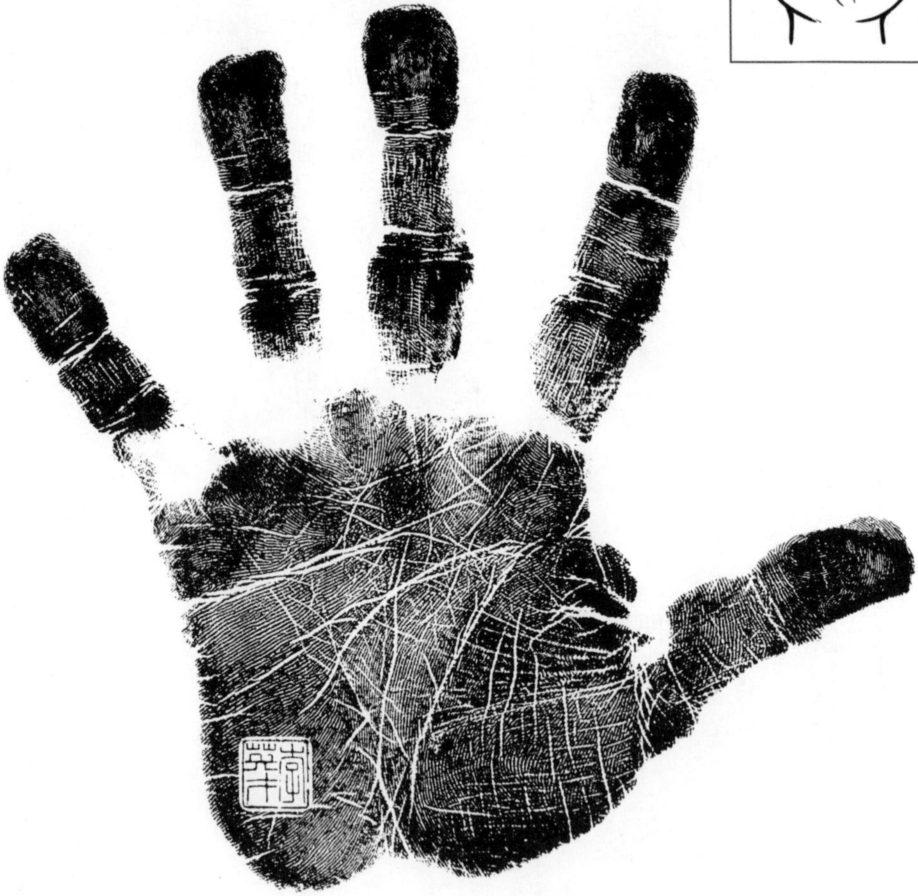

張先生的事業線出現兩個彎曲，代表事業一再受創，幸末段回復挺直，遭遇挫折後可以再戰江湖。

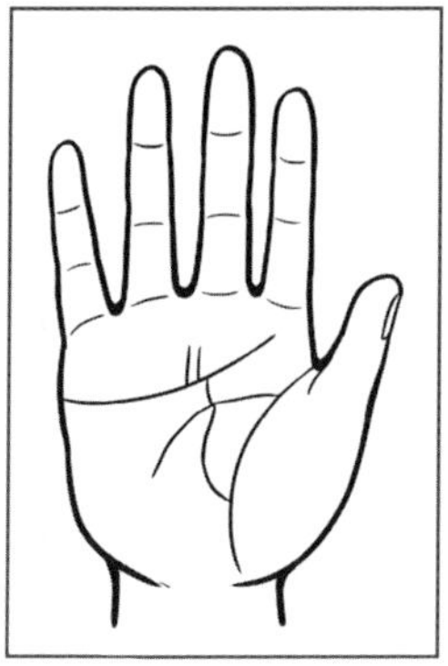

圖三十二

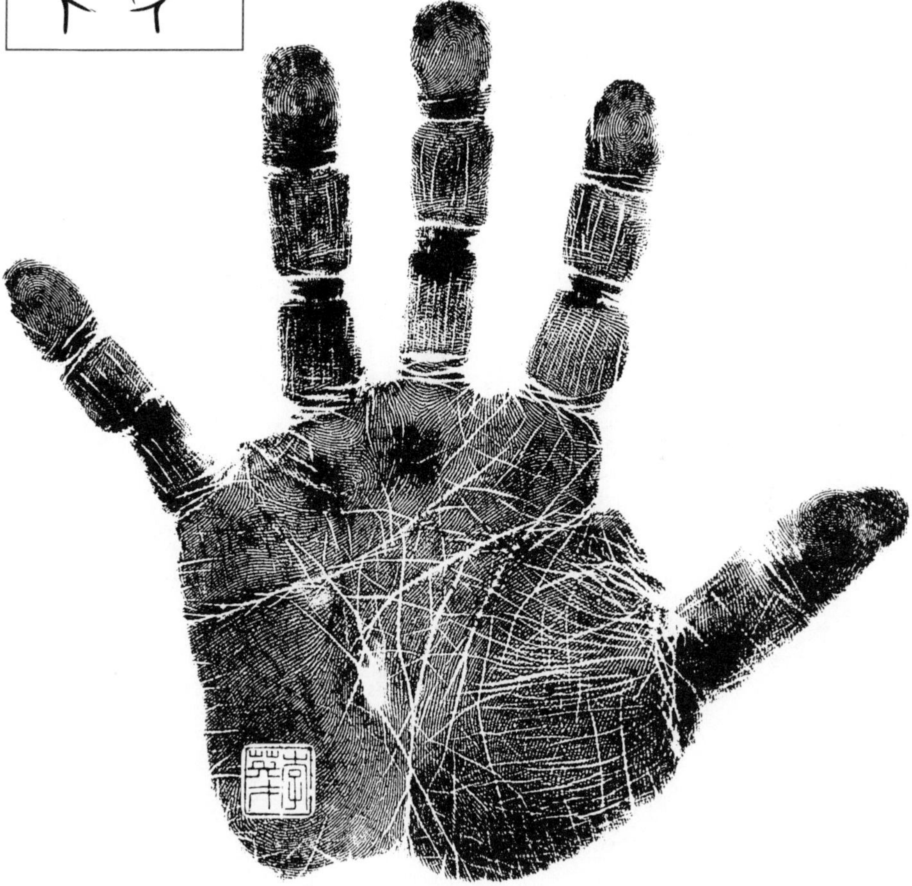

李先生的事業線同樣出現兩處彎曲，但彎度較微，破壞力較弱；末段停留在感情線下，雖然感情線之上長出兩條幼線，但去勢不明顯，代表其人漸漸失去奮鬥心。

(圖三十二) 李先生

圖三十二的掌印屬於李先生。李先生的頭腦線開端大約是在中指對下，換言之他的頭腦線與生命線開端交接過長，顯示李先生受到父母的過分關心。他的食指短，主沒有權力欲，說句好聽的話，我們可以說他是知足常樂。李先生的中指微曲，欠缺堅定的信念，只是滿足於畫眉之樂。他的頭腦線下垂，顯示其人缺乏鬥志及恆心。綜合李先生的其他線紋，可以知道他個人的許多缺點影響了他的事業。

再看他的事業線，其線紋走勢也是有兩個彎曲，但其彎度略微細小一些，不像圖三十一的彎度那般明顯。李先生的事業線尾衝破頭腦線而到達感情線，這一段亦比圖三十一的張先生強。由此觀之，李先生和張先生在事業上都遭受過挫折，但是前者的程度較後者輕。值得注意的是，李先生的事業線中段走勢頗為強勁，反映他當年創業時奮鬥心甚強，可惜後繼乏力。

李先生是富家子，大學時修讀電腦系。大學畢業後，他的父親想他繼承父業經營房地產，但現代的年輕人可不是這個想法，他們要自行創業以顯示自己並非依靠父蔭，於是李先生與同學合夥創辦一間顧問公司，專門為客戶編寫電腦程序。

九十年代是電腦業廣泛發展的時代，李先生的目的非為稻粱謀，而是希望實現香港工商業普及電腦化的抱負，他們每每以低價承接生意，而李先生甚至不眠不休地工作以攻破電腦程式難關，一年計算下來，這兩名「老板」所得收入雖然僅堪餬口，但換來心靈上的成功感。

李先生的拍檔深深感到，光靠電腦專業難以應付現代的複雜社會，決定去美國深造工商管理以便更好地應付未來。他離開之後，李先生要內外兼顧，疲於奔命，有兩三單生意因為自己應付不來而轉判給同業處理，但因延遲交貨，賠上金錢不在話下，還受到客戶的埋怨。李先生嚥不下這口氣，乾脆把公司結束。

李先生回到父親身邊，但是他不習慣家族式的經管手法，在父親公司待了大半年，找到志同道合的同學合作，重操故業。

新公司開業之後，生意不錯，有些甚至是客戶找上門來。李先生是敬業樂業之人，他喜歡在完成任務之後聽取客戶的意見，他發覺有些客戶不大願意接受他的調查，有些客戶甚至沒有使用他編寫的電腦軟件。經明查暗訪，李先生赫然發現這些客戶都是他的父執輩，是他的父親授意他們光顧，一切費用由他的父親支付。這打擊比上次失敗更為沉重。

李先生有一段父母過分關心的線紋，想不到竟會發生如斯效應。至此，英才只有嘆息父母過度溺愛下一代所產生的惡果了。因為李先生是個欠缺鬥志及恆心的人，經此打擊之後，他很可能會再度回到父親身邊，但是他的鬥志已是三鼓而竭，非復當年之勇了。

十七、明堂現曲折，迷惘與徬徨

任何線紋出現曲折，都是反映該條線紋所代表的事物出現困頓。比如事業線曲折，可以解釋為出現困難或顛簸，也可解釋為迷惘或徬徨，尤其當曲折出現在明堂（掌心）更驗，如圖三十三。至於圖三十四，它的事業線也是在明堂中出現曲折，雖然可與圖三十三作同樣解釋，但是兩者的具體情況不同，還要看事業線的曲折是否明顯，以及比較兩者事業線在曲折以後的走勢變化。

(圖三十三) 蔡小姐

圖三十三的掌印屬於蔡小姐，二十七歲，未婚，化妝專業人士。我看過蔡小姐的掌印之後，第一句說話是稱讚她是「叻女」。

筆者對待客人有多種態度，對於少數心高氣傲的人，我採用的方法是施下馬威，首先把他的氣燄壓下去，如果他不服，立即退還相金將之趕走，省得為區區酬金枉費唇舌。不過，我對蔡小姐並非純粹討好的客套，因為她的頭腦線有優有劣，我當然是先講好話再指出其不好的一面。

在講述蔡小姐的遭遇之前，先看她的掌紋的幾個特點：

一、爪字掌——感情過重。

二、頭腦線筆直而長——處事能力強，缺點是順境時過於自信，逆境時會失去信心。
三、感情線短而粗——線短之人感情偏激，線粗之人風流成性。

光從以上三點，讀者已可以想像蔡小姐遭遇的大概了。

蔡小姐的面相屬於瓜子面形，天庭寬而地閣削，這種面形重理想欠實際，計劃多多卻總是難以付諸實行。

蔡小姐中學畢業成績平平，讀了一年秘書課程，她不甘心過平凡的文員生活，便投身化妝行業，她的臉形嬌俏又受妝，加上口才便給，很快就成為店中的「活招牌」，同業老板爭相以高薪拉攏，但是蔡小姐心高氣傲（其實是自信心過強），她在業內打拼了五年就自資開化妝店，把客人拉了過來。

經營這個行業的人都知道要兼售化妝品以增加收入，這類產品大多是向小貿易公司批發過來，蔡小姐為爭取更高利潤，自行向歐洲入貨。可是她沒有想到，如果化妝品出了問題，自行入貨就要與歐洲的製造廠打官司了。

蔡小姐在開店之前已經摸通門路，並趁歐遊之際同化妝品廠商聯絡好，店子開張大吉之日就向顧客推銷自行訂購的產品，不料兩三個月後有人投訴護膚品刺激皮膚。蔡小姐急電廠商交涉，廠商直認不諱，但聲明警告字句已刊於使用說明書之中。原來當天蔡小姐訂貨時要貨甚急，廠商聲明只能供應內銷貨品，沒有英文說明書，貨到之後蔡小姐又沒有細讀法文說明書，最後只能埋怨自己。

圖三十三

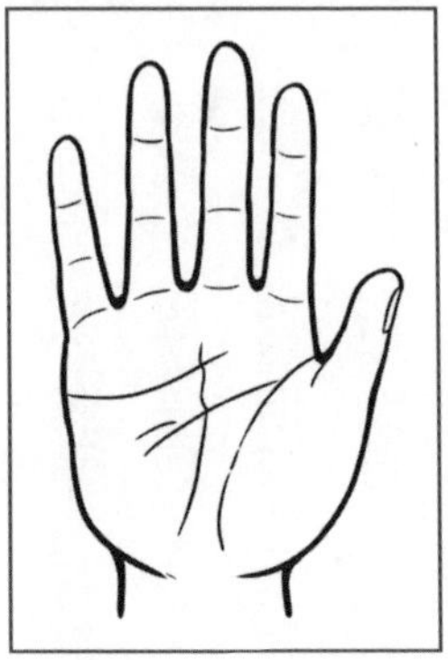

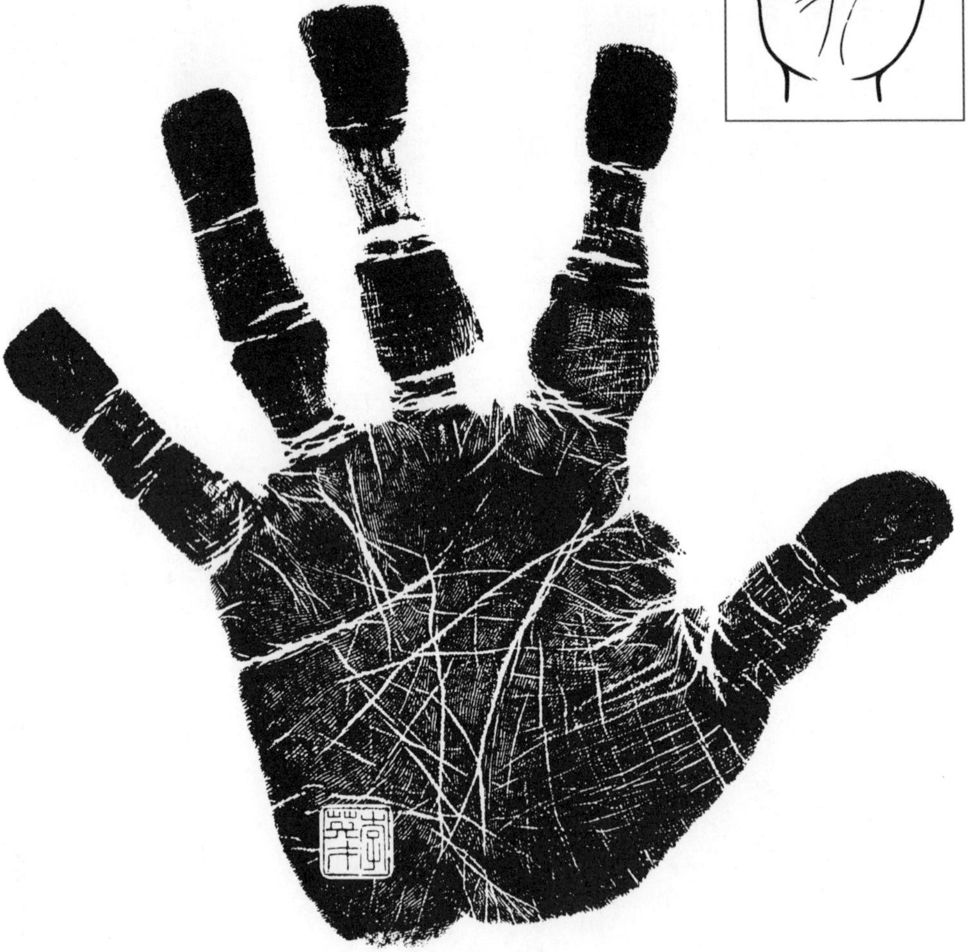

蔡小姐的事業線在明堂出現曲折，彎度柔緩，主三十歲前一段期間感到前途迷惘；曲折愈明顯則迷惘程度愈深刻。明堂有曲折亦主處世欠缺中庸之道而導致失敗或挫折。事業線能穿越感情線，代表年紀較長時懂得修正缺點。

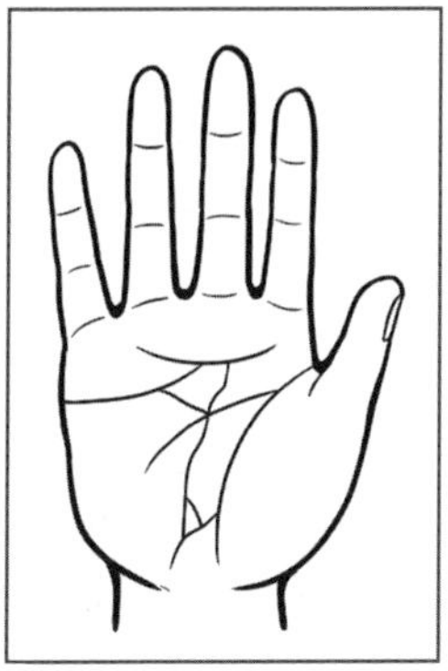

圖三十四

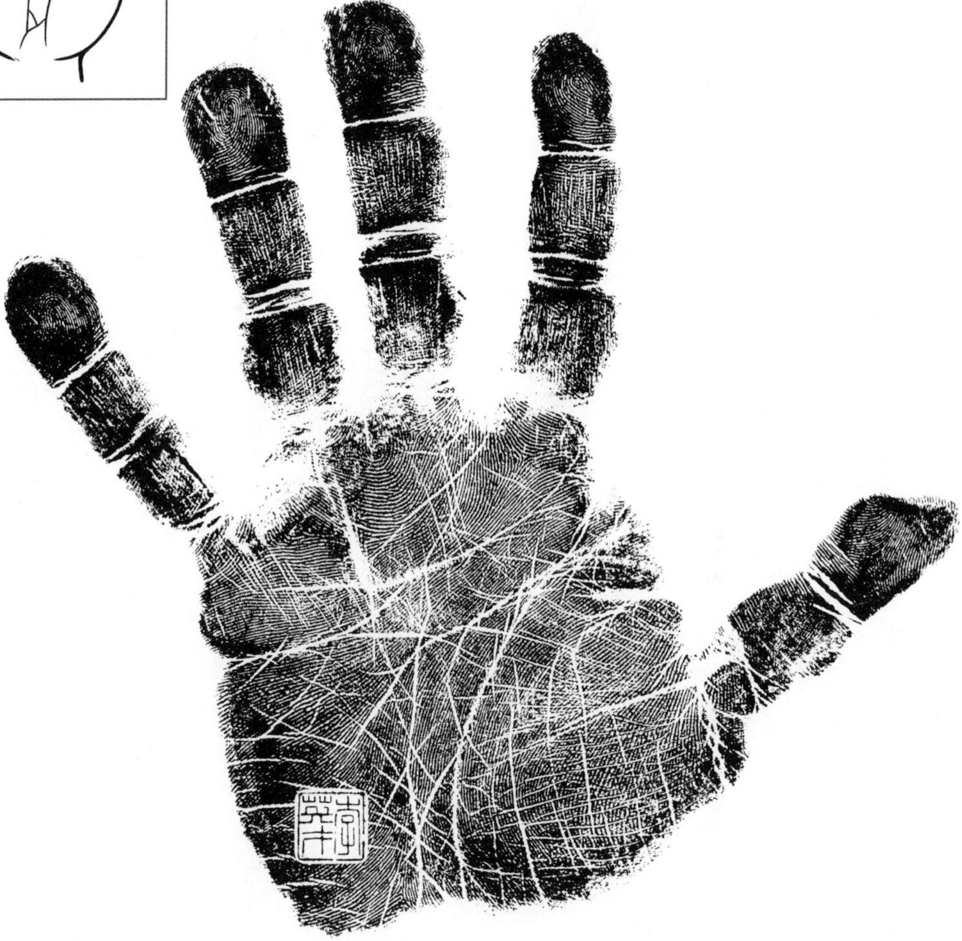

葉先生的事業線同樣在明堂有曲折，彎道急促主事業變化亦急促，雖能穿越感情線，但斜走且勢弱，主：因癡情而影響事業，線紋愈弱影響愈深。事業線起點有小三角，主早年創業有幸運成分。

化妝品出了問題，連帶影響正常業務，舊東主當然落井下石，流言蜚語傳到蔡小姐耳中，她老是想不開來，營業劇降，乾脆關門大吉，自行失踪。

接下來的三年她浪迹於歐洲、中國內地或隱居於香港新界區，她曾在阿爾卑斯山下一個小鎮居住了一年多，學得了一口流利法語，難怪她的生命線中出現方格——主有一段時間過着自閉生活。

蔡小姐浪迹天涯那段日子，就是她的事業線出現曲折之流年，這段期間她感到徬徨，她常常問自己內心究竟真正想追求什麼？蔡小姐詢問筆者她應何去何從，我說：「你自己已經做了決定。」我還打趣說：「老天爺要你送錢給我的。」

筆者如此說的原因是，她的事業線在穿過感情線的紋尾清秀，表示她正在積極改善自己的缺點，所以我鼓勵她再戰江湖。

（圖三十四）葉先生

上例中，蔡小姐的經歷源起於事業線在明堂中出現曲折。至於圖三十四，事業線同樣在明堂中有曲折，但線紋穿越感情線之後再見曲折，且走勢疲弱，不難想像這個人的運勢比蔡小姐更差了！

圖三十四的掌印屬於葉先生，四十五歲，運輸公司東主。葉先生的掌相有一點值得注意：拇指的位置偏低，形成拇指與食指距離太遠。這類人十分主觀，不愛聽取忠告。葉先生的掌相

有下列特點：

一、頭腦線尾部粗闊——不容易接受失敗。

二、感情線斷口開叉（無名指對下位置）——婚姻有變。

三、財富線爆裂——反覆成敗。

四、食指太曲——損友多而無助力。

葉先生出生於惠陽，只讀過兩三年書，十五歲時偷渡來香港，由於身材魁梧有力，於是當上苦力，專業搬屋運輸。

當時正值香港經濟起飛，香港人置業成風，搬屋公司如過江之鯽，只要掛個招牌，有個聯絡電話，接到生意時預約一部貨車，找三兩個苦力就有銀紙落袋。

葉先生雖然讀書少，但卻會計算這條簡單的收支數，於是他就鼓起勇氣開辦搬屋公司，連商業登記也不懂得要去辦理（導致後來被稅務局估稅），時年二十二歲。經過十年奮鬥，葉記搬屋公司已發展成一間頗為像樣的企業，擁有自己的車隊和一批僱員。

三十五歲時，葉先生經不起朋友的慫恿，投資大陸的房地產業，那個時候香港人一窩蜂到惠州買樓房，可是好景不常，在一片爛尾樓聲中，葉先生也成為了投資苦主。搬屋公司周轉不靈，銀行逼倉，稅局追收利得稅，辛苦經營多年以清盤收場。

總結葉先生的事業線有以下特點：

一、開端有幾個細小三角，意味早年創業帶有幾分幸運。

二、明堂位置有急彎，事業出現急劇轉變。

三、到達感情線時急斜上升，但線紋疲弱，主其事業受癡情或慾念影響（可結合感情線開叉來判斷）。

四、土星丘有數條疲弱事業線，但出現強烈阻力線，下半生難有成就。

十八、受制頭腦線，保守兼短視

事業線曲折固然反映事業出現變動，仍要留意到事業線的起點，以及事業線是否呈現粗闊或有阻力線等。

前面曾經提及，事業線起自生命線之內，代表其人的事業受家庭環境影響。若事業線起自太陰丘（月丘）（如圖三十五），起點的位置不同，意義就不同了，這表示其人的事業發展多是與異性有關，或多與異性接觸。

(圖三十五) 劉先生

圖三十五的掌印屬於劉先生，三十四歲，未婚。他的事業線特點如下：開端在太陰丘；中間有曲折；末端停留在頭腦線之下。

前幾章的事業線都能穿過頭腦線而停在感情線之下，而這一條事業線卻連頭腦線都不能穿過，這種情況又有什麼意義呢？這個時候就要兼看他的頭腦線了。

此幅掌印是假斷掌，實際上是頭腦線為感情線所壓。凡事業線受制於頭腦線，而頭腦線又受制於感情線者，代表：

一、處事保守，眼光短淺，事業發展之受阻或停頓乃由主觀因素造成，與客觀因素無關。

二、對工作、對人事、對環境都很拘束，屬於慢熱之人。

圖三十五

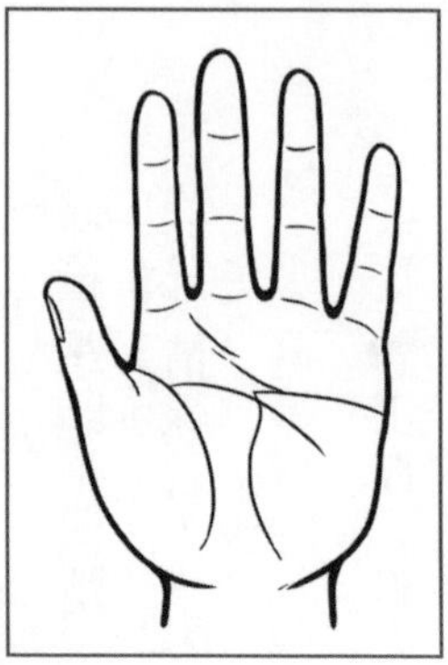

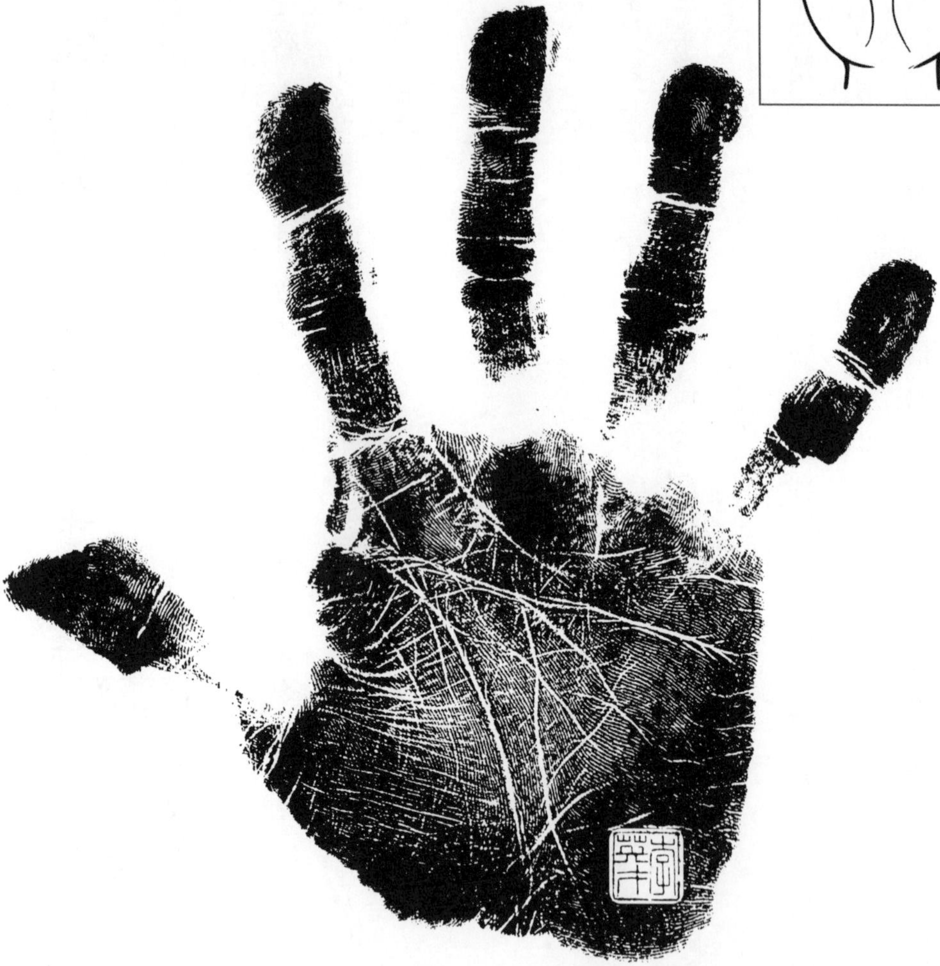

劉先生的事業線開端在月丘之內，主事業多與異性有關。事業線停在頭腦線之下，而頭腦線又受制於感情線，代表處事保守。幸而全線清秀。

三、處事猶豫難決，每每三心兩意，坐失良機。

筆者初見劉先生時，只見他雙眉鎖印，眉尾散而眼神不足。口訣有云：「心胸狹窄，斤斤計較好難發。」又云：「眉毛散又碎，處事唔多對。」

即使尚未拓印他的掌紋，筆者對他的性格特點已了然於胸。現在看看他的線紋特點：

一、生命線疲弱——體力衰退（與同年齡之人比較）。

二、頭腦線尾部太淺——知足常樂。

三、財富線模糊——成就不足。

四、希望線（位於食指對下的木星丘）受阻力線影響——害怕失敗和挫折。

五、婚姻線過高——遲婚。

劉先生是售貨員出身，八十年代末期，香港零售業一片興旺，劉先生見獵心喜，二十二歲那年籌集到一筆資金，與一位經驗豐富的女同事孫小姐合作，在一家商場租一間舖位售賣女士服裝。孫小姐欣賞他勤懇、老實。

兩人訂明：劉先生負責早晚開舖、收舖和購貨等後勤工作，孫小姐負責鎖售，因為面對女性顧客當然以女售貨員為合。顧客對象是職業女性，只要貨品趨時、小批量、中上檔次，就可以賣得好價錢。

每天上午九時許，劉先生就趕返商場開舖，孫小姐因為有家務負擔，要在十時許才到達，然後劉先生就去銅鑼灣恆隆中心等時裝批發店選購貨品。可是到了十二時許，劉先生就牽掛着店子，害怕午飯時間人多時孫小姐會應付不來，孫小姐知道他的想法後狠狠地給他訓斥一番。孫小姐說：「本小姐入行十年，別說招呼兩三位顧客，就算多來幾個我都應付得來！」

有時候，劉先生看到有些服裝較為性感而沒有採購，孫小姐看到鄰店進了貨，着劉先生趕去補貨卻又遲了一步。

孫小姐又教訓他說：「雖然中國人保守，但是前衛的小姐不是減少而是增加了，你知道嗎？布料愈小愈能賣得好價錢。許多時候貨品能否賣得出去是靠售貨員的嘴頭，難道你對我的工作能力沒有信心嗎？」

劉先生不知道自己性格的缺點，老是覺得孫小姐難以侍候，他在這位前輩面前矮了一截，結果只好拆夥。之後他又跟一位男士合作，不料只維持半年，也是拆夥收場。

至二十四歲開始，劉先生就獨自經營，後來在跳蚤市場擺售飾物，說也奇怪，他的攤檔以女性顧客居多，曾有熟客建議跟他合作，經營新奇的飾物，但劉先生覺得始終以長銷貨品較為保險。

日常生活中，我們總會遇到一些思想和做事保守的人，原來這種性格是與生俱來的。說來奇怪，劉先生在事業路上甚有異性緣，可是他卻始終未拍過拖，原來他的感情線很短，代表他的情感較為冷漠。

(圖三十六) 張先生

圖三十六的掌印屬於張先生，二十八歲，補習社東主。他的事業線稍有曲折，但是其最大的特點是全線粗闊，而且出現阻力線及三角符號。

凡事業線粗闊而出現曲折，有以下兩個含義：

一、處事馬虎，憑小聰明走捷徑，僥倖成事。

二、容易樹敵或口舌招尤，皆因稍有成就便不可一世。

此時要觀察其頭腦線的筆直程度，頭腦線愈直則以上兩個問題愈嚴重；頭腦線微彎則情況較輕。

至於張先生掌上其他線紋則有以下特點：

一、事業線開端出現叉狀——早年輕浮及不思進取。

二、頭腦線有三角（無名指對下）——眾叛親離。

三、感情線末端開叉——用情不專。

一九九七年前後，香港出現一位補習天王，據稱月入百萬元，風靡一時。談起這位天王，張先生不屑一顧地說：「他呀！有什麼了不起？還不是照抄我的妙計，要不是我出了事，『補習天王』的稱號是我而不是他！」

張先生中學畢業後曾經到外國生活了三年，據稱在美國（有時又說在英國）大學畢業，返

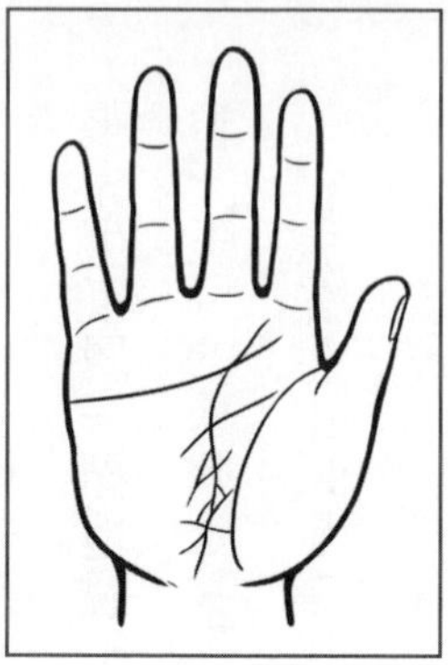

圖三十六

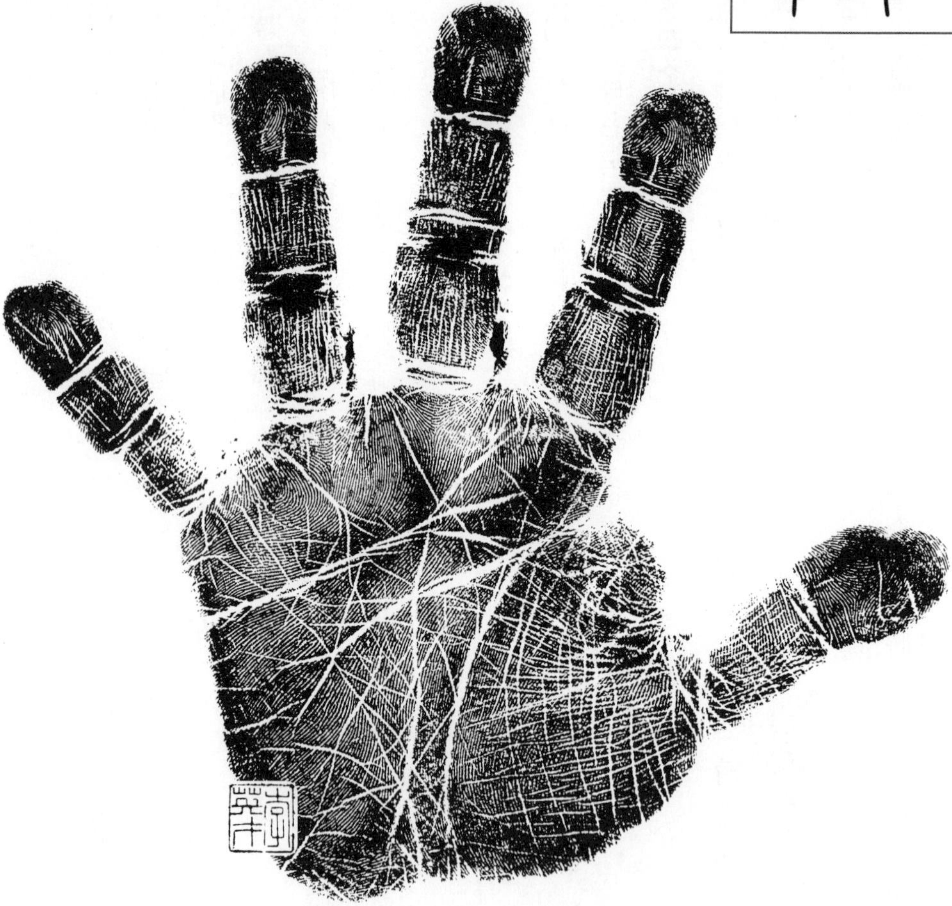

張先生的事業線粗闊，出現曲折，主處事馬虎及容易樹敵；線旁出現三角符號，容易功虧一簣，失敗源於過度自信。

港後與幾位補習老師合作辦起了補習社。

補習老師說，這門生意的好處是花費的時間不多而有教師的穩定收入，張先生嘲笑這些人眼光短淺，只着眼於一兩萬元的收入；他認為這個世界是講包裝的，只要包裝得好，宣傳吹噓得恰到好處，錢財就滾滾而來。

他分析說，大部分會考生都是讀書不甚了了，因而渴求走捷徑，他們對廣告的分析能力有限，只要廣告宣傳擊中他們的心理，他們就會自動排長龍獻上補習費。他表示，補習社刊登報紙全版廣告是他首創的宣傳手法，而不是那位補習天王。

不過這類人既愛財又愛色，張先生藉補習之機，誘姦了好幾位女學生，被揭發後，律師費、掩口費等等花去了他全部積蓄還不夠，未被繫獄已算是不幸中之大幸了。

第六章

格子系列

十九、長形方格，自欺欺人

事業線上出現方格的獨特的現象是，方格不會單獨出現在事業線上，而是必然有另一條事業線（雙重事業線）並行，而中間有兩條橫線將之連繫而形成一個方格，或者有頭腦線的支線將之連成方格。

（圖三十七）麥先生

圖三十七的掌印屬於麥先生。他的掌中出現兩條事業線（凡指向中指的線紋都是事業線），並且出現兩個方格，第一個方格包圍着頭腦線，組成方格的一條橫線是感情線的支線。第二個方格在它的上邊，恰恰處於明堂正中，第二個方格的上、下線都是感情線的支線。

先說第一個方格，這個方格圍困着頭腦線，它的意義是：

一、事業上非常苦惱，在特定的流年時期，工作上極不愉快，而且毫無成績，只是日復日地幹活。方格愈大，經歷期愈長。

二、由於其人欠缺信心，不敢冒險，更不敢面對新挑戰，談起工作只會長嗟短嘆。

再說第二個方格，這個方格處於頭腦線與感情線之間。因為事業線代表其人的觀念和態度，所以這個方格的代表意義是：

一、人情與公事糾纏不清，處事主次不分。這類人常會因為受了別人的小恩小惠，受到人

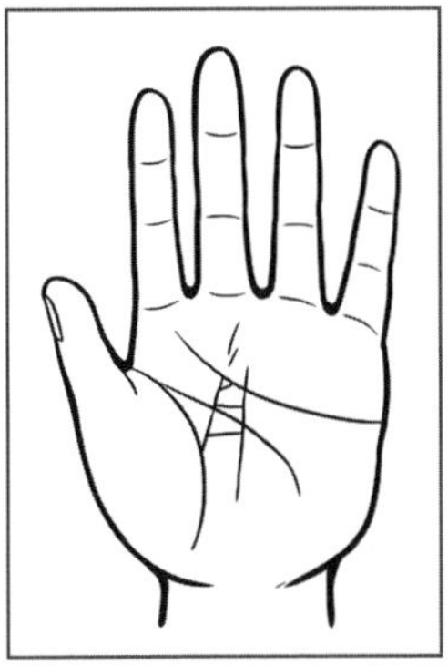

圖三十七

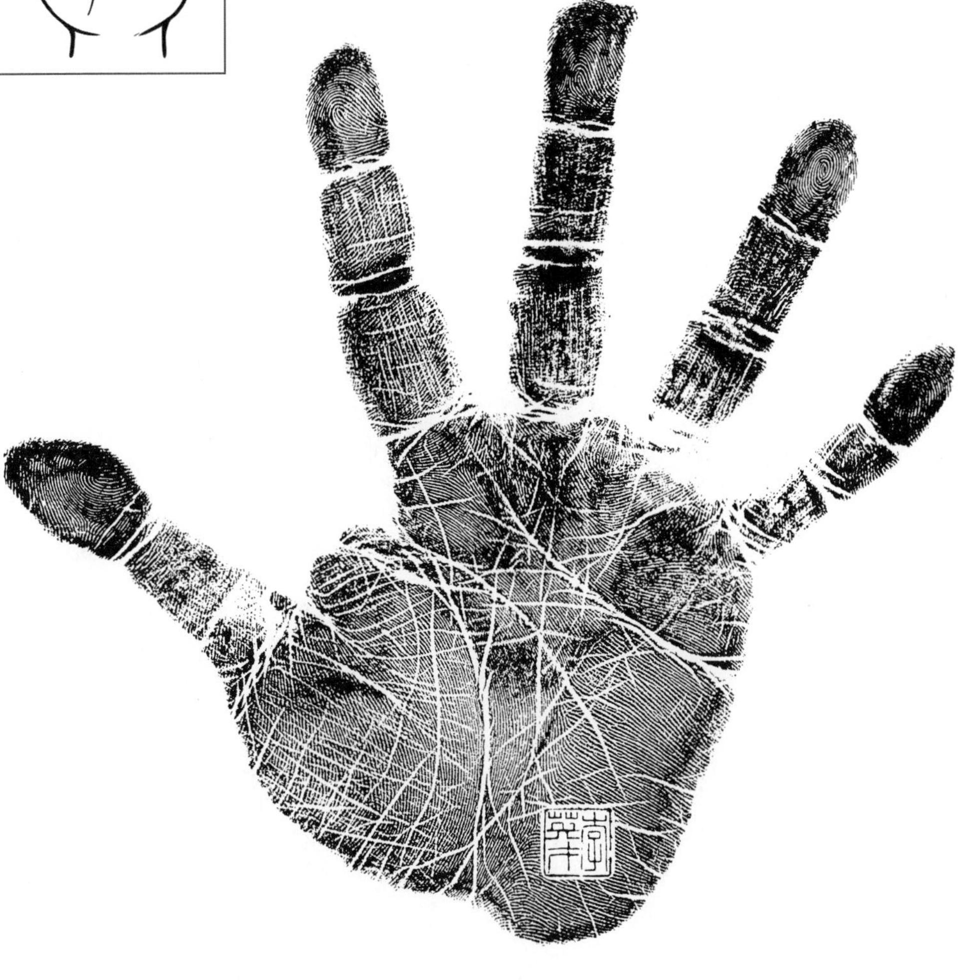

麥先生的雙重事業線出現兩個方格，第一個方格困着頭腦線，主欠缺信心、工作不愉快；第二個方格主欠缺果斷。

情束縛，而逼使自己長期在不愉快的工作環境之中工作，以致非常矛盾。

二、處事欠缺果斷，致令不少事情一拖，再拖而不能付諸實行；因為處事猶豫，甚至害怕面對遠景和前途。

麥先生原是象牙雕刻技工，後來國際之間實施象牙貿易禁令，麥先生便轉職到某木器廠工作，製作材料不同，性質有異，麥先生的收入減少了，起初他是抱着騎牛搵馬的心態，不料一幹就是五六年，原因是麥先生覺得木器廠老板十分關照他，雖然他的收入比過往減少四成，但為了報答木廠老板，麥先生沒有改行去謀求更佳收入，一直留在木器廠做工。

麥先生的掌紋有幾個特點：

一、希望線（食指對下之木星丘）強勁——早年曾有很大之抱負。

二、尾指尖削——不善交際，欠缺人緣。

三、拇指過長——過分主觀。

上述幾點是麥先生這幾年生活潦倒的原因，另外他的事業線在感情線上變成三條弱線，他的後半生無復當年之勇。幸而他的感情線清秀有力，一生得到其妻之助力不少。

（圖三十八）歐陽女士

方格有大小，也有長短，甚至格中有格。方格長短、大小不同，其含義亦有異。圖三十八與圖三十七麥先生相若，但是圖三十八的第一個方格是長形，而第二個方格則細小，這意味着其人的觀念與麥先生有所不同。

圖三十八的掌印屬於歐陽女士，三十八歲，失婚，有二子一女，美容院東主，筆者是她的風水顧問。

歐陽女士的事業線第一個方格也是圍困着頭腦線，而在它上面的小方格則在感情線對下。凡長形方格圍困着頭腦線，有以下含意：

一、是非觀點不分明，對工作或事業雖感不滿，卻是自欺欺人地幹下去，縱然朋友規勸亦不聽。情況與圖三十七相同，只是因方格的形狀不同，其偏向略有不同而已。

二、自己走入死胡同，導致處處受排擠，四面楚歌。因方格有時間性之規範（參考流年計算法），長形方格代表此人受困的時間較長，以圖三十八而言，其人起碼有八年時間處於沒有人緣的環境之中工作。

至於位於上方的小方格則有以下兩個特點：

一、心內有許多匪夷所思的理想，但這些理想遠超其人本身的能力，於是難免在期待中蹉跎歲月，但是老是認為自己懷才不遇。我們偶然會碰到這類人，他們是生活在不切實際的幻想之中。

話說筆者第一次見到歐陽女士時，就知道這筆生意不易做，不過人在江湖，便只好盡力幫忙了。

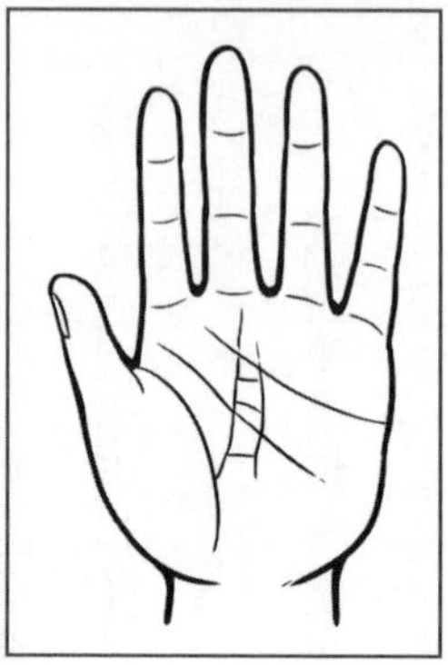

圖三十八

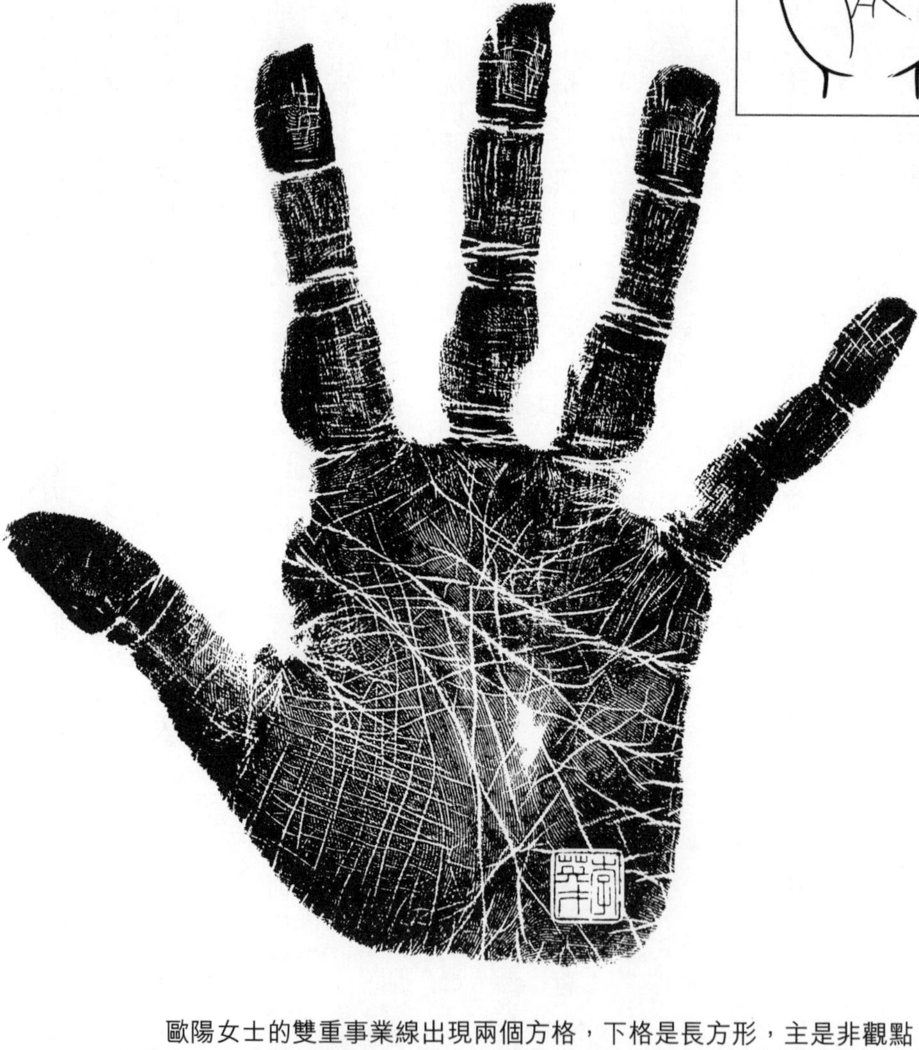

歐陽女士的雙重事業線出現兩個方格，下格是長方形，主是非觀點不分明，並且受人排擠。上面之小方格，主其人具有超越現實之理想、固執、害怕別人對己不利。

歐陽女士是大川字掌，不單極度自我，而且膽大妄為，她的感情線短而直（寡情薄義），線紋破碎。頭腦線太直，欠容人之量。食指第三節肥厚，佔有慾極強。單是這幾點就可以窺見歐陽女士命途多舛。

歐陽女士出身於貧苦家庭，弟妹眾多，二十歲時嫁給一個彼此沒有感情的中年人，二十五歲便離婚。她在酒樓任知客，因為有幾分姿色，頗受有家底之男士垂青。

歐陽女士因為早年吃盡貧困的苦頭，早已練得一身不理他人嘴臉的本領，抱着你高興時我亦以享受的心態賺外快，專門釣取捨得花錢而又衣冠楚楚的男士。有些客人見她不同於一般的風塵女子，就帶同她出席一些開幕酒會等社交活動；她的眼界逐漸開闊，一心要打入上流社會，依傍大亨，認為只要能賺到大錢就是人上人，為此她施展渾身解數，難免有時得罪了別人也不自知，以致吃上不少苦頭，被誣告、被恐嚇，甚至鬧上法庭……可是歐陽女士老是認為別人嫉妒她、計算她，甚至是有意害她。

三十三歲那年，歐陽女士因為開罪了一名有錢太太，這位闊太知道用一般辦法對付不了她，於是黃氣、黑道、律師三管齊下，加上封門、縱火，軟硬兼施，最後扔給她二十萬元要她離開。

歐陽女士知道鬥不下去，幸而手上有積蓄，於是消聲匿迹兩年；這段期間，她憑着一點小聰明，學得香薰按摩美容法，於是重出江湖，因為她善於運用交際與宣傳手段，很快就開設分店，這個時候她又故態復萌，興起了釣金龜、打入上流社會的念頭。

不過，歐陽女士已經不再年輕，又能有什麼收穫？歐陽女士生活在難以達到目的之幻想中，英才雖為她的顧問，但知道她必是忠耳逆耳，所以只是就風水問題向她提供意見，其他事情屬無效勞動，何必浪費唇舌呢！

第七章

叉狀系列

二十、起自太陰丘，預感與艷遇

事業線見叉狀，可分為上叉和下叉兩種，如圖三十九是屬於下叉，即在開端有兩條斜線，一條起自腕頸，而另一條出自太陰丘，兩線合攏匯聚成一條（此人之生命線亦見叉狀，另有含義）。這種事業線線狀代表三種含義：

一、一生容易得外力協助，俗稱貴人是也，而且以異性為多。

二、可向遠方發展事業，如在外地投資或工作成就更大。

三、此紋有預知力，因太陰丘有直覺能力，事業線出自這個部位，此生對工作之禍福感應十分敏銳，如能善加利用，有不可思議之力量。

圖三十九之叉狀事業線附有一個三角符號，代表出現困難及阻力，為不祥之兆。這條事業線出現一吉一凶之符號，那麼其人之運程吉凶如何呢？這就要兼看他的頭腦線了。

（圖三十九）羅先生

圖三十九的掌印屬於羅先生，五十歲，玩具廠商。他的掌形方厚，皮質粗糙，屬於不怕操勞及艱辛的人士。至於他的頭腦線，則有以下特點：

一、開端位置較高，接近木星丘，主其人獨立性強，不拘小節，不過對權力的野心很大。

二、整條線紋深刻而線尾有力，表示其人意志堅定，即使遇上天大的困難亦可憑個人的意志和力量來解決。

三、配合清楚深刻的生命線，除表示身體健康之外，還包含着對環境、經濟氣候都有強烈的適應能力。他的體質和意志力都堅強，只要目標明確，成功指日可待。

羅先生於六十年代初從廣州偷渡來港，在電子廠由雜工做到組長，因為工作勤奮又肯動腦筋，所以得老板女兒垂青下嫁，掌管部分廠務。羅先生憑直覺避開了一九七三年的股災，得以保存實力，從七十年代到八十年代，老板好幾次重大投資決策都是聽從了羅先生的獻策而取得進展。

後來中國實施經濟改革開放政策，羅先生主張移師國內，老板躊躇不決，羅先生便自資到深圳開辦電子加工廠，從小規模做起，起初是承判岳父的業務，繼而自行接單，進一步開設玩具廠。及至香港的電子業日漸萎縮，羅先生在國內設廠卻日告壯大。

他表示，每一次面臨危機時，只要咬緊牙關熬過去，以後即見成就；而當他的事業發展到某一個高峰時，他就會感到將有危機出現，二十年來屢試不爽。就以中國內地房地產為例，九十年代初他也曾投資，當香港人一窩蜂起哄時，他的直覺感到不妥，馬上調整策略、收縮戰線，見好便收，所以大陸爛尾樓輪不到他。

羅先生之成功在於他有一條優良的頭腦線，此線深刻而線尾有力，代表意志堅定。其生命線亦清楚深刻，主病痛少，亦包含了對環境的適應性強，這些都是難得的優良線紋，可見事業線與頭腦線有相輔相成之效。

圖三十九

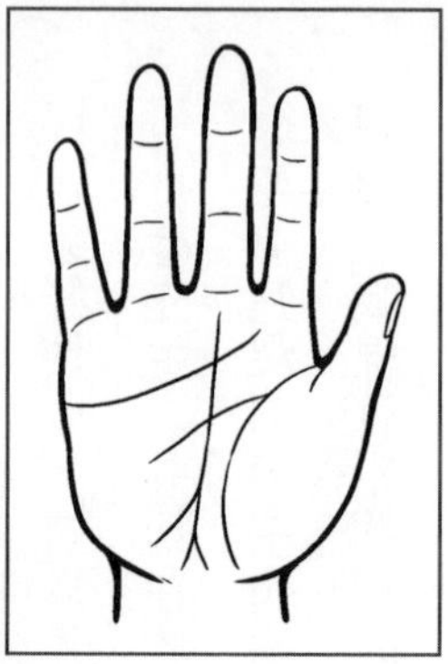

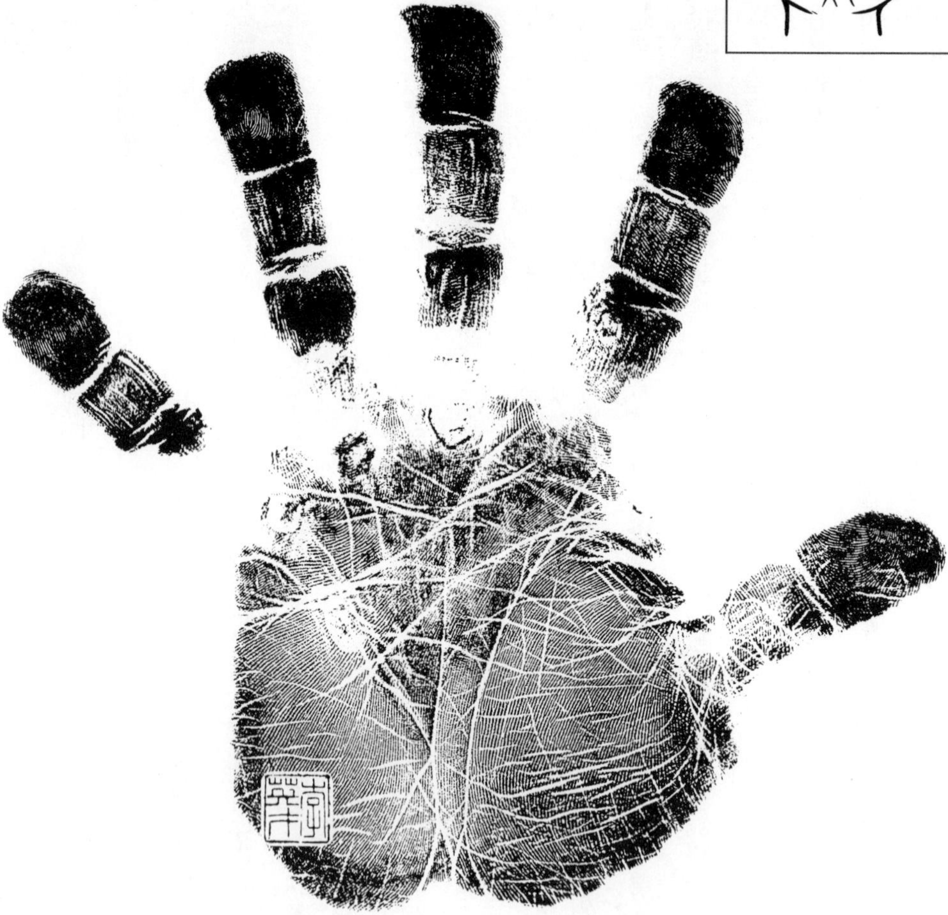

羅先生的事業線開端有叉，主有外力協助，以異性為多，宜將業務拓展至遠方。此線紋亦主有預知能力。

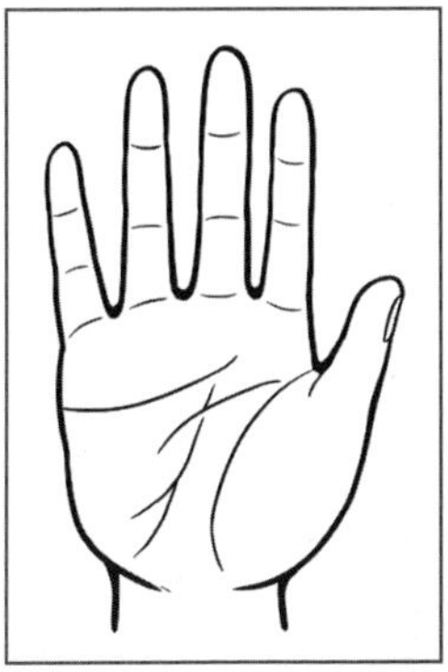

圖四十

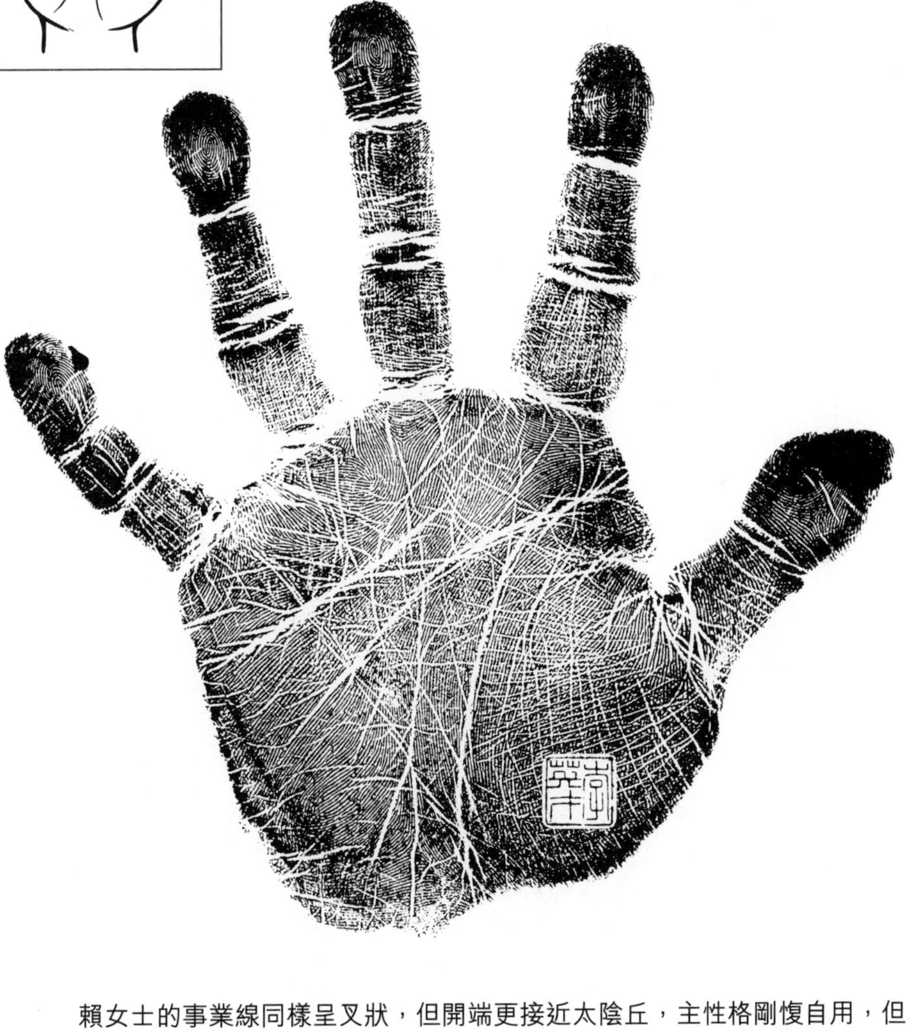

賴女士的事業線同樣呈叉狀，但開端更接近太陰丘，主性格剛愎自用，但願意接受正確意見。事業同樣有利於遠方，不過容易因工作關係而多艷遇。

（圖四十）賴女士

圖四十的掌印屬於賴女士，四十歲，速遞公司東主。賴女士的事業線也是出現下叉，同樣是起自太陰丘，驟眼看來與圖三十九羅先生的事業線起點相若，但仔細觀察卻是有所不同。嚴格來說，羅先生的事業線起自坎宮（屬太陰丘範圍），而圖四十則起自規範的太陰丘。

請讀者謹記，事業線起自太陰丘有以下三個特點：

一、為人剛愎自用，但在重要關頭會接受忠告，主觀雖強卻會接受客觀事物（視乎頭腦線的配合）。

二、利於在遠方發展事業，或將業務拓展至外國或外地。退而求其次的話，工作地方有外籍人士亦有幫助。

三、容易因工作關係而有艷遇，甚至會發生不倫之戀而破壞事業（須兼視感情線及事業線末端之變化）。

賴女士的掌紋有下列特點：

一、感情線過短——為人自私，不懂得愛護配偶，容易導致離婚。

二、雙重財富線且有斷裂——有過一段風光的日子，因不懂得珍惜，以事業失敗告終。

三、希望紋曲垂幼弱（生命線開端）——抱負或野心頗大，但經受不起失敗的挫折而一蹶不振。

賴女士起初任職於空運公司為部門經理，深得老板器重。二十五歲時在一次旅行途中認識了第一任丈夫，僅一個月就註冊結婚，親友為之嘩然。

她的感情線偏短，代表在感情生活上比較自私，這類人是不適宜早婚的。婚後她老是埋怨丈夫應酬多，忽略了家庭。其實她自己何嘗不是因為工作而疏忽照顧家庭和子女？偶然有一兩天她依時下班，回家見不到丈夫時就怨聲載道，實際上是她不懂得溝通與諒解。結婚六年後終於以離異告終。

三十四歲時，她也是在旅行途中結識了第二任丈夫，半年後重披婚紗，因為年紀已長、閱歷增加，夫妻相安無事。

一次，在無心插柳的情況下，她跟丈夫一班朋友合資經營速遞公司，其實幾位股東都各有自己的生意，賴女士亦是以兼職身份當主管，但「力不到不為財」，速遞公司的員工流動性大，以致工作錯失率頗高，股東們都有微言，矛頭自然指向賴女士。

賴女士是個好勝之人，乾脆全情投入，通過增股、收購等方法增加自己在公司的決策權，經過五年辛勞，夫婦倆成為大股東，業務亦告穩定上升。

不料，賴女士在這個時候結識了一名已婚男士，兩人暗渡陳倉，對方妻子亦開始懷疑，賴女士難捨難離，十分苦惱，向筆者卜問前程。

其實，這問題不在掌相學範圍而屬於道德倫理，解決方法也很簡單，只是賴女士當局者迷而已。

我對賴女士說，如果你要跟你的情夫結合，牽涉到兩個家庭、四個人，其中一個人不答應離婚，此事就告吹。問題在於你們兩對夫妻是否到了非仳離不可的地步，如果兩個家庭都沒有問題，剩下來的只是你們二人的感情，倒不如慧劍斬情絲。

我進一步指出，她的更重要問題在於雙重財富線，以流年計算，這兩三年內會因某些事件（可能是這段感情問題）招致失敗，到時難以翻身也。

第八章

島狀系列

二十一、島紋所困，感情累事

在掌相學中，島紋是破壞符號，不管出現在哪條線紋上均主破壞，島紋愈細小，破壞性愈大；不過要留意島紋出現在哪個位置，位置不同，闡釋亦異。

圖四十一的事業線出現島紋，其位置是在頭腦線之下。一般來說，這個情況主感情問題影響了其人的事業，不過還要一併觀察他的事業線、頭腦線和感情線的線狀，不能一概而論。

一些初學者老是以為：一個符號就是一個代表，希望按圖索驥就可以解決問題，這是把掌相學想得過於簡單了。

筆者試舉一個真實例子：我有一位朋友因為肺氣腫去看醫生，醫生用治療肺氣腫的藥取不到效果，便立即安排病者入院做心臟造影檢查，果然發生他的心臟三條小血管全部栓塞。在確診前，這位朋友完全沒有心臟病的表徵，做心電圖也查不出來，幸好他遇到一位經驗豐富的醫生，才可找出病源。其實，掌相學也是同一道理，所以我常常告誡弟子們一定要做綜合分析，不要輕易下結論。

(圖四十一)莫先生

圖四十一的主人莫先生，三十歲，酒店高級接待員，未婚。莫先生的事業線特點如下：

一、開端出自金星丘，全線微彎，代表其人之事業心不重。

二、末端停在感情線之下，缺乏發展事業的雄心壯志。
三、事業線在頭腦線下見島紋，主其人在青年時期因愛情而放棄事業，屬於不愛江山愛美人的類型。

再看莫先生掌上其他線紋的表現：
一、感情線全線破碎，在感情路上尋尋覓覓，可是始終找不到真愛。
二、頭腦線淺闊，具有衝動之傾向，缺乏自我克制能力。
三、雙重癡情線，既喜新歡，又難忘舊愛，自困情關而不能自拔。
四、財富線疲弱，事業上不求進取。
五、婚姻紋密集，主有多個性伴侶，此類線紋為喜愛一夜情之人所擁有。
六、擁有眾多之偏桃花線，表面上是在感情路上不愁寂寞，實際上是心靈空虛。

話說筆者與莫先生的結緣，乃是在一次應莫先生任職之酒店集團邀請，為集團員工舉辦掌相講座，莫先生自薦上台做驗證。

筆者見他唇紅齒白，皮膚細緻而骨骼微薄，眼神閃爍不定，唇厚而略帶鬆弛，是一副典型之郎君相。單從面相來看，自是桃花遍野。再看他的掌紋，筆者對他的際遇已了然於胸。

莫先生叩問前程，筆者問是否什麼事都可以講？莫先生不知筆者之功力，點頭稱是。筆者便說：「閣下鍾意女仔多過鍾意升職！」全場鬨然，掌聲雷動。

幸好莫先生不但是「玩得之人」，而且對筆者的分析佩服得五體投地。事後他向筆者承

圖四十一

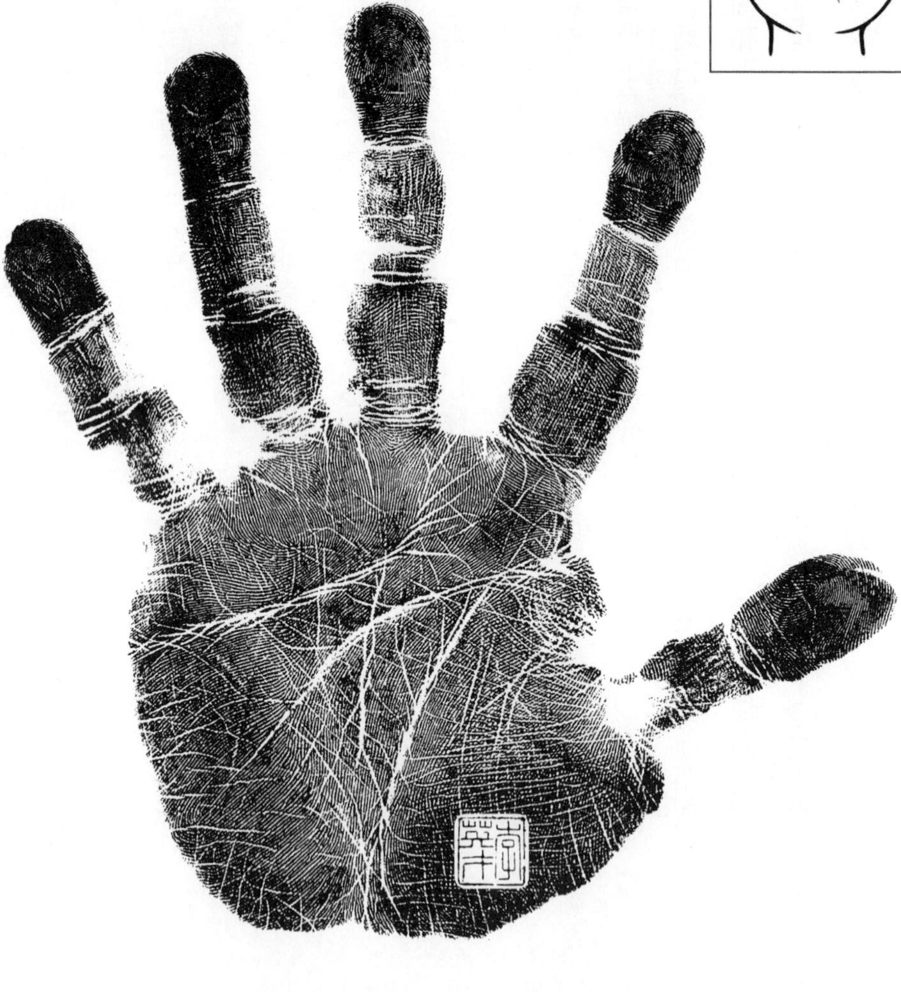

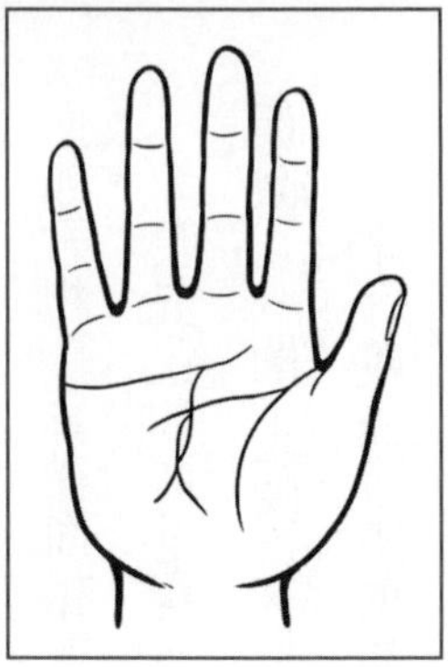

莫先生的事業線島紋位於頭腦線之下，全線彎曲。事業線之開端起自金星丘，而其末端則在感情線之下，缺乏雄心壯志發展個人事業。

認，因年輕時嚮往無根之戀，藉工作之便認識不少單身少女，只因他的外形惹人好感，輕易成為入幕之賓，不單一夜情無數，同居亦有多次。雖然工作不過不失，卻是欠缺進取動力，失去多次升職機會。

莫先生叩問今後努力方向，筆者贈以：「立志並非只在事業，而在其處事心志。」他是否真的明白？只看他自己的造化了。

(圖四十二) 蔡先生

圖四十二的掌印屬於蔡先生。他的事業線也是出現島紋，島紋同樣是位於頭腦線之下，事業線的末端同樣受阻於感情線。其基本情況與圖四十一莫先生相若，所以總的來說，其人之際遇同樣是愛情影響了事業。不過，圖四十二的其他線紋與圖四十一有很大的不同，所以圖四十二主人的際遇與莫先生又有許多不同之處。

圖四十二的掌印屬於蔡先生，三十五歲，已婚。蔡先生的事業線有以下特點：

一、前段筆直清秀，表示其人很有理想，工作認真。

二、線紋頭腦線下見島，主在二十八歲期間，要在愛情與事業之間作出抉擇而放棄事業。

三、島紋中間有橫線割裂，代表在這段期間，他的工作會遭遇冤屈或被破壞。

四、末段變得粗闊及呈現爆裂，表示他後來的際遇並不理想，以致工作態度變得吊兒郎當，反過來影響愛情生活。

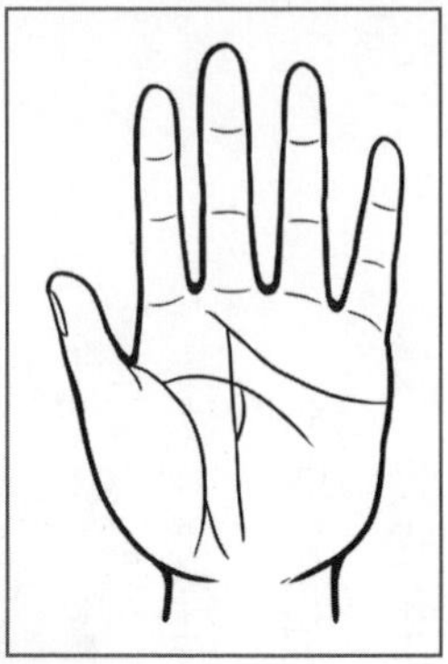

圖四十二

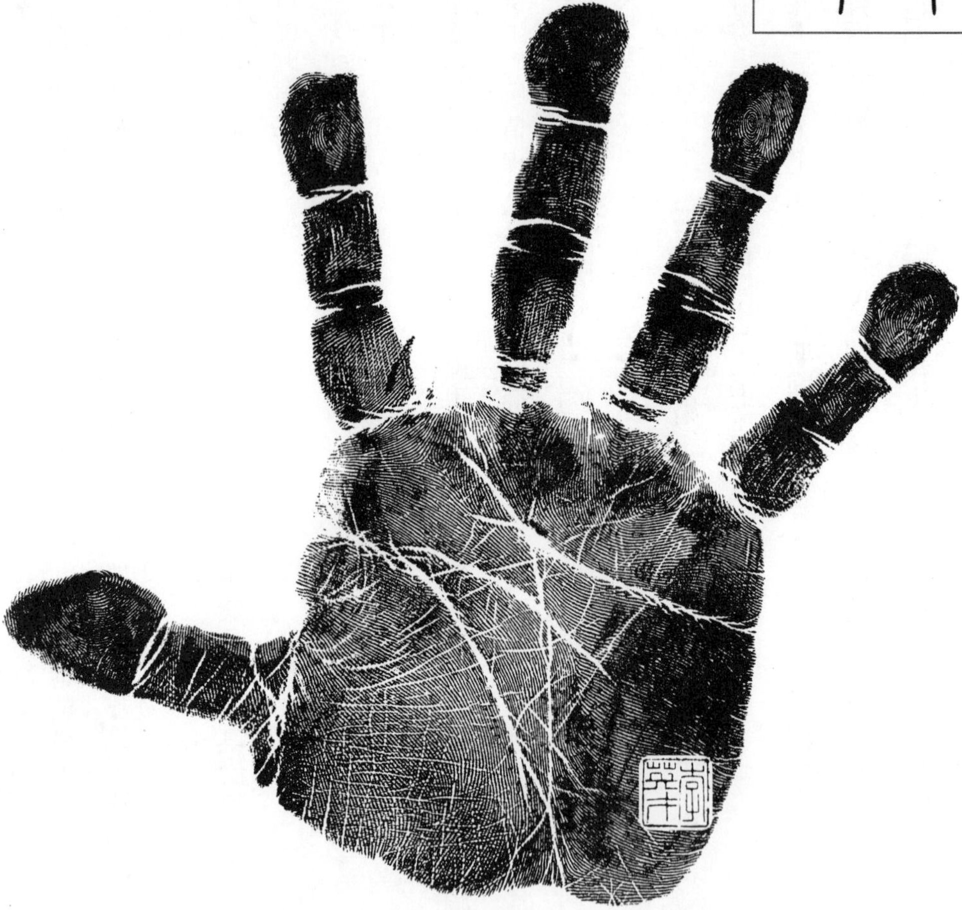

蔡先生的事業線島紋同樣出現在頭腦線之下，但是其事業線筆直有力，可惜的是它在越過頭腦線之後變成粗闊及爆裂；其島紋被橫線所傷，代表工作上曾被人冤枉、誣陷或破壞。

以上都是依據蔡先生的事業線所作的分析。但這樣並不全面，還需審視他的其他線紋才能作出準確判斷。

蔡先生掌上的其他線紋特點如下：

一、掌清（掌上線紋清而不亂），其人心胸坦蕩。

二、事業線開端微微插入生命線底部，主其人之事業發展受到家庭之左右。

三、事業線受困於感情線，始終是感情累事。

四、貴人線停留在感情線之下，主其人不願受人恩惠，寧願自己辛苦。

五、掌形寬闊皮質厚，屬於肯做肯捱之人，但是反應較慢。

蔡先生在結婚前於家具店當師傅，但是未來岳母認為工字不出頭，向他施加壓力，要他轉行始肯考慮女兒婚事。蔡先生為求娶得佳人歸，顧不得知己知彼的道理，適值當時直銷行業十分興旺，蔡先生經不起別人的慫恿，丟下巧手工藝轉行做直銷，可惜他為人戇直，既不懂得適應新環境，口才又欠佳，入息自然比不上當家具技工師傅。

筆者根據事業線流年法推斷，他事業線島紋的橫線所主的被誣陷或破壞正好應在當下，也就是三十五歲之年。蔡先生聽到筆者分析，驚訝得半晌說不出話來。

據他說，公司有一批存放過久的貨品，主管把責任推諉給他。蔡先生沒有說出詳情，他搖搖頭說，總之他是被人冤枉，此事尚在爭議之中，一言難盡。正是「家家有本難唸的經」，客人不願細說，筆者既不想亦不願詳細打聽矣。

二十二、其他線紋，影響極大

上一章提到，事業線上的島紋若為頭腦線所阻，這個情況主感情問題影響了其人的事業，不過不能一概而論。請讀者謹記「不能一概而論」的道理，因為我們還要一併審視其他線紋，說到底，事業線受三大主要線紋的影響甚大，圖四十三就是其中一例。

（圖四十三）練 Sir

圖四十三的掌印主人是練 Sir，四十五歲，高級警官。練 Sir 的事業線長得尚算不錯，除了初段出現一個大島紋之外，線紋越過頭腦線之後衝過感情線直指中指。由於該島紋頗大，加上該島紋遭到三條橫紋所破壞，可以推斷其人在三十五歲以前有一段漫長的艱辛歲月，其辛苦程度不足為外人道。幸好三條橫紋疲弱，意味着其人先後三次遭人中傷、陷害，但傷害性不大。中段及後段之事業線清秀有力，可說是先苦後甜，繼而平步青雲矣。

練 Sir 掌上的其他線紋有以下幾個特點：

一、男性而出現川字掌，不獨個性自我，而且具有好勝之特點。

二、頭腦線的開端分岔，顯示其人之物質欲很強，不會自甘淡薄。

三、木星丘出現阻力線，其人曾被削權，很可能是在一段時期被投閑置散，日子很不好過。

四、手掌骨感甚重，主辛苦命，但是屬於肯搏肯捱、處事認真之人。

五、婚姻線密集，主婚姻失敗在一次以上。

六、感情線破碎、多層重疊，主身邊出現不少同衿共枕的女子。

筆者在這裏要再一次強調，事業線只是代表其人在某一個時期的際遇，始終它是處於從屬地位。儘管練Sir的事業線出現了這麼大的一個島紋，但他永不言敗的性格支撐着他咬緊牙關，度過一段漫長的艱苦歲月。

話說在一次偶然的機會，筆者跟練Sir暢談手相學與犯罪學、心理學、生理學的關係，練Sir大感興趣，力邀筆者到家中作客，囑練太煮咖啡，有秉燭夜談之勢。忽然警署來電急召，練Sir囑太太留住筆者，於是筆者與練太作了一番詳談。

練太考驗筆者的功力，筆者指出練Sir在三十歲前歷盡辛酸，並遭小人陷害。練太突然殺出一句問話：「他可有包養其他女人？」

對於這個問題，練Sir的感情線、婚姻線如此清楚明白，連筆者的徒弟、徒孫都難不倒啦！不過筆者是這樣回答的：「知夫莫若妻，練太比我更清楚啦！」

筆者並非故弄玄虛，第一個原因是基於職業道德，不能把當事人之私穩告訴第三者，我們只能「隱惡揚善」，此是師門教誨，不能踰越的界線；第二，練Sir的掌紋告訴我，「夜雨難瞞」，練太是會知道他的情史的，所以我的「知夫莫若妻」並非託詞。

且說筆者跟練太詳細分析過練Sir的經歷之後，練太亦向筆者透露練Sir的遭遇。原來

圖四十三

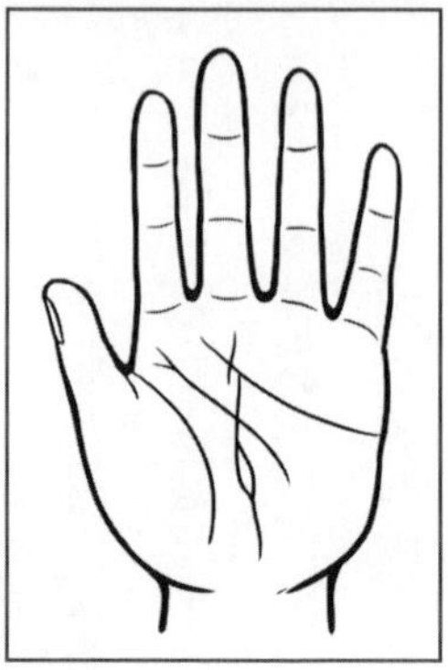

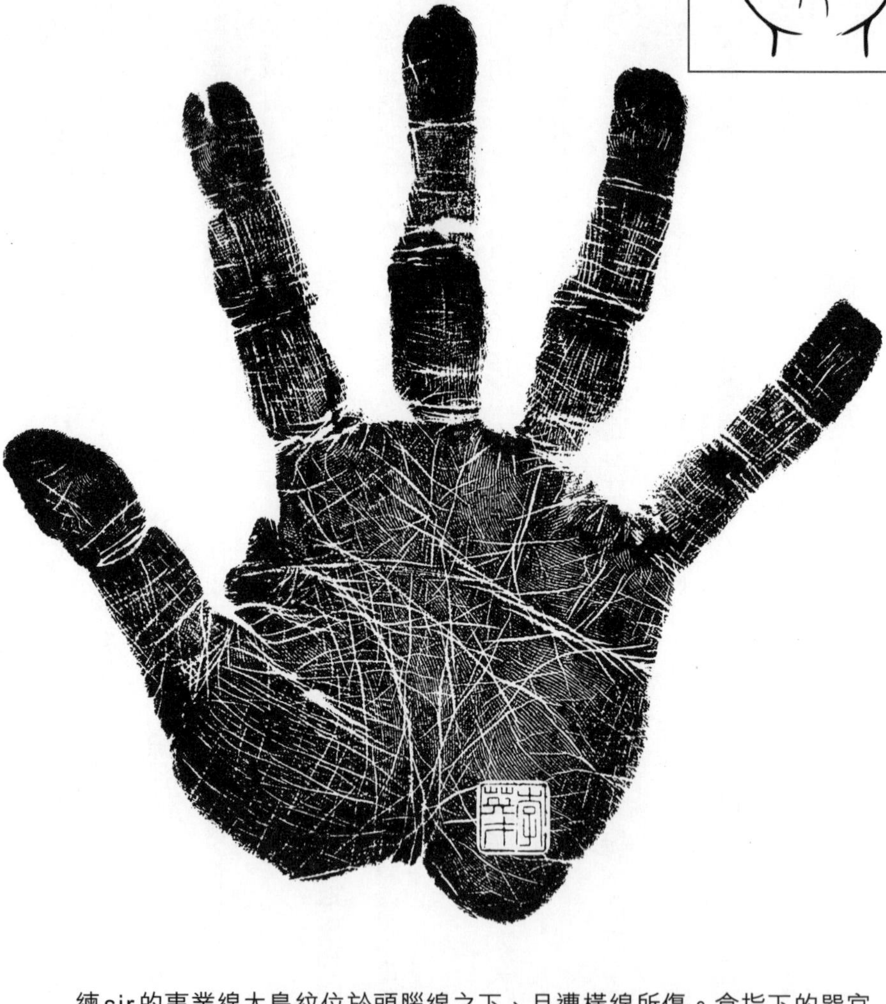

縺sir的事業線大島紋位於頭腦線之下、且遭橫線所傷。食指下的巽宮出現阻力線，主曾遭削權。財富線深刻，主有名有利。感情線顯現外遇線，同衿共枕的異性甚多。

練Sir在二十八歲尚是一名普通督察時，因為上司涉嫌貪污被查，練Sir亦在查處之列，本來是屬於一般的查問，無奈他當時金屋藏嬌，廉政公署認為他有開支與收入不相稱之嫌，對他進行了一年多調查後，練Sir始得脫罪。

第二次遭到誣陷是與爭取升職有關，練太沒有說出詳情，但是練Sir之所以招人話柄，是他當時與一名Ball場女子有同居關係。經過兩次打擊之後，他就不敢再搞婚外情了。本來這些不正常的關係對他的升遷的確有影響，但練Sir在工作上一直奮發圖強，所以得到上司的重用和同事的讚譽。

對於練Sir的婚外行為，其實練太是相當清楚的，她說：「如果跟他吵只會家嘈屋閉。唉！男人只要他在適當時候懂得回家便算了！」

我稱讚練太看得開，因為當妻子知道丈夫有婚外情時，除非要跟他攤牌，否則吵起來只會在夫妻關係上留下難以癒合的傷痕。

原來練太長有一條優良的感情線，用情真摯，練Sir雖然一再遭到誣陷，但是在妻子的諒解下得到翻身，實在難能可貴。

(圖四十四) 林先生

圖四十四的掌印主人是林先生，三十一歲，補習導師。林先生的事業線有以下特點：

一、線紋上同樣出現一個大島紋，但是此島插入金星丘內，這個特徵為它的主人在一段期

圖四十四

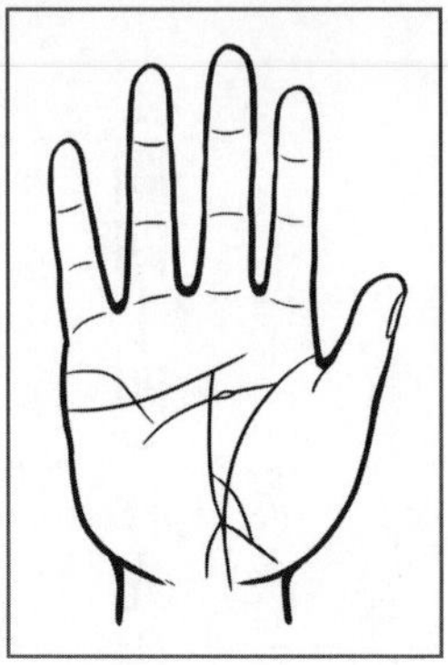

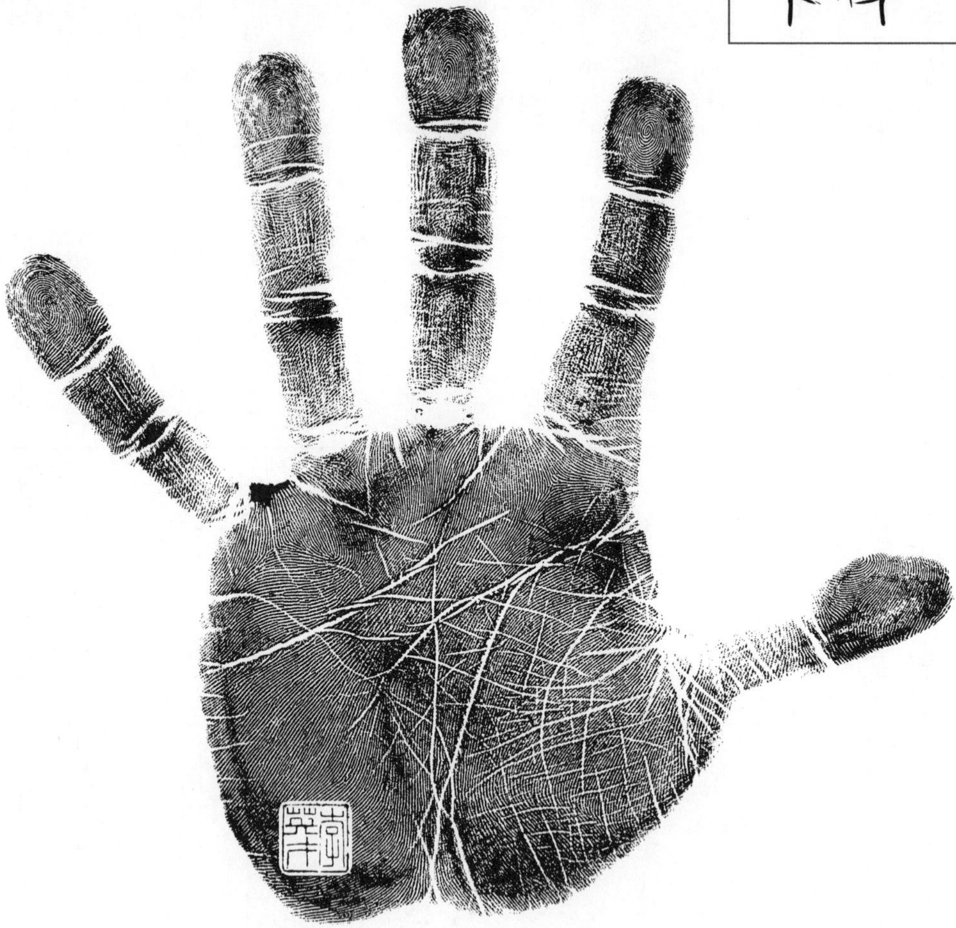

林先生的事業線大島紋插入金星丘內，金星丘上又出現癡情線，代表其人對感情的迷戀極深。事業線雖清晰有力，可惜中指兩側出現漏財線。

間內帶來很大的痲煩，因為金星丘代表性與愛。本來事業線出現大島是表示其人在某段時間沉迷於感情之中，或者為他人打算而忘記了自身的職責，以致事業停滯不前。但是島紋插入金星丘之內，則表示其人在年青時愛上一位不應愛之異性，癡戀且有性行為，同樣是置事業於不顧。

二、事業線停留在感情線之下，主情感太重及不適應新環境。

林先生的掌相還有下列特點：

一、掌薄，主不懂得爭取自己應得的利益。

二、頭腦線有島，主偏激及盲目投入，欠缺中庸之道。

三、無名指下的感情線位置有一雜線打橫插入，主有一段感情因第三者介入而告吹。

四、手掌皮質厚、掌硬，主個性倔強，勞碌命，待人處事欠缺圓滑。

林先生在大學畢業後就當上補習導師。二十三歲時，他戀上一名歌星，二人共賦同居。不料歌星被一名黑社會主持人看中，橫刀奪愛。林先生在二十五至二十八歲這段期間渾渾噩噩地過日子，過了一段時期，他才慢慢清醒過來。

二十三、萬中無一的相同線狀

許多時候，筆者在課堂上都會遇到學員突然間提出同一問題：「師傅！這兩條掌紋模樣相同，他們二人的際遇是否一樣呢？」不過，毋須筆者答覆，自然有其他學員作答：「當然不同！因為其他線紋不同啊！」

大致來說，我的學員可以分為三大類：第一類是「誠惶誠恐」，他們把我的說話照單全收，這類型大多出現在初級班。第二類學員懂得懷疑，並開始作綜合分析，他們知道線紋相互影響的作用，上述的問題就是由這類學員提出的。第三類是資深學員，他們研究的是如何獨立飛翔了。

本章所載的兩副掌印曾經在課堂上引起過一些議論。這兩副掌印的相同之處是：

一、兩者的事業線島紋都是被困在頭腦線之中，而且都呈狹長形。

二、兩副掌印的事業線形態大致相同——整條事業線都呈現叢毛狀，只是兩者的走勢略有不同而已。

當時學員們的主流意見都認為：兩個人在事業和工作方面都有相同的素質，即是說，兩個人的處事手法大同小異。有些學員還舉出，甚至兩個人的頭腦線的走勢亦近似，所以他們都認為，這兩個人的個性與際遇相似，他們的得失也類同。

凡事業線出現島紋而困在頭腦線中間者，代表其人因為一時之愚昧而作出錯誤之決定，招致事業失敗或財產損失。事業線出現叢毛狀為吃力不討好的符號，兩種不良好的符號結合在一起，除了具有上述特徵之外，還引申到工作上是非多多、煩惱多多。

(圖四十五) 劉先生

圖四十五的掌印屬於劉先生，三十八歲，拖車司機。劉先生是筆者的相學課堂學員，是一位玄學迷，他未跟隨筆者學習之前，曾跟過好多位師傅。早年，他醉心星象學，後來兼研水晶靈氣，發展到沉迷而不能自拔。

據他自己所述，他曾經跟隨一位所謂星象學風水師，對方「指點」他如何利用法器以吸引星精，所謂：「真人出世，星精下斗」也。

後來他又聽信另一位師傅的說法，以為水晶的靈氣更驗，於是到處搜尋各種形態的水晶來吸引星精，祈求使自己成為一個出類拔萃的人物。有一次，有一批奇形怪狀的水晶，對方索價二十萬元，劉先生竟把樓宇按揭套現購入。結果，星精吸引不到，他自己卻負下一屁股債，連同居多年的女友亦棄他而去。

劉先生表示，他研習玄學十多年，追隨的師傅不下十多位，星象、風水、紫薇斗數、八字、梅花心易以至西洋占卜都涉獵過，許多時候更是數種術數同時鑽研，而心底裏卻又被另一門玄學所吸引，這段時間花掉的金錢數以十萬元計。

筆者聽了只能大搖其頭，並贈他一句說話：「逐兩兔者，不得一兔。」意思是，劉先生醉

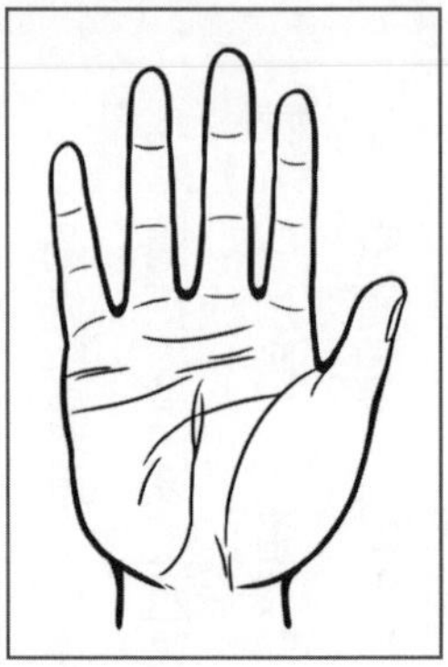

圖四十五

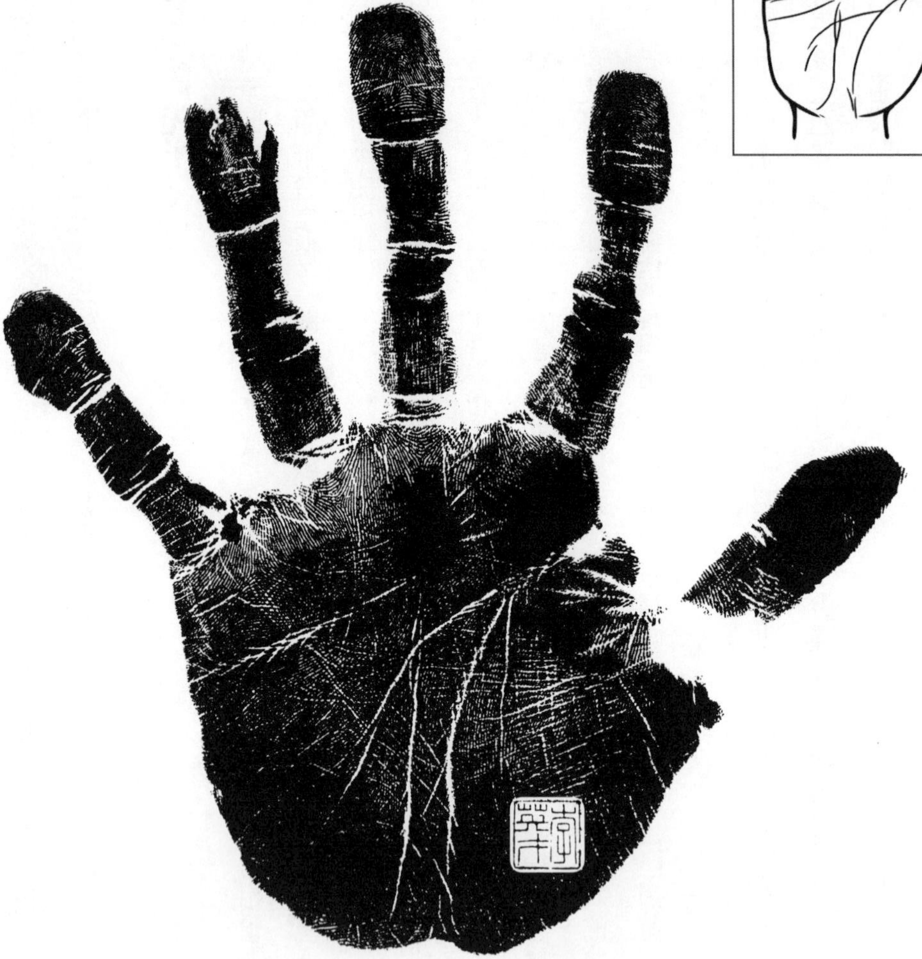

劉先生的事業線上出現長方形島紋，被困在頭腦線中，整條事業線出現毛狀。火星線尾脆弱，感情線全線疲弱破爛，可知其人有非常傷心的經歷。

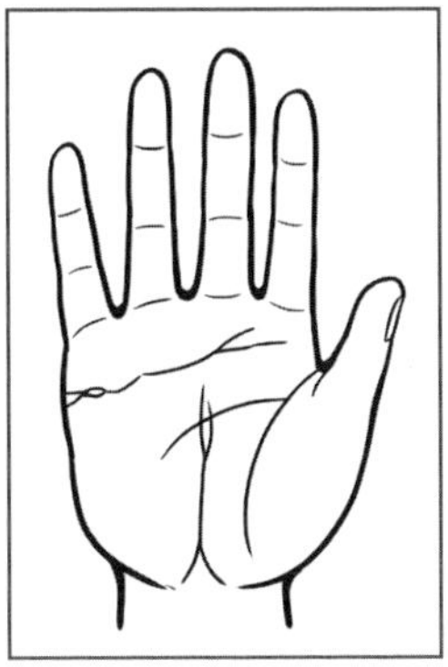

圖四十六

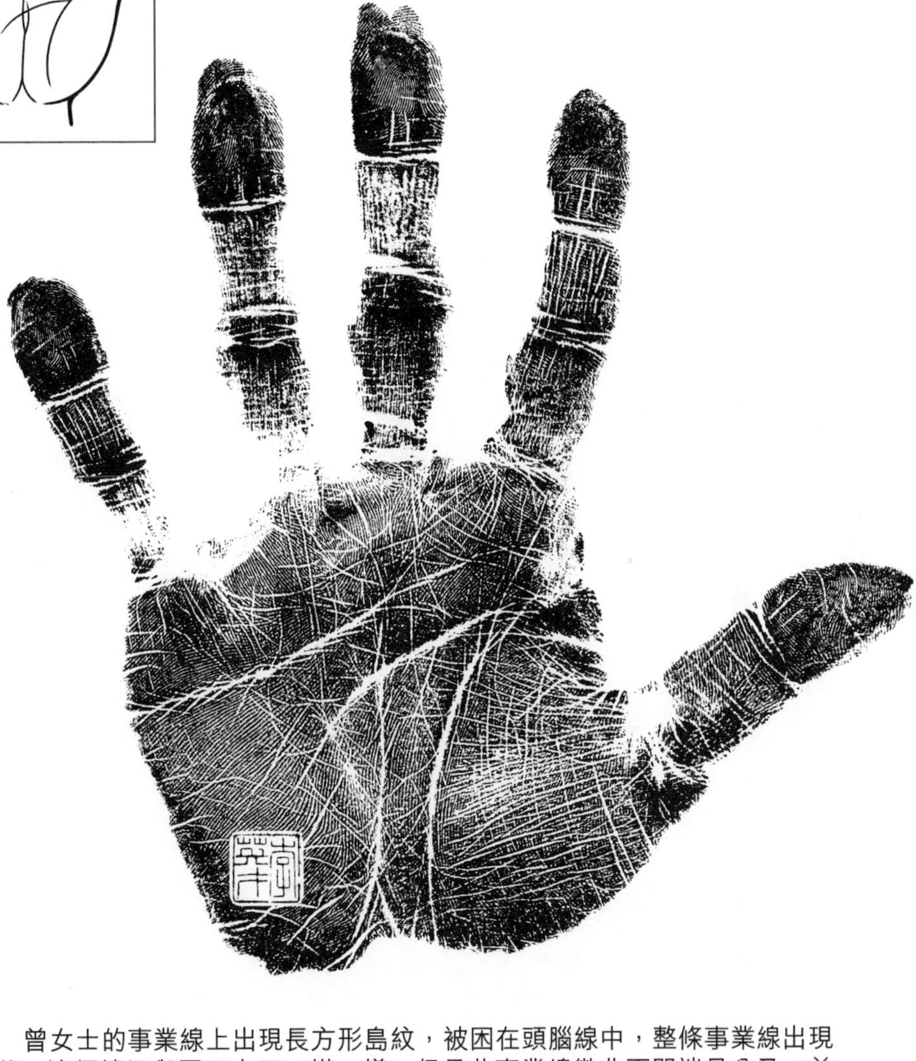

曾女士的事業線上出現長方形島紋，被困在頭腦線中，整條事業線出現毛狀。這個情況與圖四十五一模一樣。但是此事業線微曲而開端見分叉，並且叢生許多分叉，主其人太多責任在身。掌濁主心事太多。過重的俠義線，主幫朋友令自己受到損失。

心玄學，但是習藝不專注，結果是無法集中，不能確定自己的路向。

這個事例說明另一個問題，事業線不單是掌管事業、工作，同時也包括其人的學術研究。像劉先生那樣，他習玄學雖是業餘愛好，但是亦應視作學術鑽研。

劉先生的金星線尾部脆弱，這是一個敢於反叛的人（但是不能持續），這條線紋與他的事業線特徵結合在一起，於是他的反主流行動是追尋吸引星精這種驗證率極低的玄學，加上心思多多，花費巨款卻是一事無成。

(圖四十六) 曾女士

圖四十六的掌印屬於曾女士，四十三歲，職業是夜冷買手。我是在給劉先生同班學員講課時想起有類似的島狀紋，課後細心尋找資料，果然給我翻出這副掌紋，然後在下一課提供給學員們參考。

曾女士是筆者課堂中的嘉賓，當日授課內容是掌形與面相的配合。曾女士是女生男掌，掌形粗獷，屬於辛苦命。她的面相骨多肉少，顴大骨重聲粗，即使不懂得掌相學的人，單憑在社會上的閱人經驗，也能看出她是一位肯搏肯捱之人。

論到曾女士的運程，因為她的事業線開端分叉，主早年辛酸、受盡歧視，刺激了她的奮鬥心。可惜鼻扁無氣，配合其掌型是屬於幫夫幫到盡之人，但是這類人卻得不到丈夫的愛情反饋。再講到她的事業線島紋，配合其掌上太重的俠義線，筆者推斷她的財產一再遭受損失，有些是因買賣上判斷錯誤造成，有些是為朋友赴湯蹈火（掌上太多俠義線）以致蒙受金錢損失。

說到這裏，曾女士說：「師傅講的一切都準確。」於是曾女士便道出夜冷生意「吃餅仔」的故事。

原來拍賣行業有個不明文規矩，如果沒有生面人參與出價的話，他們這班熟人出到一定的價錢就會停止叫價。事後，他們這班人另擇地點把剛才投得的物品重新開投，其中的差價就由他們按比例分配，這做法叫做「吃餅仔」。

曾女士表示，有一次她吃不到「餅仔」，還要捱義氣硬要了一批死貨，損失了十多萬元。不過她不肯說出詳情，顯見此人確是「義氣仔女」。

且說筆者把這兩幅掌印提供給學員們分析他們的事業線部分，並且進一步指出，這兩副掌印的許多地方相類似。我們只能說，這兩個人都有相近的性格和遭遇，但是不能一概而論認為兩者在事業上所遭到的挫折也是一樣的。

第九章

無事業線系列

無事業線之詮釋

不少人以為具有事業線就代表了有事業，事業線良好就是該人的事業興旺發達。有關這個問題，筆者在第一章「事業線總論」中已有闡述，現在作進一步解釋。其實，要判斷一個人的事業特質，可從八個方面進行分析：

一、掌型的分類

在西洋掌相學中，方形掌、篦形掌和原始掌這三類多數是沒有事業線的。筆者細心地觀察過，通常掌形方、闊、大、硬者，大多沒有事業線；相反，掌形長、窄、厚、軟者都具有事業線，後四類掌形亦即是西洋掌相學中之精神掌、圓錐掌、哲學掌和複雜掌。

從研究手相學的角度來說，西方學說比中國的五行八卦學說簡單得多，不過西洋學說亦有一定的道理，中西可以互為補充。

比如說，長形的哲學掌型如果具有良好的事業線，其人的成就必是在鑽研學問中得到發展；如果摒棄其智慧與藝術的才華，或者因為要子承父業迫令其棄藝從商，他的成就將會大為失色，這是一般的道理。但是這個人的選擇不一定是絕對的錯誤，判斷關鍵就要審視其人之頭腦線了。

二、頭腦線之形態

優良的頭腦線有以下特點：紋理清秀、深刻鮮明、色澤粉紅、長度適中尤以弧度略彎垂而有力、並無破壞符號在內。

具有這樣的頭腦線者，順境時能揚馬加鞭、逆境時處變不驚。須知世間事業有成之人，都有極高之智慧及應變能力。

如果只有一條深刻而完整的事業線，但是欠缺優秀的頭腦線的話，代表其人一生之中只能忠心不二，甚至是抱殘守缺地安分工作。這類人敬業樂業，當然值得我們尊重，只是在這競爭激烈的社會裏，這類人的成功機會比其他人低。

換句話說，觀察自己掌中頭腦線的好壞，配合個人掌型之特質，便可清楚知道自己有否入錯行了。

三、拇指的秘密

在手相學中，五隻手指的形態代表以下不同的意義：

(1) 尾指代表晚運及子女、口才。

(2) 無名指代表配偶、藝術及中晚運之交接。

(3) 中指代表中心信仰、思想、自我性及中年運之變化。

(4) 食指代表朋友、權力及衣食，亦是少年運之指標。

(5) 拇指則含有主宰性、決定性的特質；它是童年運之代表，還有意志的強弱、潛能的多寡、聰明才智的級數，均在拇指上表現出來。拇指不僅在手相學上，而且在生活運用中均是「群龍之首」，欠缺了拇指，其餘四指就不很得力。

一個意志堅定而極具才華之人，何須把自己的發展限制在某一個範疇？這個特性也在他的掌紋中顯現出來，所以這類人是沒有事業線的。

四、財富線之形態結構

常言道：「有功有勞上等人，有勞無功下等人。」功者功績也，財富也；勞者勞動也，勤勞也。香港首富李嘉誠何嘗不是天天上班？所以若有事業線而沒有財富線，勞而無功也。與此相反，掌上沒有事業線但是有一條清秀深刻的財富線，只要配上不太差的頭腦線或掌型，都可以有不錯的成就。

五、掌型骨骼之骨質分類

古籍有云：「貴人骨節細圓長，骨上無筋肉又香，君骨與臣相應輔，不愁無位食天倉。」這句話的意思是，手掌骨質若見細巧、渾圓而長度恰當，當可位極人臣，香港特區前財政司司長梁錦松（二〇〇一年就任，二〇〇三年辭任）正符合這類掌骨之要求。

若是手掌的骨骼粗、硬、尖、扁、薄、削、露，縱使事業線深刻，亦打了很大的折扣。

在筆者的相學生涯之中，遇上的貴格手骨並不多。從比例上來看，具此形格者以商界和金融界居多，在娛樂圈偏低。由此可見，香港所謂「發三師」（律師、醫師、會計師）已成過去，今後將以商界和金融界為主導。

六、手掌肌肉是否柔軟及豐厚

書云：「掌軟如綿，家財萬千」，若是男性更富不可言。因掌之肉質意味着福祿之多寡，哪有掌肉厚軟之人當上苦力或乞丐？

筆者自一九八四年開始全職教授手相學至今，眼見少年貧之學員不斷奮鬥，在風雲際會間登上千萬富翁之列，當日課室內之預言一一實現。所以我經常說，手相學是經得起時間的考驗的，尤以長時間追踪着統計更見真章。

手掌柔軟而豐厚多是八方貴人局，善於利用機會及解決困難。這類人大多沒有事業線，部分更沒有財富線，但他們都取得成功。

記得恩師早年教誨說，判斷一個人之成就及命運，離不開三大因素：才智、個性與健康，若三者均屬上等，縱使少年貧困，亦不過是「天將降大任於斯人也」之鍛煉。

筆者半生論掌，從實踐中反覆得到驗證，深獲教益。另一方面，筆者亦從中反證到另一個道理，所以在面對掌硬而薄者，筆者從來不會向此人斷言：「你一生不會發達。」而總是苦口婆心地忠告他：不可過分主觀，多些聽取他人意見，自必有所收成。雖然這類人真正能聽取忠言者百中無一，但是筆者從不放棄規諫，目的是治病救人。

七、手指柔潤帶軟，指頭清秀略尖者

這類指形就是所謂十指纖纖，命好福厚，不論男女均是富貴之格，一生財帛有如春草，不種自然可生，此等手相格局萬中無一。這類人不一定有事業線，他們大多是子承父業或是機緣巧合地晉身富豪之列的。

八、玄機盡在氣色中

氣色是中國相學之上乘工夫，玄妙無窮而準確率奇高。筆者每年在新春期間的一個月之內總是忙得不可開交，顧客們都是趕在這段時間詢問未來一年的運程。

筆者向學員教授氣色是傾囊傳授，從不保留。但是這門學問在於一個「悟」字與一個「勤」字，門下弟子得能繼承衣缽者實無幾人。

色分十四類，掌有四層分界。

有些人得天獨厚，掌內長期呈現硃砂粉紅，色澤鮮明剔透，俗語所謂「硃砂掌」是也。此等掌色不受寒暑冷熱所限，屬於有大財之格。筆者閱人盈千上萬，真正看過此種掌色者寥寥可數。此種掌色有三大優點：掌大權、握巨富、擁盛名，但未必是富貴家庭出身。「侯王將相寧有種乎？」此語非虛。許多習藝者未能掌握掌中之色層，每每把掌中通紅的死色判為硃砂掌，實誤。

從掌上氣色如何預卜一年之禍福休咎、富貴財運？不是筆者故弄玄虛，氣色這門學問只能依據實例指導，紙上談兵只會誤導讀者，在這裏只能表過不提。

以上八點說明，事業線無非是一生運程之啟示及紀錄，所以無事業線者一樣會成功，不過亦有失敗者，下面為大家詳細介紹。

二十四、無事業線，兩個極端

(圖四十七) 黃先生

圖四十七的掌印屬於一位巨富黃先生，五十四歲，擁有三間上市公司。黃先生的掌相有下列特點：

一、指節渾圓帶潤，掌軟如綿，指頭清秀脫俗，主善於理財、運籌帷幄，能把握時機。

二、掌形方厚端正，骨肉均勻適中，膚質幼滑柔軟，屬八方貴人局。此類人廣結善緣，長袖善舞，體貼下屬，不擺架子。

三、頭腦線清秀，長度標準，其人具有自制力；線尾指向水星丘，天生是做生意之人才，愛創新但能接受別人意見。

四、食指指節之三約紋具雙線，自小有領袖才華。此類人知人善用，具呼聚喝散之威望。

五、感情線清秀，感情專一而安定，忠心帶慈愛。惜三十四歲之位見裂縫，有喪妻之痛，能事隔多年仍揮之不去，可見其用情之專。

事緣筆者自一九九六年開始在報章撰稿，為讀者預測一年運程，黃先生從報章上認識了筆者。一九九九年發生了一件令黃先生十分頭痛之轇轕，他為此造訪筆者。

原來黃先生在中國北方某地與地方政府合作投資房地產，他的原意是幫助當地市民改善

圖四十七

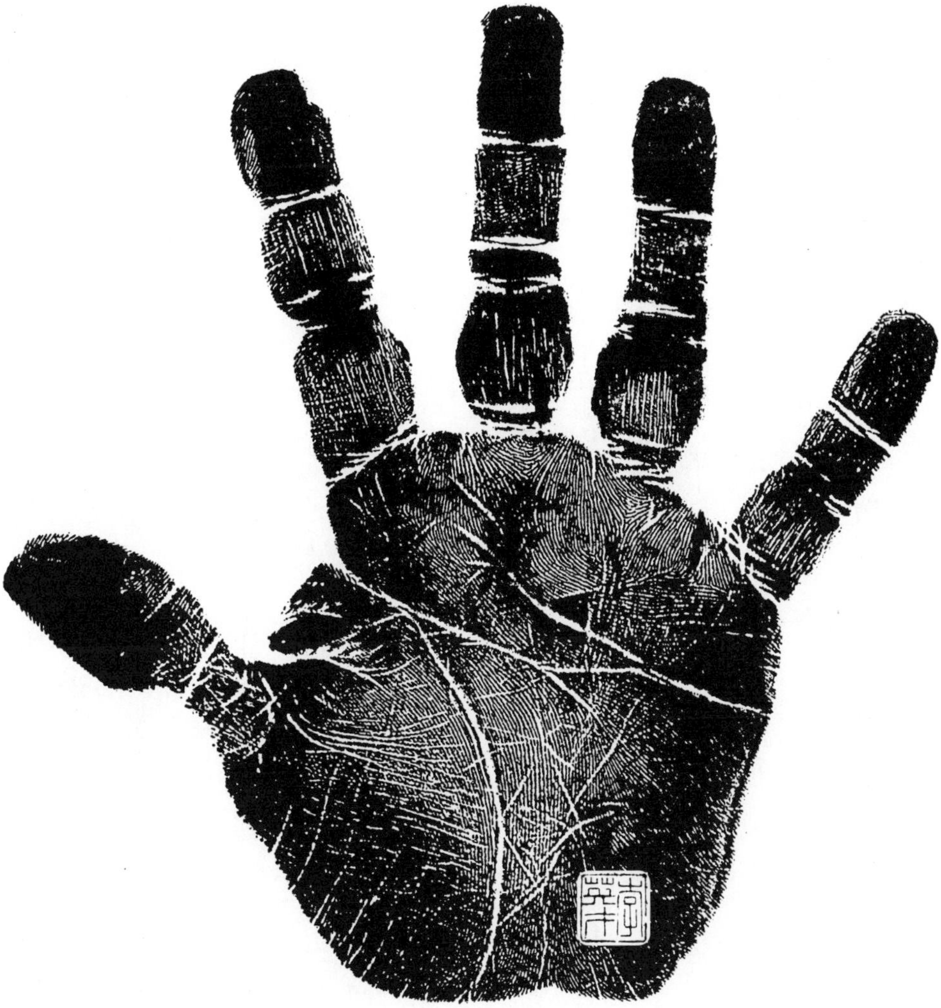

黃先生掌方端正，骨肉均匀，膚質幼滑，屬貴人之局。頭腦線優良適中，更有支線指向水星丘，主商機無限。

居住環境，並無攫取巨利之意。不料地方政府視外資為可供魚肉的對象，他們不依照合約投放資金，只是把黃先生撥付的資金興建了半數樓宇，然後把建成的大部分樓房分配給拆遷戶搬了進去，建築工程就停了下來。黃先生只獲得幾幢房子，如果依此計算，黃先生要虧損好幾百萬元。

此事在情、在理、在法，都錯在對方。省府雖然派人作調解，但是地方政府強調「群眾利益，地方困難」，硬是不肯按照合約辦事。黃先生就是為了這件事到來請教。

黃先生踏進我的辦公室時，他的言談舉止加上掌上氣色已經告訴我有關他的一切。於是我就對這位素昧生平但平易近人的巨富笑說：「閣下已經有了決定，此次無非是送封利是來結交我這個朋友而已。」

在一片笑聲中，筆者揭開了黃先生的心事。我指出，幾百萬元的損失在他來說是小事，不過他準備再花錢、花時間去打官司，不在乎討回公道，而在乎教訓這批顢頇無能的官吏，為的是幫助國家鞏固法治精神。這種從大處着眼正是這類人的特點。

黃先生對我這些敢言的說話甚表佩服，不過有一件事他更感意外，就是我說他有斷弦之痛，但是三年內必然再奏《鳳和鳴》。黃先生表示，愛妻去世已有二十年，子女亦已大學畢業，家庭責任已了，對感情之事早已心如止水。

且說二〇〇一年初，筆者在報上讀到黃先生續弦的消息。筆者的推斷是根據黃先生的感情線尾衍生一條奇紋，主晚遇姻緣。

圖四十八

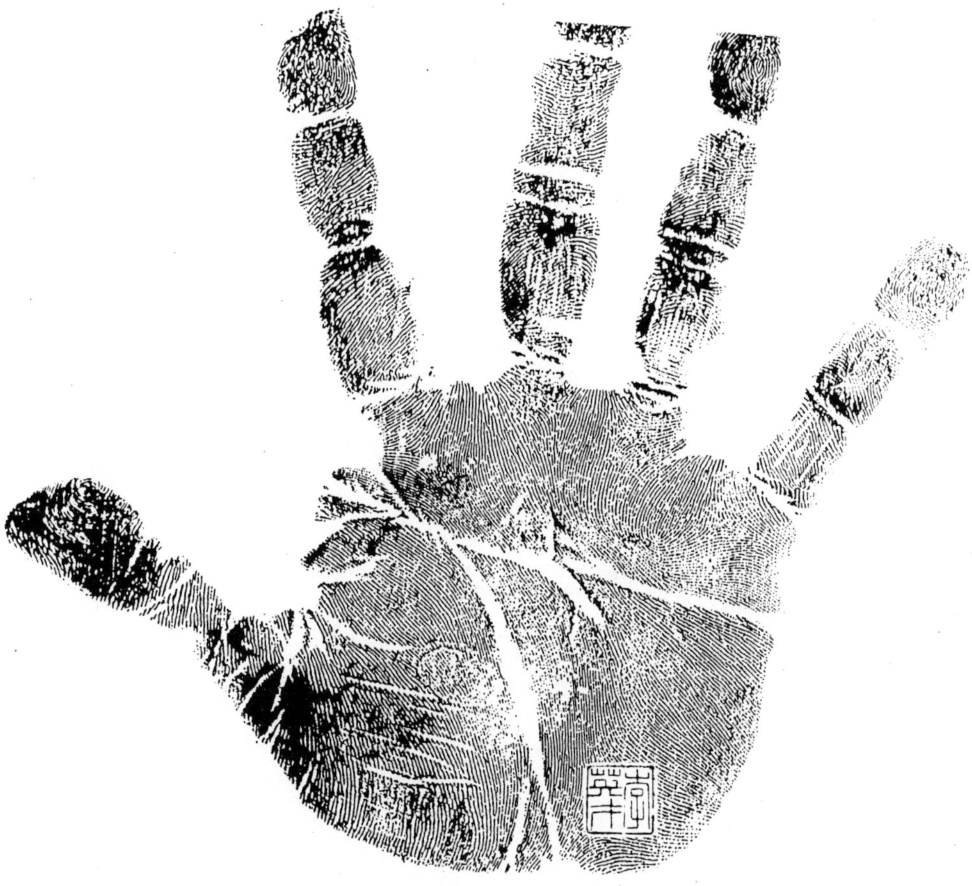

劉先生的掌中同樣沒有事業線，但是此掌骨粗皮硬，幾條掌紋均呈爆裂，頭腦線和感情線均短闊，主其人自私、粗獷、寡情、重色慾。這與圖四十七黃先生有天壤之別。

（圖四十八）劉先生

圖四十八的掌印屬於劉先生，三十九歲，地盤工人。劉先生掌上同樣沒有事業線，但其特點與圖四十七黃先生卻有天壤之別。

劉先生的掌相有下列特點：

一、掌紋簡單，除三條主線外，雜線亦不多。惜明堂狹窄，主為人小氣、固執、主觀、無大志、欠遠見。若能專注於一個行業亦可保其衣食。

二、線紋爆裂粗闊，脾氣急躁、欠缺自制力而有暴力傾向，又欠缺朋友。

三、欠婚姻線，不願成家立室。但其金星丘過大，主性慾強，此人只愛留戀煙花之地。

四、掌硬、骨粗、皮厚，屬體力勞動型。

五、俠義線深刻而斷裂，主為幫助別人而惹禍，又好大喜功。

六、感情線短闊而停留在土星丘之下，性格自私、重色慾、少情義，有侵犯異性之衝動。頭腦線更形短闊，有可能因慾念而犯事。

以上各點已把劉先生的性格特點講得一清二楚，不必細述他的經歷了。唯一可以補充的是，筆者面對他時，當然對他勸勉有加，可是他能否聽得入耳是另一回事。

由此可見，沒有事業線的際遇、運程可呈兩個極端。

二十五、骨質厚薄，判若雲泥

(圖四十九) 蘇先生

圖四十九的掌印主人是蘇先生，某大公司的行政總監。蘇先生的掌相有下列特點：

一、骨節細長有肉，柔軟而寬大渾圓，主才智高，尤其是財權得力。

二、紋理分明，雖略欠秀氣，處事稍帶緊張，但仍不失為難得之才。

三、掌形呈方且大，此類人為勤奮之士，永不言休。

四、健康線斷裂，主因工作過勞引致腸胃不適（事後獲悉為肝膽有毛病）。

五、感情線完整，夫妻恩愛，事業上得到妻子或家人之助力。

六、生命線開叉，主脊椎骨錯位或偏歪，間中出現腰痛問題。

從上面的第一至第三點來看，蘇先生的手掌骨骼優秀，而第二、第三點則反映出其人的優良品格。他的掌上沒有事業線，但是在事業上卻是相當成功。

筆者跟蘇先生第一次見面時，只見他衣著普通，但是與他一握手便知此人非富即貴，如果是年青人具此手質，筆者當會說「此子非池中物」，不過蘇先生年已半百，且其目光內斂，臉起重城，額見貴人骨插天倉，當已是事業有成之人物。蘇先生的最大困擾是積勞成疾，腰痛發作時相當痛苦，而且肝膽出現問題。這些都是香港人經常遇到的情況：為了拚命掙錢而損害健康，又為了保持健康而不惜花費巨資。

圖四十九

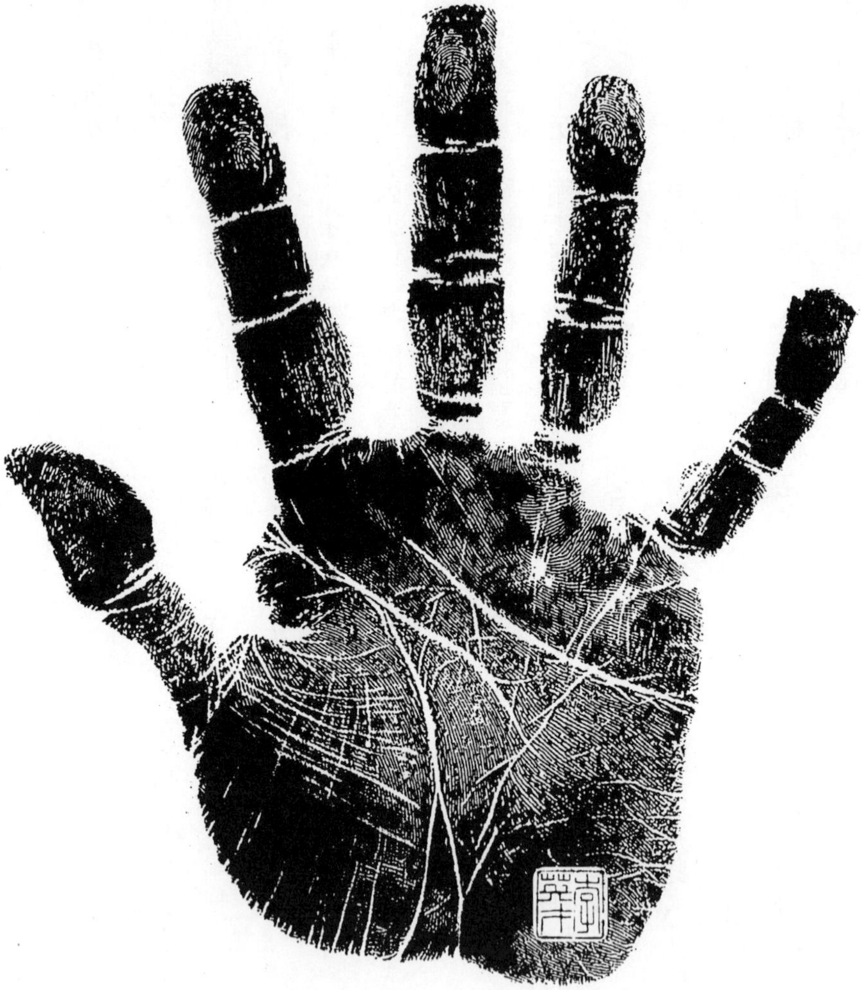

蘇先生的手掌骨節細長有力，掌方而大，掌紋清楚有勁度，這些都是他掌印的優點。

圖五十

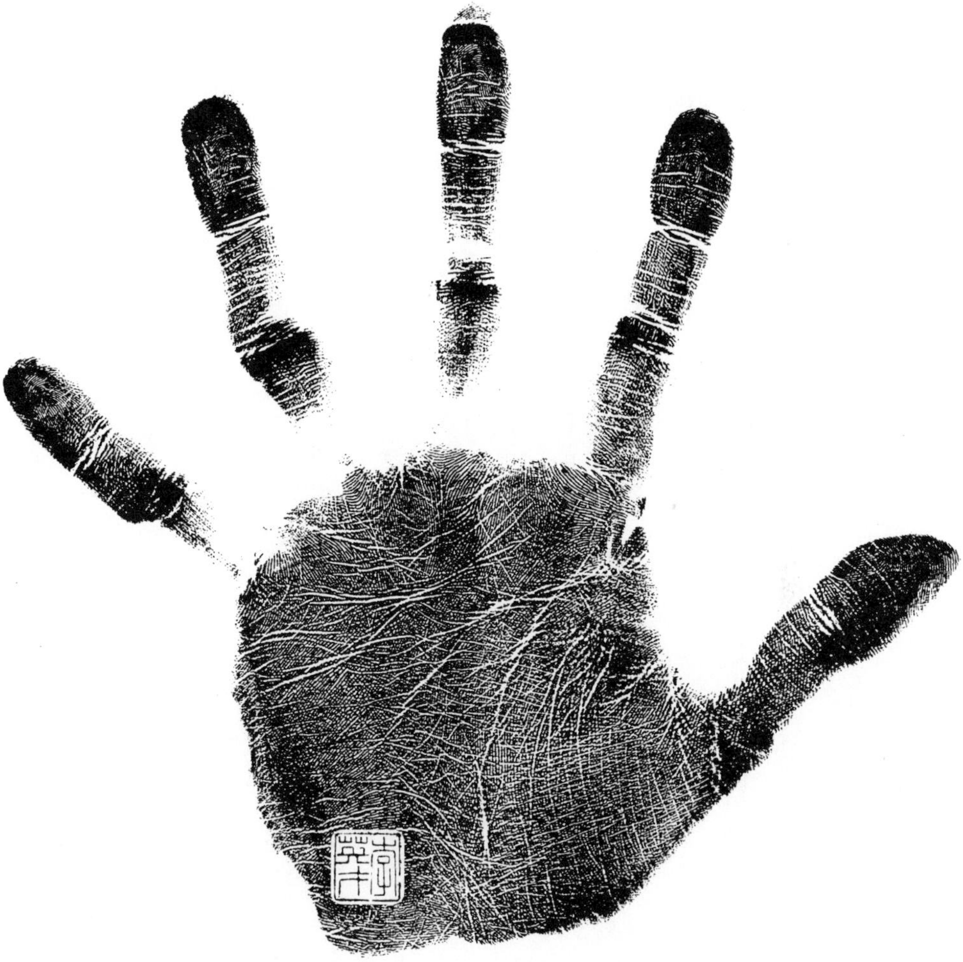

鄭先生的手掌骨骼扁削露骨，掌薄皮質粗糙。幸金星丘底部厚實，若能依循做人之宗旨，晚年衣食豐足。

（圖五十）鄭先生

圖五十的掌印主人是鄭先生，二十九歲，未婚。這是筆者有意識地把兩副不同形格的掌印放在一起，以供讀者們比較鑑別。

圖五十的明顯特點是：手掌骨骼扁削露骨、皮質粗糙。這是其人與生俱來的弱點，加上其掌紋透露出來的信息，可以判斷出不快樂的童年造成其人偏激、反叛的性格，他的整個青少年時期都是生活在痛苦和挫折之中。

他的遭遇完全可以寫出一部中篇小說。不過我們這裏只能是就掌論掌，重點討論他的掌紋的特點：

一、全掌紋理薄弱，其人有點神經質，且不易相信別人，因此朋友不多。

二、橫線密佈掌上，主處事消極，有自殺傾向。

三、頭腦線斷裂而且呈大雲片狀，主仇恨心重、小器，反映出童年生活不快樂。

四、感情線的開端疲弱，童年欠缺父母的照顧，自小孤獨。

五、感情線線紋的質地卻是異常清秀，主情深義重，可是欠缺一條優秀的頭腦線率領，所以其人不懂得表達出心中的意願或者是使用不恰當的表達方式，以致為情自殺。

六、拇指尖細，自信不足、意志力薄弱。

鄭先生的母親出身於中產家庭，父母奉子成婚，他的外祖父是個守舊的人，在去世時留下一筆遺產，指定按月撥付豐裕的生活費供養至鄭先生成年，條件是其父母不得離婚。其父母為了這筆生活費，雖然早已各有新歡，卻是沒有離異，而鄭先生從懂事時起就欠缺了家庭溫暖，他自己亦長期生活在極度情緒化之中。

總括一句來說，鄭先生是「先天不足」（手掌骨骼薄是與生俱來），加上「後天失調」（不愉快的青少年生活），交織成他的偏激的性格與人生觀。上一輩的感情問題連累下一代，筆者在這裏只能慨嘆造物弄人。

不過，鄭先生的金星丘底部厚實，四十歲後會漸見佳境，問題在於他自己能否堅持正確做人的態度而已。

另外，這類人如果有一條深刻的事業線的話，他還會因為專心工作而減卻不必要的煩惱。可惜鄭先生沒有事業線。從這一點來說，有時有事業線倒會有一些好處。所以，鄭先生這類人的未來，仍是一個未知數。

二十六、真假斷掌，際遇不同

現在要談的是具有斷掌掌紋而沒有事業線者之特點。

斷掌分為兩大類：真斷掌和假斷掌，下轄十八種不同形態。具有斷掌掌紋而沒有事業線的人，說到底，他們的事業就要受到斷掌的特質所左右。

在掌相、面相學中，先賢流傳下來的教導總是講到命運。但是我在課堂上面對莘莘學員時，會告訴他們命運並非上天安排，而是其人與生俱來的性格使然。某人具有某種性格，這種性格左右了他的待人處世之道，因而產生了某種結果，這種結果就被視為命運。所以命運其實就是其人的性格產生的結果。這是本門對命運的詮釋，也是本門研究掌、面相的深層意義。

那麼，具有斷掌掌紋的人的性格是怎樣的呢？簡單來說是八個字：愛恨分明，鬥志沖天；不過，真斷掌與假斷掌又有所分別。

對於斷掌的闡釋，讓筆者在這裏簡單交代一下。

(圖五十一)劉先生

圖五十一掌印的主人是劉先生，三十三歲。他的掌紋屬於假斷掌，凡頭腦線生長得短且直，途中與感情線交接就是假斷掌。匆匆一瞥，此掌似是一條線紋橫貫掌中，留心一看，其實是兩條主紋相互交接。

假斷掌的特點如下：

一、主觀強，我行我素，不過是口硬心軟，經不起別人苦苦哀求，會突然改變主意。

二、思考力及反應較為遲緩，或者可謂之欠缺急才。

三、雖然是自私，有時又甚具同情心，可說是具有雙重性格。

四、嫉妒心很強，縱使與情人分了手亦十分留意對方的動向，若果對方環境優勝於與己相好時，心裏很不是味道。

上面所說的是假斷掌廣義的特性，論到具體問題就要兼看劉先生掌相的其他方面了。

首先，他的頭腦線被感情線鎖住，簡單來說是為情所困。至於他的掌形骨骼粗獷、指掌不配、皮質粗糙、拇指橫闊，則有以下特點：

一、掌形橫闊、金星丘高漲，主精力旺盛但是脾氣暴躁、性急，有動粗之傾向而不能自制。

二、掌薄而硬，難以聚財。

三、感情線粗闊，愛情欠缺專一，甚至是濫交，既貪新歡但是又不能忘記舊愛。

四、癡情線清秀，加上上面假斷掌所論之強烈妒忌心，兩者結合在一起就是差上加差了。

五、土星丘有明顯的壓力線，自尋煩惱，生活在不愉快之中，卻是自找麻煩。

六、小型川字掌，生命線及頭腦線逼近木星丘，主個性衝動、有膽色，但多是匹夫之勇。

七、拇指橫闊，自控力不足。

圖五十一

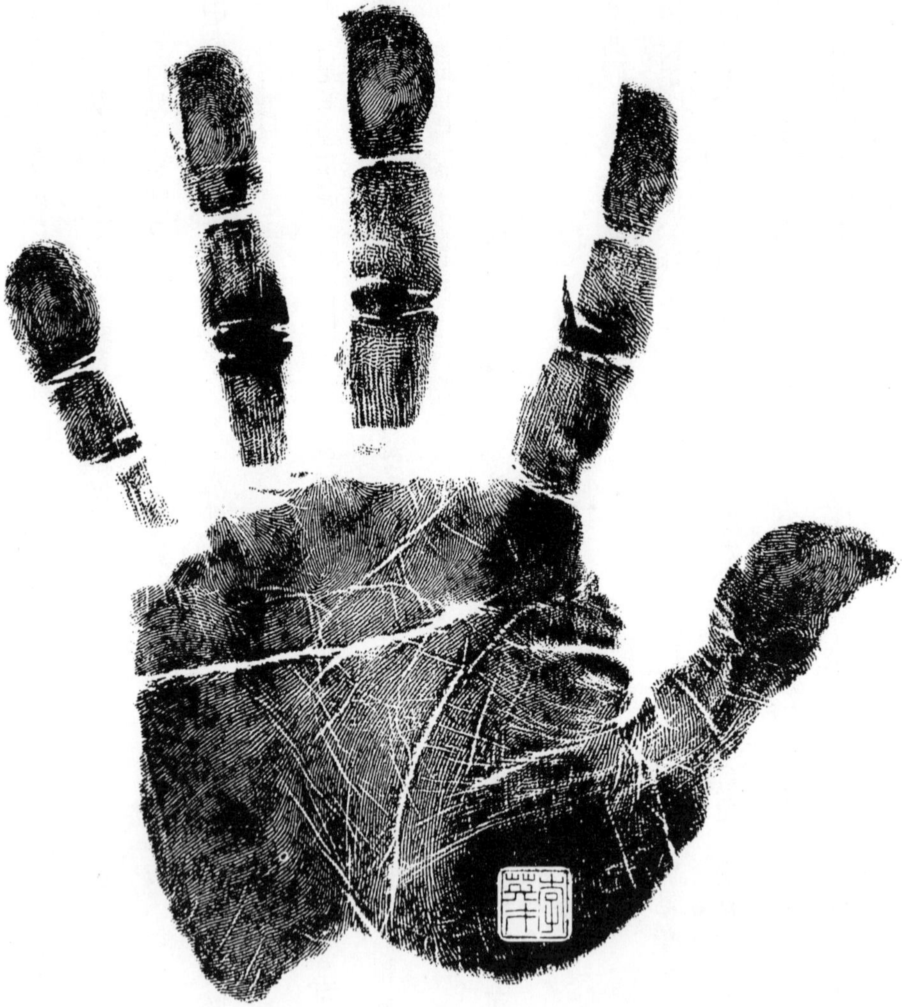

劉先生的手掌驟眼看來是斷掌，實際上是頭腦線為感情線鎖住，屬假斷掌。掌形橫闊，主脾氣大；手掌薄而硬，主難聚財。

以上所論就是劉先生的缺點，另一問題就是劉先生並無事業線，怎麼辨？這也是他來找筆者指教的原因。

我指出，他的掌型是木剋土局，指長掌橫闊，宜用水通關，適合做流動性的工作；掌無事業線加上假斷掌格局，劉先生的工作魄力是不容懷疑的。但是他一定要克服上面所述的假斷掌缺點，否則煩惱多多。後來他當上了貨櫃車司機，聞說頗有一些發展。

(圖五十二) 姜先生

上例劉先生的掌相屬於假斷掌，現在要討論真斷掌了。

真斷掌是分不清感情線與頭腦線的，兩條線合併為一，橫貫掌中，相書上稱之為「通貫手」，亦有一些手相學家稱之為「心腦的綜合線」，「心」是指感情線，「腦」是指頭腦線。

俗語云：「男兒斷掌千斤兩，女兒斷掌敗家娘」。這是因為大部分具有斷掌的人個性堅毅，古代重男輕女，所以這句話是表彰男子漢，即認為女子個性堅毅就會敗家。不過，時至今天可不能這樣看了，今天的女強人多的是，她們的工作能力及對社會的貢獻是不容置疑的。

真斷掌的人同樣是性格堅定，思想偶爾會走向極端，至於其人的個性如何？且端視其他線紋。

圖五十二的掌印主人是一位富商姜先生。這是一幅典型的真斷掌，是筆者拓印於二十年前的珍藏。在筆者近三十年的教授相學生涯之中遇到不少富貴中人，但直到目前為止，仍沒有

圖五十二

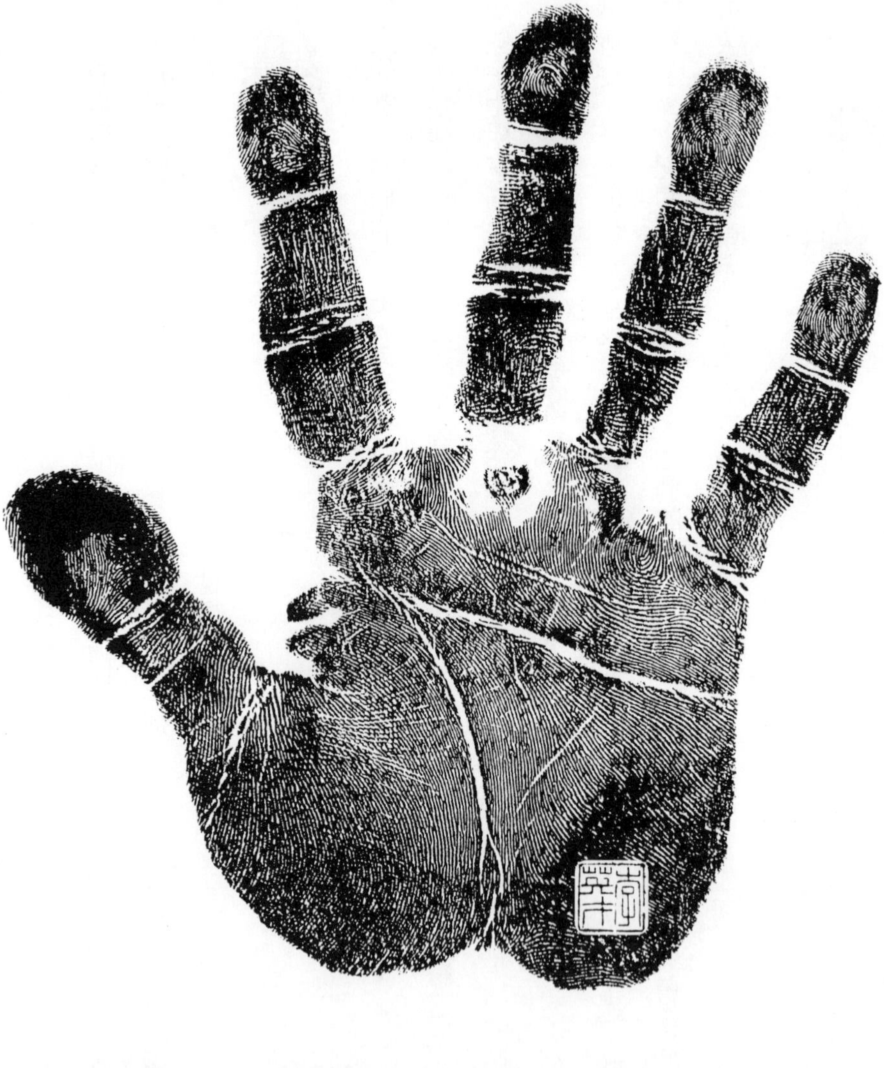

姜先生具典型的真斷掌，掌清如水，大富大貴格。四方掌形而厚實，具實事求是的性格，惜略嫌保守。

遇過比這更勝一籌的斷掌掌紋。這副掌印工整而厚度適中，掌骨渾圓而柔軟，有這種掌骨的人懂得自行調適自己的缺點；掌上紋理極少，拇指挺直優美，與圖五十一劉先生相比，有天壤之別。

姜先生掌印的特點如下：

一、掌呈方形而厚實，具有實事求是的精神，幹勁十足。工作能力強，只是略嫌保守。

二、食指粗壯，得到朋友和兄弟的助力，尤以異性居多。（若是女性斷掌而食指粗壯者，則是得到男性的助力。）

三、具有一條清秀的理財線，屬理財高手，善於投資。只是此線有斷裂，表示曾蒙受經濟損失。

四、沒有婚姻紋及子女線，沒有建立家庭的觀念。他可以接受親密女友，只是對成家立室有恐懼感。

五、生命線尾部開叉見島，主難以生育或生殖器官有毛病（女性主子宮脫垂），源於工作壓力大或遺傳因素。

姜先生的掌上並無任何雜線，是典型的斷掌。古人趙延禮在《太乙照神經札記》中說：「凡是掌線橫貫於掌中者，主大富大貴。」

筆者經常向學員們說，掌上線紋自然以少為佳，「海闊隨魚躍，天空任鳥飛」，沒有了線紋的束縛，大可以自由發展，當然這是指具有優秀品質的人而言，像姜先生這副斷掌，沒有了事業線，有誰能夠阻擋他發達！

不可否認，一個人能否發達，從我們相學家的角度來看是基於兩個因素：第一個是先天，就是其人與生俱來的優秀品質和性格；第二個是後天的努力。

三十年來，筆者經常碰到同一個問題，人們都在發問：「我幾時發達呀？」這類人大多數以為發達是上天注定的，這是錯誤的觀念！不了解自己的優缺點，何能達致成功？所以，筆者授課時，以講解相學為名，實際上是向學員灌輸正確人生態度的真諦。

事實上，如果能夠真正認識自己，儘管不能發財致富，但是有一個溫暖的家庭，快快樂樂地生活，何嘗不是一件好事！

第十章 手相學玄機

我的心得

研究手相，需要掌握掌形、骨骼、氣色和紋理幾個方面，其中以骨骼最為重要，因為這是了解其人品質的貴賤。透過掌紋，雖然可以直接了解一個人之休咎禍福，但是這些只是其人某段時期之生活遭遇。作為手相家，要向當事人提出忠告，就要掌握其人的本質，方可道出問題癥結所在。

分析掌中玄機並不是簡單的事情，除了掌握基本功之外，還要有敏銳的觀察力和準確的判斷力，才能一語中的，當然不斷的練習和實踐是必不可少的。筆者窮四十年精力鑽研掌相學，努力探求指掌背後的真諦，力求提高準確度，冀望以我的實踐來證明掌相學不是信口雌黃，而是有具體的統計基礎，只要我能夠把準確度提高到百分之九十或以上，那就是最好的成績了。無論如何，我的實踐證明，準確度已在一步步提升，但距離我的目標尚有相當距離。我之所以敢於把我的心得公諸於世，就是希望廣大的掌相學愛好者共同努力，把準確度提高。

研究掌相學，一定要把掌型與掌紋分開，所謂掌型是包括指形在內。觀察手相必先檢查手掌的表皮是幼滑或粗糙，掌肉是豐滿或薄削，肌肉是否有彈性，整個掌型是優美或醜陋。然後就要觀察每一隻手指的形態。

拇指是統率群雄的，大而硬直的拇指表示其人有良好的判斷力；相反，拇指細小而且軟弱彎曲，這是一個處事猶豫不決而且感情用事的人。

食指的長度要合乎標準，食指夠長表示有責任感、有領導力；如果食指短，其人自卑感重，做事畏首畏尾又欠缺責任感。

若是論到事業的成功，就要看尾指了。尾指要求長而筆直，愈長愈好，這類尾指表示具有營商天賦，更因口才伶俐、思路敏捷而贏得客戶的好感，同時又容易得到朋友的幫忙。具有這種尾指的人，能夠善用夥伴的才幹來輔助自己的事業。

總而言之，拇指、食指和尾指都要求夠長夠直、形狀良好，具此指相者在待人處世方面總是站在優勢地位。

筆者衷心希望學員及讀者們切勿着眼於破譯掌紋的秘密而沾沾自喜，要把注意力專注於掌型、指形的統領地位，尤應深研十四骨法，這樣就能提升自己研究掌相的準確度了。

十四骨法

手骨之法源起於《黃帝內經》，當時所用的是摸骨之法，其目的在於診斷疾病，後世的卜家則將其發揚光大，將其用途轉化為預測人之福祿，知其厚薄吉凶，斷其一生之終極所限。

古籍《相經》序云：「貴賤著乎形骨，吉凶表乎血氣。」

《人倫大統賦》序云：「閱人之道，氣色難辨，骨法易明。骨法者，四體之幹，有形象，列部分，一成而不變，欲識貧富貴賤，賢愚壽夭，章章可驗矣。」又云：「神為骨之苗裔，骨乃人之根株。」

《麻衣相法》也說：「骨為主，肉為客」。

由此可證，骨相在中國歷代的相學之中具有舉足輕重之地位。骨學是相人學的重要的一環，不論面相、身相或手相，均以此為極限之所在。西洋七別掌及中國之五行掌，不約而同均以骨之貴賤作形格之分類，所以研究手相者，手骨之類別為最重要的一步，欲求精進，必由手相之十四骨法分類學起，後配紋理，自得大成矣。

正確論掌，要先看骨，後察肉，所謂「骨骼之謂命，皮肉之謂運」。命乃天定，運或可轉，先知其命，方能轉其運，不知命之所限，焉有大成之理，故有所謂「一命二運三風水」之說法。

以往相手骨之法，計有：敲、按、摩、捻、揉、拿、拍等七種手法①。不同的派別有不同的手法，初學者可跟從以上手法練習，但經驗多了之後，則定要訓練雙目之判斷，以目測能察出骨之類別。須知掌相學修為，在乎此人能否憑眼目辨別貧富貴賤、壽夭窮通，有別於一般算命占卜。

骨法之基本原則可歸類如下：

古籍云：「手骨者乃體之禍福所受，宜清骨長細，內外肉相勻稱。若骨尖扁削露，配其骨肉薄者，謂之寒也。大抵須得圓潤厚實，不枯不露與肉相應者為善相也，實乃天地之骨也。」

「人之骨節，亦像山嶽金石，欲隱而不欲露，欲圓而不欲粗，削者不佳。肉少骨露，露者多困多苦也。」

「背骨圓而不聳，正面隱而不露，故為福厚之士。或肉厚、或質幼，指圓清則為富。或皮粗骨重，大而枯則為貧。或骨尖而肉薄，則為賤。或骨細而肉滑，則為娼。骨氣渾圓，潤澤掌厚，紋理清秀，此乃萬中無一，千中之選，當為人上之人，人中之龍也。」

---

① 敲、按、摩、捻、揉、拿、拍，即：背骨敲、掌肉按、皮質摩、指掌捻、腕骨揉、虎骨拿、龍骨拍。下手之輕重以適中為宜，重按或輕搔皆為禁忌，男女之別亦不可不知。

以上為相手骨之大原則，再分十四類型之別，配其手之肘骨、橈骨、尺骨、腕骨、掌骨、指掌、節骨等之組合，得知其人之貴賤也。

相書云：「骨露筋浮者主身賤」。

如果一雙手又露骨又浮筋的人，當然命中注定一輩子勞苦奔波。但是露骨的手不一定浮筋，浮筋的手又不一定露骨，研究者先把重點放在骨骼上：若指節像竹節一樣，而腕骨突兀暴露，手背筋脈怒張者，其人一定是一個粗魯愚昧、以勞力換飯吃的人，必終身不能發迹。指節紋秀，腕骨圓勁，然而手背浮筋見骨，此人一定聰明能幹，處處逞強好勝，但是一生起伏多、波折大，多勞而功少，得難償失，常常生活在困頓抑鬱之中。

以上之例子是提示筋、骨之組合因素。研究十四骨法之類型，宜多些留心筋肉之比較，自然懂得「由此及彼，由表及裏」之法也。

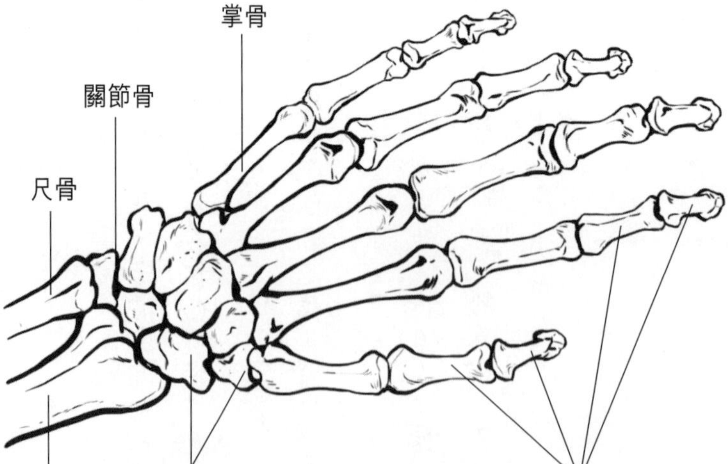

十四骨法詳解

(1)**骨尖：**性暴躁剛，六親冷淡，一生奔波勞苦，勞而無功。早年如敗葉浮萍，晚運如子息虛花，孤身臨終。

(2)**骨圓：**心性明敏，剛柔相濟，好結親朋，財源不絕。祖上顯富貴之士，一生衣祿豐厚，到老衣食尤如春草，不種自然可生。

(3)**骨扁：**憂鬱悶困，艱勞辛苦，妻宮有損有折，財來財去，終生百事不成，六親如冰炭難助，晚景或有小成。宜立性操持，少執拗免招事端。

(4)**骨削：**心歪性毒，早年駁雜，運蹇時乖，忌兒女成行。宜修心補運，福祿尤虧，一生鏡中無花，水中無月，老無所靠。

(5)**骨大：**勤勞慳儉，口快心慈。早運如風中之葉，妻遲運遲；中晚運漸佳，然猶破敗未脫，尚是中中。

(6)**骨細：**有福有祿，心善無毒，有功名之格。一世平康通順，妻宮平平但子息尤佳，晚運富貴榮華可享。但女性忌配肉滑，非一般相法比之。

(7)**骨粗：**立性剛直，勞心費力，視錢財如糞土，重義親朋，但此生奔波勞碌皆空。此骨宜習藝業以伴終老，晚景尤有小成可享，忌過信他人而招困頓。

(8)**骨幼：**心明智巧，胸襟通達。早運得遇而貴人處處，財如春雪，取之無盡，妻賢子孝，老運彌堅，衣豐食足。

(9) **骨潤**：此骨好善助人，惜老憐貧，為服官奉職，重重見喜之格。衣祿無虧，四海名揚，老運亨通，財源茂盛。

(10) **骨枯**：命似孤雁，骨肉無情，一生反覆無成，身世凋零。個性優柔寡斷，易習不良嗜好，財離人散。宜修心補相，可得安寧。

(11) **骨長**：有始無終，操心費力而難獲所成，妻宮重配，難享天倫。此骨宜習藝業傍身才得安康，否則只為他人作嫁衣裳。

(12) **骨短**：立性耿直，早年不利，奔波粗勞而無功，尤幸子女孝順，中晚運有福有祿，求謀順意，夫妻偕老。

(13) **骨藏**：心露性巧，作事細緻，足智多謀，骨骼原是石中藏玉，量甚寬宏，財祿有餘，為妻賢子孝、名利雙收之局，後運聲望更高。

(14) **骨露**：性愚頑劣，祖業飄零，難得家中所愛；骨肉之親，皆是緣薄；財難聚身，一生反覆，虛驚常見。宜晚婚，宜積德，宜習藝傍身，能補此命不足之處。

除以上十四種骨型福祿辨別外，還須配整體組合之形態，不能只憑一小部分而斷吉凶禍福，有所謂微觀相法及宏觀相法之別。若從骨骼宏觀着眼，必以臂膊入手，而人的臂膊有兩大主骨，由肩至肘名「龍骨」，由肘至腕名「虎骨」。凡臂膊上壯下細的叫「龍吞虎」，下壯上細的叫「虎吞龍」。

古籍有云：「只許龍吞虎，不許虎吞龍」，因指掌骨同臂膊亦屬骨之系列，所以龍骨宜長，最少長於虎骨，並且要圓潤。圓潤是指骨圓肉潤堅實，肌肉附着於上，骨不暴露於外，骨與肉得相互配稱，此謂之「龍骨成」。如細弱削薄若雞肋，則謂之「龍骨寒」，主孤貧無成。若是手紋秀麗，也只是聰明小顯，終損其福。

虎骨是龍骨的臣屬，忌長、大、壯實過於龍骨；宜短而細潤，以短於龍骨的五分之一為最適當的比例，細亦如之，但必須圓潤有致。所謂「均勻」，是指觸所覺，感到其骨平滑隱藏而不尖削枯露的，必屬上乘，乃貴壽之徵也。但謹記：最後應以雙目察之，而不是用手觸撫，尤須以隔衣服而辨之方為正道。

相臂膊的骨法，除龍虎骨外，另有兩處也須注意：一是肘骨彎節處，一是腕骨彎節處。這兩處骨法均宜圓潤隱伏，最忌尖削粗露，亦忌枯而扁長之骨，前者主運程吉祥康泰，後者主凶險風波。

還有，皮膚色澤及肉質感亦有很大之影響，手相古籍曾有以下兩句之記載：

「兩手嫩白，富貴前定。兩手粗黑，謀生乏術。」這是指手白細嫩，男女皆主享樂；粗黑皆主辛勞，此乃命也。

「手軟如綿，衣食兩全。手如乾薑，家道必昌。」前兩句指富貴多安逸，後兩句指女性善持家務，有助興隆，實為不可多得之手也。

人的手由上而下，可分為臂骨、肘骨、腕骨、手掌骨、手指節骨等五部分。以下是局部詳細解析，其後配合十四種骨型類別，此人一生福祿便可瞭如指掌，亦是手相學之精粹所在。

臂骨

一、「臂如捆布，不貴亦富。臂中肉拱，勞苦作業。」首句指其臂圓大，古稱犀膊早貴。臂部中間肌肉墳起則為賤相，因古時皆屬勞役者。現代人喜歡鍛煉肌肉，認為是健美的象徵，可謂古今有別。

二、「臂圓而長，衣食相當。臂細下尖，衣食難言。」臂長肘短主貴，臂中間細小，加之下端骨尖小主賤，且衣食困頓。

肘骨

一、「肘短而圓，衣食自然。肘長而扁，貧窮難免。」肘比臂短主貴，肘比臂長主賤，且一生窮苦。

二、「肘短而直，不愁衣食。肘長削尖，貧苦顛連。」前者貴且吉，後者賤而凶。

腕骨

一、「腕骨隱圓者智，細者仁，細尖者苦。」腕骨隱圓是有智慧者，腕骨稍細者是仁義之人，若是太過尖細者是勞苦奔波命。

二、「腕圓而潤，珠玉滿箱。腕細而藏，衣食眼前。」手腕骨難得圓潤不枯燥，腕部有時肉滑而細，大都貴命。謹記：總之以骨圓潤為真，不可不辨。

三、「腕粗骨露，一生苦作。腕邊起墳，告貸無門。」腕粗大露骨勞苦，腕骨靠邊節骨凸起主貧。

手掌骨

一、「掌背厚如龜，福祿皆可推。掌心窩如印，倉豐庫又滿。」掌背凸起，不露筋骨。掌心成窩，四邊肉起是也，皆是福祿之人。

二、「掌厚骨軟，幸福不淺。掌粗骨硬，橫蠻任性。」厚軟者，富貴中人。粗硬者，愚頑之徒。

三、「手掌常温，無求於人。手掌常冷，時多困境。」掌常暖，心寬境順。掌常冷，心勞命困。

四、「掌軟如綿，快樂一生。粗硬露筋，苦作辛勤。」掌軟包括手指節骨，粗硬露筋多屬粗人勞苦。

五、「不熱常汗，心苦自慚。掌滑如苔，事業堪誇。」掌心常流汗者，屬膽小無作為之人。掌心若平滑如苔，將有驕人事業。

手指節骨

一、「十指端正，一生順境。十指圓長，家有儲糧。」指節骨正直不露，加以指圓而長為真。

二、「指柔而密，財恆自給。粗枯連皮，孤獨無依。」指縫間柔順緊密，屬不漏財之人，亦有足夠衣食。若手骨瘦枯連皮，屬孤苦相。

三、「指禿而短，生性愚魯。指硬而疏，衣食難全。」手指禿短如鼓槌、疏硬如雞爪，均主賤。

手指節骨十一類分析

(1) 指仰者，即手指節骨向後仰，古稱「反元」：大拇指後仰主六親無靠，食指後仰主好虛榮，中指後仰好虛榮且貪玩樂，無名指後仰主任性兼嗜賭博，尾指後仰主子女無靠。若左手指仰，三十歲後可以改變。左右手指皆仰，到老任性不改變。

(2) 指削者，多在食指尖端，假如只是一邊削則敗棄，不宜早當家，因三十歲前困頓也。

(3) 指扁者，多在指頭，主手無技巧，且不善理財。

(4) 指短者，主性急，且衣食不足。中指短於無名指多奸，若無名指和食指平頭則改變其心向。

(5) 指小者多在小指。左小指小者，三十歲前事業常有變化；若右小指稍長，可改變其際遇困頓而漸入佳境。

(6) 指硬者勞碌，父母兄弟皆隔角，多在三十歲以後。

(7) 指禿者（指五指皆禿），一生貧苦，配掌硬而薄者更甚。

(8) 指凹者多在指頭，不深陷無妨，深陷則敗業、貧困、離家飄泊。陷在何年，皆可在事業線之流年判斷。

(9) 指凸節骨，不論何指何節，縱有才智，終屬枉然。

(10) 指歪斜者，除大拇指外，食指歪向中指主朋友乏力，且愛佔便宜，中年後多自醒覺。中指倒向無名指主深情。若無名指倒向中指必得妻助。若僅無名指倒向小指，主晚年有靠。若小指向外歪斜，主子女皆傲。

(11) 指硬疏漏者，若是兩掌指硬皆疏漏，主六親皆貧苦。若左右手指上端漏縫主孤獨，下端漏縫主漏財。

以上十一種為指骨之型格分類。基本上在手相中之骨骼分區類別，大致有七大區：

一、掌背；二、指骨；三、指頭；
四、拇指；五、節骨；六、掌邊；
七、腕骨。

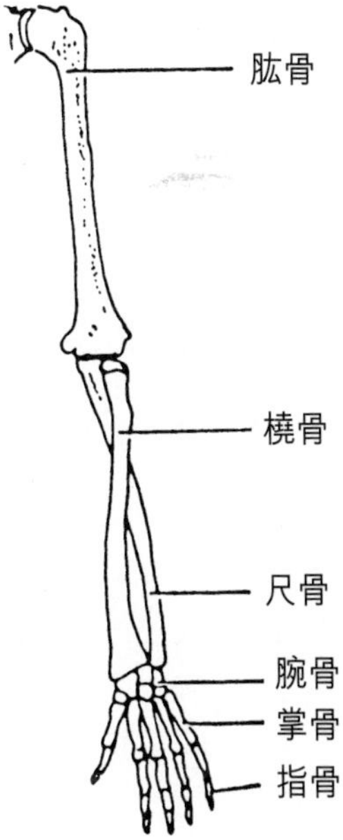

以上七區各有所負責之禍福才智，貧賤富貴，可互相組合掌肉質之厚薄辨別，也可作個別分析。

人體骨骼中，肱骨在手相學中稱之為龍骨，而橈骨及尺骨則稱為虎骨，很多人誤解此部位骨相分為單、雙骨骼，但這實是十四骨法中之大細粗幼之別。相學家一向將此十四骨法視為瑰寶，不易外傳，以致以訛傳訛，後學者不可不知。

一般臂骨之辨別，多以「拿」作基礎分析，腕骨則要「揉」才可分辨，尤以指骨形態骨骼。初入門者，莫不以「捻」作分類手法。明確骨之類別，配以五行掌之相法，自當了解此人一生福祿，實為手相學之大成。

五行手相分類

中國相者觀察手相，首先是以手的形狀、線紋、色澤等來確定其五行屬性。所謂五行即：木、火、土、金、水之總稱，是代表天地間的各種元氣。

中國的傳統觀念認為，人秉天地元氣而生，所以人便具有陰陽五行的屬性。但是一個人的元氣，不一定是五氣皆全，有獨得一行之氣，有由多氣混合而成，或重或輕，形形色色，不一而足，但無論如何總離不開五行。

所以，掌相學家以五行論人，就是從根本着手，若能先察知其人根本所在，那麼其人的賢愚、智昧、窮通、休咎，也就大致有個輪廓了。

古書云：「手足者，關乎一身之得失，外通四肢，內接五臟，觀五行而配合，分形局以辨魚龍。五行不合，則萬物不生。形體不稱，則家業難成。」

又云：「唯相掌宜重五行。金也端方，木也瘦長，水也圓肥，火也尖紅，土也厚實，各有格局，各有生剋。所謂指長固佳，仍求相配。紋多固好，或少亦宜。土不忌粗，瘦不忌漏，揣局而定。」

以下分別敘述五行之特徵、象徵、性情和休咎。

金型手

一、掌方指方，色潤而骨軟，紋理清秀。

二、金為義的象徵，性直不阿，守法不渝，重理智而不順人情。

三、崇法務實，不慕虛榮，潔身自愛，克勤克儉，意志堅定，心性剛直，欠缺圓通，但是有原則性，能文能武，在商界發展當勝教育界。

木型手

一、掌長指長、瘦而不露骨、多直紋、指節起結。

二、木為仁的象徵，所以得木型之真者，主其人多能長壽而有仁慈之風範。

三、好學深思，智慧亦高，忍耐力強，勇敢果決，不畏失敗，意志堅強，性喜文學，有審美觀念，為人慈愛，但計較小節，偏執耿直，其人發達較遲，宜從事公職向文教或政界發展。

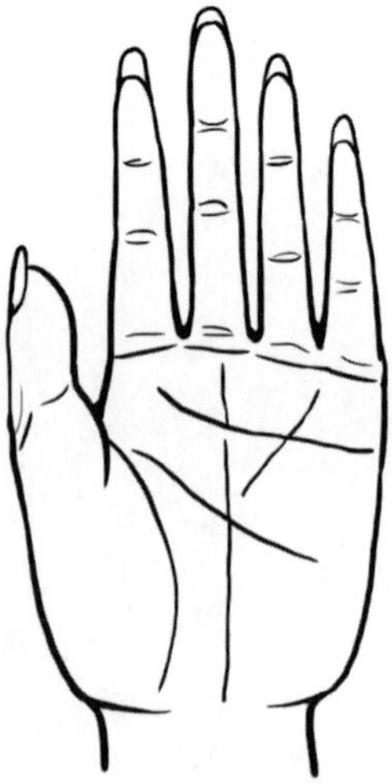

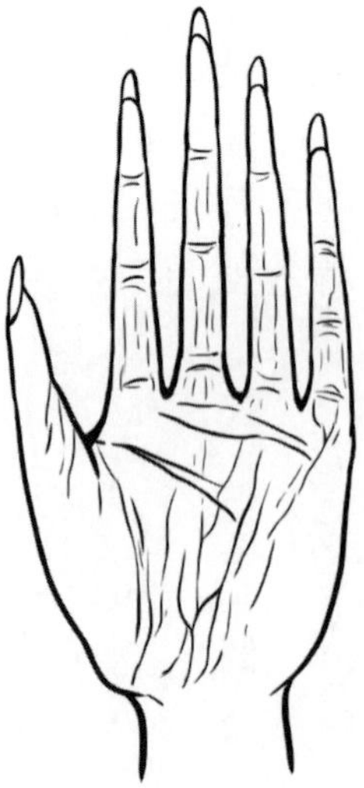

水型手

一、掌肥指圓，手軟紋細，掌紋深而明晰，多雙線紋。

二、水為智慧的象徵，聰明，能適應環境，易飄泊不定。

三、愛好求知，能言善辯，喜好數字，才華出眾，最宜在文學界發展。如拇指短小，則貪逸奢華，容易衝動，冷熱反覆，作事缺乏恆心。

火型手

一、指掌皆尖，手粗壯而露筋骨，掌色紅，掌紋深刻。

二、火為禮的象徵，得其真者主守禮、拘謹。

三、外表溫文有禮，但內心急躁，思想海闊天空，好幻想，但依賴心重，且不計後果。為人雖聰明，但六親刑剋，性情多偏頗，妻、子俱晚。火型人較勞碌，宜從事軍警職務。

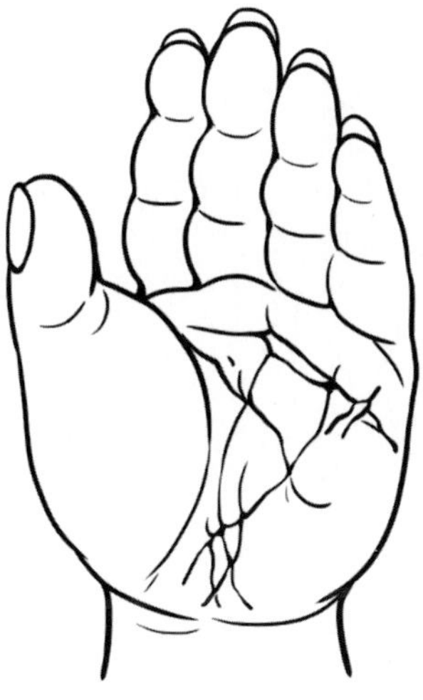

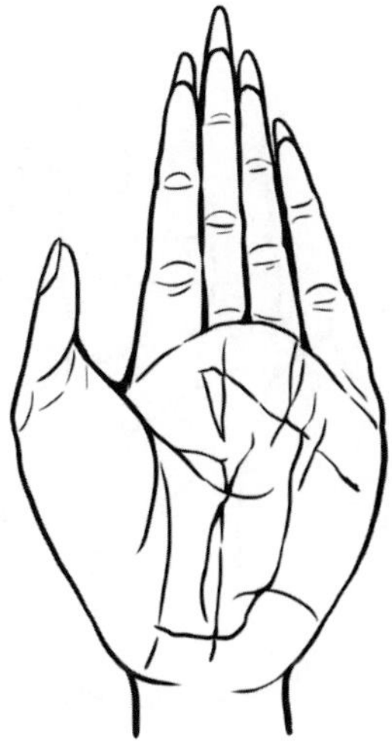

土型手

一、指掌厚實，紋皮俱粗，掌紋宜少。

二、土為信的象徵，得其真者主端重而守信。

三、精力充沛，刻苦耐勞，做事敏捷富創造性，為人誠懇，性頗固執，敢作敢為，不慕虛榮，意見少，情感易衝動，可從事多種行業，子孫、福祿俱佳。

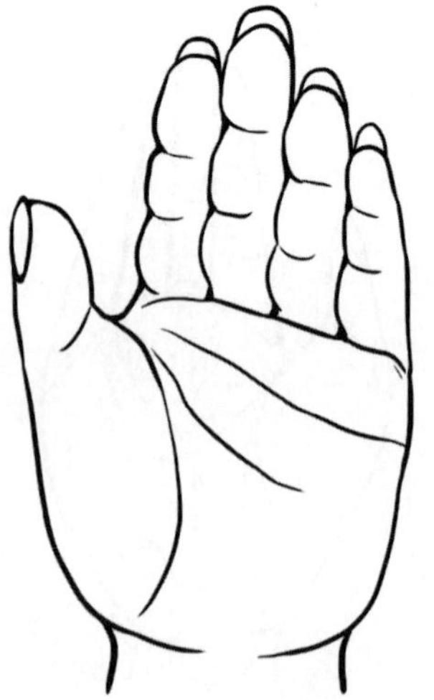

不過，純粹的「金、木、水、火、土」的手型不多，有則大富大貴。如有兼型，則視其兼型的性質定優劣，這牽涉到「五行相生相剋」的哲理。所謂相生，表示相互間融和化育的關係；相剋則表示相對、相爭的關係。

五行生剋

何謂五行之生剋？

生者，即「金生水，水生木，木生火，火生土，土生金」之謂。剋者，即「金剋木，木剋土，土剋水，水剋火，火剋金」之謂。

生剋之理固如上述，但又有所謂反生剋，即：金本賴土以生，但土多金埋；土本賴火以生，但火多土焦；火本賴木以生，但木多火熄；木本賴水以生，但水多木漂；水本賴金以生，但金多水濁。

凡此種種，即所謂反生剋，其目的無非說明「過猶不及」之義，即萬事萬物貴乎「中和」，過與不及皆非所宜。

中國人尊崇中庸之道，所謂中庸，即不偏不倚，也就是「過猶不及」之義，雖然中庸所講的是人生哲理，但命相學方面也是根據這一理論而加以糅合運用的。

明白了這些，下面講到五行之混合手型時，讀者便不會無所適從而知其辨別方法了。

五行混合手型

上文介紹過五行及其生剋之道理，現將研究五行混合手的觀察。但在未論及五行混合手以前，我們首先要明白「金、水、木、火、土」手型的特徵：

金——掌肉不厚不薄，端方色白。

水——肥圓肉重，色黑而有寶光。

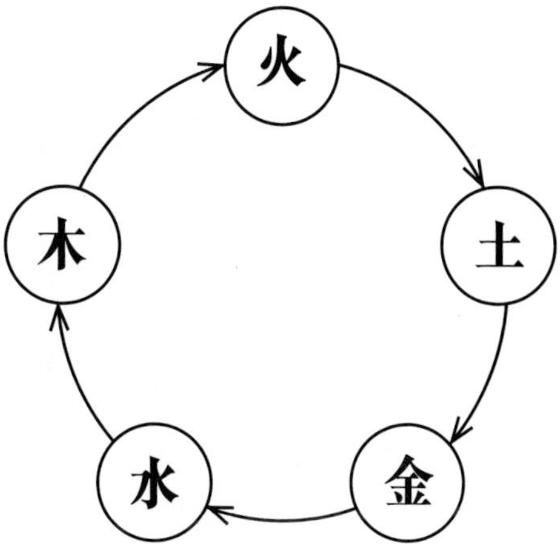

五行循環相生圖

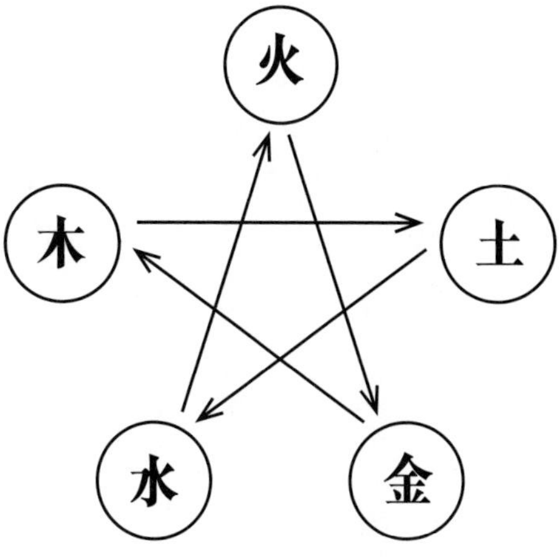

五行相剋關係圖

木——掌指長而瘦直，骨硬而秀，顏色尚青。

火——形尖、色紅。

土——厚實、色黃。

依據上面的五行特徵，假如我們發現金型手手背肉厚，顏色黃褐，便可知這是金型帶土；假如發現金型手掌肥而指圓，便是金型帶水了；其餘類推。

金型帶土，如果土不厚（即手不厚而黃的顏色不重），那土能生金，其厚又不致埋金，故這種帶土的金型手是好的，更見其生氣勃勃。不過在這種情形之下，還得查究其人在春夏秋冬哪一個季節出生，才好作最後的結論。因為春夏冬三季，皆非金之旺季，有土生扶，故有利而無弊；若生於秋季，則金正旺盛，所謂金神司令的季節，何煩土之再生？故土薄尚不妨事，土重則有過剛之虞。「過剛則折」是物之常理，如此則未見其利反見其害了。所以同是金型帶土，不查明出生的季節，還不能馬上認定有利抑或有弊。

金型帶土的利弊如是。帶水的又該怎樣看法呢？這也是先要查明出生季節，再以生尅之理論之。不過水和土不同之處，水為「泄」金，土為「生」金，生和泄恰恰是相反的性質，因此反而喜歡帶水的金型手出生於秋季，而不喜其出生於春夏冬季了，因為本身強才能任泄，故喜其生於秋季也。

總之，無論是金型帶何種五行，其衡量之理皆是一樣。以下將逐一說明五種手型帶有其他形質的特點。

金型帶其他五行

一、金型帶土：在一般的情形之下都是好的，唯土厚則不喜其人出生於秋季，因過旺反而不佳，其人必多坎坷。

二、金型帶水：主其人聰明靈活，出生於秋季尤佳。若出生於其他各季則不宜水氣過重，過重則難免多成多敗；人雖聰明，作事缺乏恆心和不切實際。

三、金型帶火（主要表現在手指尖薄方面）：如果只有些微的火，這是好的，所謂「微火煉金」，更可成為大器，亦以秋季出生為最旺。本來金型手即等於西洋手相的方形手，方形為持重，但欠靈活，稍微帶點火，即持重加上靈活，豈非更好？但火太重（即手指太過尖薄）則非吉相了，反會失了持重而流於輕浮。

四、金型帶木（主要表現在指節起結方面）：無疑是吉相，更見其人思想嚴密而深刻，且多財喜，因為金剋木而生財也。但木氣太重（即手形枯瘦）則反而不吉了。

木型帶其他五行

一、木型帶土（鑑別方法上文言之已詳，不再贅）：土薄財豐，土厚不宜，特厚木折，除非此人出生於春季則無大礙。

二、木型帶金：亦以金薄為宜，更見此人穩重而多智，能成大器。若金重，一生剝落不閑，多敗少成，生於秋季較無礙。

三、木型帶火：火輕有利，更見此人靈活多智，但不免忍耐力較差。若火重不佳，特重木焚。

四、木型帶水：亦以水少為有利，除非生於夏季，其他各季皆忌水多。

水型帶其他五行

一、水型帶木（即略見指節起結，顏色青白而明亮）：主能富貴壽考，尤以出生在冬季者為宜。木過重則水涸，不宜。

二、水型帶金（即指端略方，色轉白）：亦主富貴壽考，但以出生在春夏秋為宜，冬季較遜。如金氣過重，不宜，尤以冬季者為然。

三、水型帶火（即指尖掌赤）：財路雖寬，但起落無常。生於冬季較好；生於夏季若火氣又重，最忌。

四、水型帶土（即手背肉特厚，色黃）：土薄，無關宏旨；土厚，除非生於冬季，皆不宜，如果再加上顏色枯黃，其人壽促。

火型帶其他五行

一、火型帶土：薄則有利，重則不吉。生於夏季較不忌土重。

二、火型帶木：薄則有利，可減輕其人的衝動性，作事較為謹慎有成。厚則不吉，以生於夏季為佳。

三、火型帶金：薄則財源甚廣，生於夏季為最好。若金重則不宜，尤以生於秋冬兩季為然。

四、火型帶水：最忌，若掌色特殊的黑，更非吉兆。

土型帶其他五行

一、土型帶木：不宜，因木剋土之故。如木重，大忌。
（按：五行之手型中，除金木兩型微剋反為有利外，其他各型皆忌剋，即使微剋亦不利。）

二、土型帶金：少則有利。如顏色過白即金重，不利。

三、土型帶水：主財利甚旺。但水氣過重又非有利，反主生活難得安定。

四、土型帶火：如火的特徵僅表現在手的顏色紅赤上，主有大利。若表現在指端的尖銳上，則為不吉，代表作事難成。

古籍摘錄

「人之受精於水，稟氣於火，而為人精合而後神生，神生而後形全，是知全於外者有金木水火土之相，有飛禽走獸之相。」

「金不嫌方，木不嫌瘦，水不嫌肥，火不嫌尖，土不嫌濁。

似金得金，剛毅深。

似木得木，貲財足。

似水得水，文學貴。

似火得火，見機果。

似土得土，厚櫃庫。

故豐厚嚴謹者，不富即貴；淺薄輕燥者，不貪則夭。」

五行手相職業看法

適合金型手的職業

- 粗鐵材或金屬工具材料等方面事業、堅硬材料相關事業。
- 民意代表、決斷事業、主導別人性質的事業。
- 武術家、鑑定師、大法官、總主持。
- 汽車界、交通界、金融界、工程界、科學界、開礦界、珠寶界。
- 伐木事業、機械銷售業。

適合木型手的職業

- 文學、文藝、文具店、文化事業、教育界、書店、出版界、創作業、培育人才界。
- 司法界、警界、公務員、政界。
- 特殊動植物生長之學者、植物栽種試驗，或售賣素食品。
- 木材、木器、木製品、家具、裝潢、木製成品、紙業；布匹買賣。
- 種植業、花卉業。
- 藥物界（開設藥房或藥劑師）、醫療界。
- 售賣敬神物品或香料店，宗教應用物界、宗教家之事業。

適合水型手的職業

- 漂游性質、奔波性質、流動性質、連續運動性質、易變化性質、水屬性質，靠入海求生活者均屬之。
- 音響性質、清潔性質，冷溫具不燃性之化學界。
- 航運、冰水界、魚類水產界、水利界、水物界、冷藏界、冷凍業、打水界、潔洗業、掃除業、從事泳池、湖、池塘、浴池之從業員。
- 菜市場內售賣冷凍食物如魚、肉、豆腐等。
- 遷旅業、特技表演業、運動家、導遊業、旅行業。
- 玩具業、聲樂音響業、魔術、馬戲團。
- 採訪記者、偵探社、旅行社、滅火器具、釣魚器具均屬之。

適合火型手的職業

- 熱度性質、火爆性質、光線性質、易燃燒性質。
- 加工修理性質、再自製性質。
- 衣帽行、理髮院、化妝品界；手工藝性質、一切人身裝飾物性質均屬之。
- 放光、照明、光學、高熱、液熱、易燃燒物。
- 油類界、酒類界、熱飲食界、食品界。

● 機械加工品、工廠、製造廠。

● 軍界、歌舞藝術（以人對人之營業）、百貨業、印製業。

● 雕刻師、評論家、心理學家、演說家。

適合土型手的職業

● 土產或地產性質、農作性質、畜牧性質、大自然原物性質、中間人之性質。又因土最卑下，最中央，故領導性質、人才事業均屬之。

● 農人或土壤研究者、售現成農作物、畜牧獸類飼養業、售飼料界、所有農畜界百業。大自然原物售賣界（即石、石灰、土地等）。

● 建築界、房地產買賣業。

● 土是剋水之物，故防水事業（如雨衣、雨傘、雨帆、築堤、容水物器）也是。

● 當舖、古董家、鑑定師、所有中介人、介紹業、律師、說客、法官、代理、管理、買賣、設計、顧問、秘書、附屬品、附屬人均是。

● 領導事業（如高級官員、公司主管）。

● 厭惡性行業（如殯儀館、墓碑業、喪事辦理所、築墓業、墓地管理、殯儀化妝）。

● 零碎整理事業：如書記、簿記、記錄員、會計師也屬之。

● 和尚、尼姑、廟宇主持。

後記

每當執筆為新書撰寫「後記」的時候，心裏總是有股說不出的滋味，既不是幽幽的離愁別緒，也不是工作完成的興奮，而是一直在想：到底把應該解釋的問題講清楚了沒有？是否還有什麼東西被遺漏了？

撰寫《手相玄機—事業篇》時，正值香港負資產及經濟轉型的衝擊，筆者的客人及學員中，愁容滿臉的人增加了，以致筆者在為他們解憂時經常宣揚一個觀點：「人生的價值觀是可以改變的，但是人們的痛苦卻是不能接受改變。」

香港是個國際化的城市，我們跟世界各地有愈來愈多的互動，這些互動讓我們接收到許多外地的信息，其中有部分是與我們原來的價值觀相左的，我們應該要排斥抑或接受？當然也可以採用鴕鳥政策。所以說「變是需要勇氣」的，不論是工作的改變、經濟的改變或婚姻的改變，都是需要勇氣去面對的。

先賢教導我們說，沒有事業線者所具有的優點是他們可以適應不同的改變，從而達致成功（或是甘於守貧）；相反，事業線太深刻的人，他們就缺乏這種應變的能力，每當他們面對改變時，內心難免煩惱、痛苦交相煎逼。「手相透視人格，人性盡顯手掌之內」，這兩句話真是至理名言。

這本事業線專論，筆者試用組合形式將之演繹，打破過去以線論線的單調方法，同時亦希望引導讀者認識掌內各線相互影響的作用。每當我們面對一副掌印時，務必注意必須進行「加減乘除」的關係。

荷蒙張學明教授百忙中提供不少意見並撰寫序言，筆者無以為謝，只能衷心說一句：多謝！

李英才

李英才命相堪輿顧問有限公司課程

面相心鑑

◆ 皇牌課程系列 ◆
(兩年半制)

§ 一個從初學至具備專業水準之面相課程 §

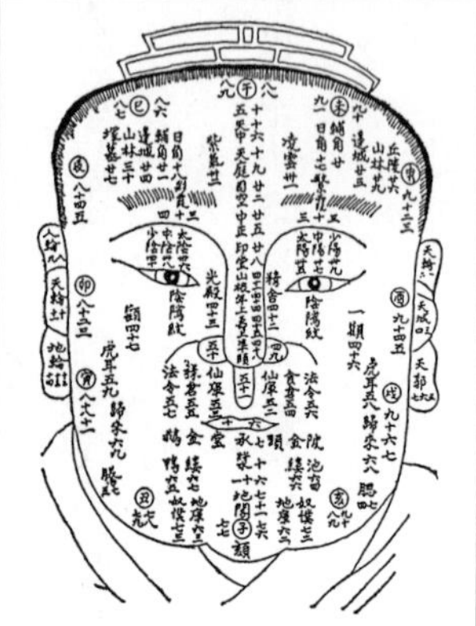

流年運氣圖

中國的面相學源遠流長，博大精深。每個人的五官配置既具先天質素，也是後世修為的反映。熟悉了面相學，只須與人打個照面，對方是聰明睿智抑或是愚魯頑鈍，是忠誠殷實或是奸佞淫邪已了然於胸，比任何一門術數更為直接而明確，對交朋結友、選擇配偶、聘請員工極具參考價值。

學習面相學，除知彼之外，更可知己，用以了解自己的性格和特長，改相開運，把握現在，創造未來。

李英才老師憑藉多年授課經驗，深入淺出，容易領會吸收，備有豐富的幻燈片與精要講義，面授機宜，更以同學之面相特點作實習驗證，句句真傳，絕無模棱兩可、真假難辨之分析。

玄門正宗，全港唯一系統化的全科教授。

全期30個月共120講，其實際效用非坊間速成班可比。全期均可錄音。

一個從零開始的課程……

本院網站：www.leeyingchoi.com.hk　電郵：sermonli@netvigator.com
電話：(852) 2798 8168　傳真：(852) 2309 7022
地址：九龍旺角彌敦道655號胡社生行1501-1502室

手相玄機事業篇

作者
李英才

編輯
梁美媚

美術統籌及設計
Ami

出版者
圓方出版社
香港英皇道499號北角工業大廈18樓
營銷部電話：2138 7961
電話：2138 7998
傳真：2597 4003
網址：http://www.formspub.com
http://www.facebook.com/formspub

發行者
香港聯合書刊物流有限公司
香港新界大埔汀麗路36號
中華商務印刷大廈3字樓
電話：2150 2100
傳真：2407 3062
電郵：info@suplogistics.com.hk

承印者
中華商務彩色印刷有限公司
香港新界大埔汀麗路36號

出版日期
二〇一二年十二月第一次印刷

版權所有 · 不准翻印
All rights reserved.
Copyright ©2012 Forms Publications (HK) Co.Ltd.
ISBN 978-988-8178-43-8
Published in Hong Kong

論盡指形、指紋、掌形、掌紋及手相氣色，並以真人拓印掌紋分析了數十真實個案，以及真人追踪案例，比較當事人在前後數年間的掌紋變化，將「相隨心生」、「境由心轉」、「命數在我手」的重要信息有血有肉地展現在讀者面前。

HK$198

本書從三停起介紹，繼而進入耳、額、眉、眼、鼻、顴、口、舌等部位，並以面上氣色、人體之靜相、動相作總結，仔細揭開每個臉上的玄妙之處，並附近四百張彩色照片輔助文字介紹，一目了然。

HK$188

本書以論五官之基本相法，配以論氣質、型格之大乘道，當中包括對內相、骨格和格局的分析，並詳述面相上富貴、忠奸、貞淫的辨別。並特舉二十二位廣為人識的人士作範例，除了城中富豪、政界及影視名人之外，更有轟動一時的重案罪犯，指引讀者按圖索驥、辨別正、邪、淫、貴之相。

HK$128

本書援引近四百真人例子，圖文並茂，全面剖析了額耳的長相輪廓及色澤痣紋所涵射的性格傾向、事業發展、掌管財富和權力多寡、人事及夫妻關係，以至健康狀況等等信息。

《額耳玄機》內容編排嚴謹，行文深入淺出，不僅適合一般人士作參考之用，更是習面相者的必備用書。

HK$188

歡迎加入圓方出版社「正玄會」!

您了解何謂「玄學」嗎?您對「山醫卜命相」感興趣嗎?
您相信破除迷信能夠轉化為生活智慧而達至趨吉避凶嗎?
「正玄會」正為讀者提供解答之門:會員除可收到源源不斷的玄學新書資訊外,並享有購書優惠,更可參與由著名作者主講的各類玄學研討會及教學課程。「正玄會」誠意徵納「熱愛玄學、重人生智慧」的讀者,請填妥下列表格,即可成為「正玄會」的會員!

您的寶貴意見………………………………………………….

您喜歡哪類玄學題材?(可選多於1項)

□風水　□命理　□相學　□醫卜
□星座　□佛學　□其他＿＿＿＿＿

您對哪類玄學題材感興趣,而坊間未有出版品提供,請說明:

＿＿＿＿＿＿＿＿＿＿＿＿＿＿＿＿＿＿＿＿＿＿＿＿＿＿＿＿

此書吸引您的原因是:(可選多於1項)

□興趣　□內容豐富　□封面吸引　□工作或生活需要
□作者因素　□價錢相宜　□其他＿＿＿＿＿＿＿＿＿＿＿＿

您如何獲得此書?

□書展　□報攤/便利店　□書店(請列明:＿＿＿＿＿＿＿＿)
□朋友贈予　□購物贈品　□其他＿＿＿＿＿＿＿＿＿＿＿＿

您覺得此書的書價:

□偏高　□適中　□因為喜歡,價錢不拘

除玄學書外,您喜歡閱讀哪類書籍?

□食譜　□小說　□家庭教育　□兒童文學　□語言學習　□商業創富
□兒童圖書　□旅遊　□美容/纖體　□現代文學　□消閑
□其他＿＿＿＿＿＿＿

成為我們的尊貴會員………………………………………….

姓名:＿＿＿＿＿＿＿＿＿＿　□男 / □女　□單身 / □已婚
職業:□文職　□主婦　□退休　□學生　□其他＿＿＿＿＿
學歷:□小學　□中學　□大專或以上　□其他＿＿＿＿＿＿
年齡:□16歲或以下　□17-25歲　□26-40歲　□41-55歲　□56歲或以上

聯絡電話:＿＿＿＿＿＿＿＿＿＿　電郵:＿＿＿＿＿＿＿＿＿＿＿＿

地址:＿＿＿＿＿＿＿＿＿＿＿＿＿＿＿＿＿＿＿＿＿＿＿＿＿＿

請填妥以上資料,剪出或影印此頁並郵寄至:香港英皇道499號北角工業大廈18樓「圓方出版社」收,或傳真至:(852) 2597 4003 ,即可成為會員!

*所有資料只供本公司參考

請填妥後對摺，黏貼後即可直接郵寄謝謝

請貼郵票

寄

香港英皇道499號
北角工業大廈18樓
「圓方出版社」收

請填妥後對摺，黏貼後即可直接郵寄 謝謝

圓方出版社

正玄會

• 免費加入會員 •

• 尊享購物優惠 •

• 玄學研討會及教學課程 •